DÖRLEMANN

Orsola de Castro

GELIEBTE SACHEN

Warum nachhaltige Kleidung uns glücklicher macht

Aus dem Englischen
von Natascha Bergmann

DÖRLEMANN

Die englische Originalausgabe »Loved Clothes Last«
erschien 2021 bei Penguin Random House UK, London.

Dieses Buch ist auch als Dörlemann eBook erhältlich.
eBook ISBN 978-3-03820-799-3

Umschlaggestaltung: Mike Bierwolf
unter Verwendung eines Fotos
von Grafvision – stock.adobe.com
Satz: Dörlemann Satz, Lemförde
Druck und Bindung: Print Best, Viljandi
ISBN 978-3-03820-800-6
www.doerlemann.ch

Dieses Buch ist für meinen Mann Filippo,
für meine Kinder
Elisalex, Georgia, Giacomo und Leonia,
für meine Enkelkinder
Vigo und Bronwen
und für meine Mutter
Matilde (Nanu).

Inhalt

Vorwort

Ich habe im Oktober 2019 angefangen, dieses Buch zu schreiben. Nachdem ich im Februar 2020 den ersten Entwurf an meinen Lektor geschickt hatte, wurde Mailand wegen der Corona-Pandemie abgeriegelt. Um noch genauer zu sein, ging ich am Tag nach dem Abschicken zur Mailänder Fashion Week, wo ich mehrere Modeschauen besuchte und Gast bei einem großen Galadinner der Vogue Italia mit Hunderten von Menschen war.

Zwei Wochen nach meiner Rückkehr ging auch London (wo ich lebe) in den Lockdown. Als ich im Mai 2020 an der Endfassung arbeitete, hatte ich mich mehr als zwei Monate lang mit meiner Familie und dem Großteil der übrigen Welt isoliert.

In wenigen Monaten wurde die Welt auf den Kopf gestellt, und viele der Themen, über die ich in diesem Buch spreche – Massenproduktion und Massenkonsum, Verschwendung, die Ausbeutung von Arbeitnehmern und die intensive Beschäftigung mit moderner Technologie – sind heute aktueller denn je.

Einleitung

Mode ist nicht frivol, sondern unglaublich wichtig, und sie nur als eine Reihe vorübergehender Trends zu definieren, hieße, ihre fundamentale Rolle in der menschlichen Kultur und Geschichte zu leugnen. Kleidung steht seit jeher im Mittelpunkt unseres Lebens, markiert unsere Rituale, repräsentiert Identität, Beruf, Rang und Status, hat aber auch tiefgreifende soziale Auswirkungen. Das, was wir tragen, bringt uns oft mit anderen zusammen, die Ähnliches tragen, und hilft uns, Gleichgesinnte zu finden, uns zu verbinden und dazuzugehören. Seit der Zeit, in der sich aus dem Urinstinkt, sich zu bedecken, ein ausgefeilteres Konzept des Schmucks entwickelte, sind wir von unserer Kleidung fasziniert, und es gibt kaum Anzeichen dafür, dass wir dieses Interesse verlieren.

Die moderne Modeindustrie ist riesig: ein Labyrinth aus unzusammenhängenden Lieferketten, das viele andere Branchen von der Landwirtschaft bis zur Kommunikation umfasst, 100 % der Bevölkerung betrifft und Leben, natürliche Ressourcen, Menschen und Orte gleichermaßen berührt. Allein in Großbritannien hat die Branche einen Wert von etwa 32 Milliarden Pfund und bietet mehr als 850000 Arbeitsplätze. Weltweit gesehen handelt es sich um ein 2,4-Billionen-US-Dollar-Geschäft mit unendlichen Ausführungen von Oberteilen, Kleidern, Hosen, T-Shirts, Schuhen, Taschen und Bikinis, die meist gleich aussehen und oft von denselben Durchschnitts- oder Luxusmodeunternehmen hergestellt werden.

Die Modebranche ist eine der sozial ausbeuterischsten und ressourcenverschmutzendsten Industrien der Welt, ihre wirtschaftlichen und ökologischen Auswirkungen sind enorm, und ihr kultureller Einfluss ist unendlich groß. Mode ist keineswegs oberflächlich; sie geht in die Tiefe und sagt ebenso viel darüber aus, wer wir sind und wie es um unsere Zivilisation bestellt ist, wie über unseren persönlichen Geschmack und unsere lokalen Traditionen.

Natürlich hat die Assoziation mit flüchtigen Leidenschaften und Frauenarbeit die Mode zu einer leichten Zielscheibe für Spott gemacht, aber eigentlich ist sie im großen Ganzen eine sehr viel ernstere Angelegenheit, und die heutige Modeindustrie verbirgt einige ziemlich dunkle Geheimnisse hinter einer Fassade aus Glanz und Glamour.

Die Statistiken sind geradezu grotesk: Die Kleiderproduktion hat sich in den letzten 15 Jahren verdoppelt, und dennoch tragen wir unsere Kleidung immer weniger, vergessen sie im hinteren Teil unseres Kleiderschranks oder entsorgen sie, ohne an die Folgen zu denken.

So werden von den 53 Millionen Tonnen Textilien, die jedes Jahr weltweit produziert werden, über 75 % weggeworfen, sowohl in der Produktionsphase als auch nach dem Gebrauch (also nachdem wir sie getragen haben). Jede Sekunde landet das Äquivalent eines Müllwagens voller ausrangierter Kleidung auf der Mülldeponie.

Das Schicksal billiger Kleidung ist vorbestimmt, sobald sie die Fabrik verlässt, und es könnte wirklich ein unveröffentlichtes Märchen der Brüder Grimm sein: im Elend hergestellt, in Eile gekauft, (wenn überhaupt) für eine Nacht getragen und dann in den Müll geworfen. Unsere Konfektionsware hat sich in Abfallware verwandelt. Karl Marx sagte einmal, Religion sei das Opium des Volkes – spinnen wir diesen Gedanken weiter, so ist der heutige Konsum unser Crack.

Und teure Dinge sind nicht unbedingt besser gemacht; der Luxussektor ist gleichermaßen für die Schädigung der Umwelt und für die Ausbeutung von Menschen verantwortlich, und es wäre ein großer Fehler, zu glauben, die Gewinne in der Lieferkette seien gerechter verteilt, nur weil etwas mehr kostet.

Zwischen billiger Kleidung und schnellem Luxus gibt es, abgesehen vom Preisschild, keinen großen Unterschied. Es ist die gesamte Modeindustrie, die infrage gestellt wird, ebenso wie unser unstillbarer Durst nach mehr, mehr, mehr.

Flicken – reparieren – neu tragen

»Über 75 % der 53 Millionen Tonnen Textilien, die jedes Jahr auf der ganzen Welt produziert werden, werden weggeworfen.«

So kann es nicht weitergehen, denn unsere Ressourcen sind endlich und bald nur noch begrenzt verfügbar – Polyester wird teurer als Seide, wenn wir unsere Abhängigkeit von fossilen Brennstoffen drastisch verringern wollen, und die Baumwollpreise werden in die Höhe schießen, wenn uns der Boden für den Anbau ausgeht. Nachhaltigkeit mag derzeit ein Modewort sein, aber was bedeutet es wirklich, nachhaltig zu sein, wenn es um unsere Kleidung geht? Welche Entscheidungen können wir alle als Träger von Kleidung treffen, um nicht mehr Teil des Problems zu sein, sondern Teil der Lösung zu werden?

Es ist falsch, Nachhaltigkeit nur als einen weiteren vorübergehenden Trend zu betrachten, denn eigentlich ist das genaue Gegenteil der Fall: Nachhaltigkeit ist seit Tausenden von Jahren im Trend, sie ist für unser Überleben und unsere Evolution unerlässlich. Bei der Nachhaltigkeit geht es um Ausgewogenheit, Qualität und Respekt; sie verweigert uns nichts und versorgt uns mit allem. Es geht um Dankbarkeit statt um Gier, um Einfallsreichtum statt um Ausbeutung. Die Schriftstellerin und Aktivistin Dominique Drakeford definiert Nachhaltigkeit als »einen inhärent schwarzen, braunen und indigenen Regenerationsmechanismus für das Leben und den Umgang mit der Natur«. Überfluss – das ist der Trend, und den müssen wir uns unbedingt abgewöhnen, sonst laufen wir Gefahr, die Instrumente unseres eigenen Untergangs zu sein.

Wir alle können so viel tun, um dies zu ändern. Wir können flicken, reparieren und neu tragen. Bei den Änderungen, die wir vornehmen müssen, geht es nicht darum, dass wir weniger Freude an den Dingen haben, sondern darum, dass wir die Dinge anders genießen und, wenn es um unsere Garderobe geht, unsere gebrauchten Kleidungsstücke zurückerobern und umgestalten, um unsere Absichten zu verwirklichen. Wir können Beschränkungen nicht als Einschränkungen betrachten, sondern als Möglichkeiten, alternative Lösungen anzuregen, indem wir uns selbst dazu herausfordern, Unvollkommenheiten und Fehler als Möglichkeiten zur Verbesserung zu betrachten und nicht als etwas, das weggeworfen werden muss; so wie wir so viel aus einem Fehler lernen können, kann ein kaputtes Kleidungsstück, das richtig repariert wurde, zu einem Lieblingsstück werden.

Wir müssen nicht weit gehen, um das Wissen zu erlangen, das uns hilft, unsere Kleidung länger haltbar zu machen; ein kleiner Generationswechsel reicht aus, denn Wiederverwendung und Recycling sind so alt wie die Zeit, das Know-how ist in allen Kulturen verankert, und wir sind fest damit verdrahtet – nur sind die Vorteile und Auswirkungen jetzt umfassender als je zuvor. Wir können gebrauchte Kleidung als Metapher für politischen Ausdruck verwenden (man denke an die Sex Pistols (Mottoshirts, Abzeichen, Banner, Aufnäher, Schlapphüte und Regenbögen) und als Instrument zur Verringerung unseres CO_2-Fußabdrucks, denn das Wiedertragen und Reparieren fördert ein langsameres, vorsichtigeres Verbrauchsverhalten und damit eine Kultur der Wertschätzung statt der Ausbeutung.

Die erforderlichen Maßnahmen sind einfach, nicht pauschal. Und sie geben uns unendlich viel mehr, als sie uns wegnehmen. Es geht darum, jetzt anzufangen, in Ihrem eigenen Tempo, auf Ihre eigene Weise, und zu erkunden, wie es sich anfühlt, sich in neue Ideen und alte Kleider zu hüllen.

Dieses Buch ist ein Aufruf zum Handeln, um unsere Kleidung – und die Werkzeuge, die sie haltbar machen – als unsere Rüstung zu nutzen und das Flicken als einen Akt der Revolution zu begreifen. An diesem wichtigen Punkt befinden wir uns zwischen Evolution und Auslöschung, einem Weg, der ins Verderben führt, und einem, der zur Erlösung führt. Wir müssen tun, was von uns als Bürger verlangt wird, nämlich handeln: kleine oder große Aktionen, alle sind willkommen, alle sind notwendig.

Dies ist kein »How to«-Buch, sondern eher ein »Why to«-Buch – ein Buch fürs Machen, Herstellen und Verändern.

– 1 –

Flicken ist eine Frage der Einstellung

Kleidung berührt uns alle. Wir interessieren uns vielleicht nicht alle für Mode, aber wir kommen nicht umhin, uns anzuziehen. Das bedeutet, dass wir jedes Mal, wenn wir in unseren Kleiderschrank schauen und uns fragen, was wir anziehen sollen, eine Entscheidung treffen, die sich positiv oder negativ auswirken kann.

Die globale Modeindustrie produziert weit über 100 Milliarden Kleidungsstücke pro Jahr (Schuhe, Taschen und andere Accessoires nicht mitgerechnet), die aus Materialien unklarer Herkunft von oft unzureichend bezahlten Arbeitskräften in unzusammenhängenden, ineffizienten, undurchsichtigen, oft nicht nachhaltigen und ausbeuterischen Lieferketten hergestellt werden, um unsere scheinbar unersättliche »Verbrauchernachfrage« zu befriedigen.

Tonnen und Abertonnen von Kleidungsstücken gelangen in die Läden und Lagerhäuser und verlassen diese unverkauft (weil es zu viele waren), um weiß Gott wohin zu gehen, verbrannt zu werden oder in einen anderen Kreislauf des Überflusses zu gelangen.

Je weniger wir über die von uns gekauften Kleidungsstücke wissen, desto weniger bauen wir eine emotionale Bindung zu ihnen auf und desto leichter ist es, sie loszuwerden – ausrangierte Gegenstände, die wir einst begehrten, aber nicht schätzten.

Die Versorgungskette der Mode ist kein weit entferntes Land, sondern wir alle sind ein Teil davon, sobald wir uns für einen Kauf entscheiden. Unsere Verantwortung beschränkt sich nicht darauf, sicherzustellen, dass die Dinge, die wir kaufen, ethisch und nachhaltig hergestellt werden, sondern auch darauf, dass sie ethisch und nachhaltig entsorgt werden – und das bedeutet, dass wir Kleidung so lange wie möglich behalten und unsere Kleiderschränke als Ausgangspunkt und nicht als Endstation betrachten.

Wir können nicht einfach weiter kaufen und wegwerfen in der Hoffnung, dass irgendwann alles in einem großen, geschlossenen, recycelten Regenbogen verschwindet. Aber wir können immer noch konsumieren – richtig »verbrauchen«, vom lateinischen *consumere*, was »durch Gebrauch zerstören oder verbrauchen« bedeutet – und damit auch wieder tragen, reparieren und verwenden.

»Ich entscheide mich fürs Behalten.«

Die Tatsache, dass Massenproduktion, Massenkonsum und beschleunigte Entsorgung unseren Planeten und unsere Kultur zerstören, wird von den wenigsten Menschen bezweifelt. Und doch ist es so schwer, das in unserem mit Dingen vollgestopften Alltagsleben zu ändern: Dinge, die wir nicht brauchen, Dinge, die wir vielleicht nicht einmal wirklich wollen, Dinge, die Luxus und keine Annehmlichkeiten sein sollten, denn Dinge, die dauerhaft sind, sollten sorgfältig überlegt werden.

Und machen Sie sich nichts vor: Die Dinge, die wir kaufen und mit denen wir uns umgeben, sind wirklich dauerhaft in dem Sinne, dass sie nicht dazu bestimmt sind, sich zu zersetzen oder biologisch abzubauen oder sich in etwas anderes zu verwandeln, sobald ihre erste Funktion erfüllt ist. Alles andere in der Natur tut das, auch wir.

Antoine Delavoisier, der als Vater der modernen Chemie gilt, sagte, dass in der Natur nichts geschaffen und nichts zerstört wird, sondern alles umgewandelt wird. Unsere Kleidung geht durch uns hindurch und lebt noch lange weiter, nachdem wir sie weggeworfen haben, denn es gibt kein »weg«. Abgesehen von dem geringen Prozentsatz an Fasern, die in andere Fasern zurückverwandelt werden (1 % laut der Ellen MacArthur Foundation), ist alles, was Sie jemals besessen und weggeworfen haben, immer noch da, in der einen oder anderen Form: Entweder bereichert es das Leben eines anderen, denn der Abfall des einen kann die Goldgrube des anderen sein, oder aber es vergiftet eine Mülldeponie in der Nähe Ihres Hauses oder in der Nähe des Hauses eines anderen Menschen.

Instandhaltung ist ein Wort, das wir nicht mehr mit Kleidung in Verbindung bringen, aber es liegt im Kern des Problems und ist ein Weg, einen Teil der Lösung zu finden, ein Weg, um das Gleichgewicht zwischen Verbrauch und Entsorgung wiederherzustellen. Sicher, die Reparatur eines Wertgegenstandes und das Flicken des Saums eines 2,99£ teuren Boho-Minirocks liegen gefühlsmäßig weit auseinander, aber im Moment ist es die Einstellung, die zählt. Wir sollten den Wert eines Kleidungsstücks nicht an seinem Preisschild messen, sondern an dem Zweck, den es in unserem Leben erfüllt. Wir sollten es haben, weil wir es lieben, und weil wir es lieben, sollten wir es für immer behalten wollen, es zerlieben und zu Tode tragen.

Die einzige Möglichkeit, dem Wegwerfkonsum entgegenzuwirken, besteht darin, etwas zu behalten. Alles um uns herum sagt, wir sollen es wegwerfen, also sollten wir uns der Herausforderung stellen und es behalten. Selbst wenn es mich mehr kostet, etwas zu reparieren, als es neu zu kaufen, entscheide ich mich dafür, es zu behalten.

Wie sind wir hierhergekommen?

Die Geschichte der schlecht gefertigten Gegenstände ist bekannt: Sie begann in den 1920er-Jahren in den USA mit General Motors, um den Autokauf anzukurbeln. Ursprünglich sollte die Produktion (und damit die Zahl der Arbeitsplätze) durch gezielte Manipulationen am Design eines Produkts gesteigert werden, damit es schneller kaputtgeht.

Dieses System wird »geplante Obsoleszenz« genannt (obwohl der ursprüngliche Begriff, von seinem Erfinder Alfred P. Sloan Jr. geprägt, »dynamische Obsoleszenz« lautete), und es hat sich inzwischen auf fast alles, was wir kaufen, ausgeweitet – die Dinge sind nicht für die Ewigkeit gemacht, und es gibt immer mehr rechtliche oder logistische Schlupflöcher, die uns aktiv daran hindern, unsere Konsumgüter selbstständig zu reparieren, wenn sie einmal kaputt sind, wie jeder, der ein defektes iPhone oder eine undichte Waschmaschine besitzt, nur zu gut weiß. Man kann nicht einfach jemanden aus der Nachbarschaft bitten, etwas zu reparieren, denn es ist nicht dafür konzipiert, zerlegt zu werden – nur zugelassene Techniker sind dazu in der Lage. Und warum?

Die monopolisierende, zwanghafte und nicht integrative Natur dieses Geschäftsmodells, das direkt für unsere derzeitige billige Massenproduktion und die daraus resultierende Krise des Hyperkonsums verantwortlich ist, verweigert den örtlichen Gemeinschaften menschenwürdige Arbeit. Reparieren, Handwerken und Herstellen werden nicht mehr als würdige, lebensfähige Berufe angesehen, was wiederum unsere handwerklichen Kompetenzen verringert, weil sie schlicht nicht mehr in den Schulen unterrichtet werden.

Der Verlust von Fähigkeiten, an denen wir seit Jahrtausenden gefeilt haben, ist nicht nur ein trauriger kultureller Verlust, sondern hat auch andere Auswirkungen, so wie jeder Verlust für das gesamte Ökosystem. Viel von dem Geschick, das ein Chirurg braucht – Präzision, eine ruhige Hand, Nadelarbeit, genaues Schneiden, Transplantation –, ist dem nicht unähnlich, was man für Handarbeiten braucht – Präzision, eine ruhige Hand, Nadelarbeit, schneiden, falten. Wenn wir weiterhin Generationen heranziehen, die mit der Hand kaum mehr tun können, als im Internet zu scrollen, werden wir mit Spitzendeckchen und fragwürdigen Holzarbeiten leben müssen.

»Diese ›ethische Mode‹, diese ›nachhaltige Mode‹, die dem entspricht, was Mode wirklich ist, die aus der Leidenschaft entsteht, aus dem Können, der Überlieferung, Kunstfertigkeit und Kühnheit – ist die eigentliche Mode. Alles andere ist es nicht.«

Warum flicken?

»Pflege« und »Fürsorge« sind Worte, die mit allem, was wir tun, in Verbindung gebracht werden sollten, auch wenn wir dafür einen Umweg gehen oder unsere Komfortzone verlassen müssen. Einige der Lösungen sind bloße Gesten –, vergessene, alltägliche, einfache Gesten –, und deshalb ist es so wichtig, dass wir uns die Zeit nehmen, sie neu zu lernen.

Flicken zum Beispiel: Das ist wirklich nicht so schwierig. Natürlich gibt es jede Menge Ausreden, warum es gerade nicht passt, aber es ist eine kleine Handlung, die Sie auf eine große Reise führt.

Nehmen wir einen kaputten Reißverschluss. In den vielen Jahren, in denen ich schon in Secondhandläden stöbere, habe ich Hunderte von einwandfreien Kleidungsstücken gesehen, die nur wegen eines kaputten Reißverschlusses weggegeben wurden. Wozu Zeit und Geld für die Reparatur aufwenden, wenn es doch billiger, schneller und viel praktischer ist, ein neues Teil mit einem funktionierenden Reißverschluss zu kaufen? Aber können wir bitte innehalten und darüber nachdenken, was wir eigentlich tun, wenn wir einen kaputten Reißverschluss aufgeben? Und was passiert, wenn wir uns stattdessen dazu entscheiden, ihn zu flicken?

Der kaputte Reißverschluss und der Stoff, der ihn umgibt, landen entweder im hinteren Teil des Kleiderschranks (die durchschnittliche britische Frau hortet unbenutzte Kleidung im Wert von 285 Pfund – das entspricht 30 Milliarden Pfund an unnützen Einkäufen im ganzen Land) oder wird kurzerhand weggeworfen, obwohl 95 % von dem, was wir wegwerfen, recycelt oder wiederverwertet werden könnte.

Das Teil, durch das Sie es ersetzen, wurde wahrscheinlich von einer Frau (80 % der Arbeiterinnen sind junge Frauen) unter bestenfalls ausbeuterischen Bedingungen hergestellt (denn keine der gängigen Marken, die wir in unseren Geschäften sehen, zahlt ihren Beschäftigten einen menschenwürdigen, existenzsichernden Lohn) und im schlimmsten Fall sogar lebensbedrohlichen. Beim Einsturz der Rana-Plaza-Fabrik in Bangladesch im Jahr 2013 kamen 1138 Bekleidungsarbeiterinnen ums Leben, über 2500 wurden verletzt – die tödlichste Industriekatastrophe in der Modebranche, aber keineswegs die erste oder letzte.

Wenn Ihr Kleidungsstück aus Baumwolle hergestellt wurde, besteht ein sehr hohes Risiko, dass bei der Herstellung moderne Sklaverei im Spiel war (2017 wurden Kleidungsstücke im Wert von über 100 Milliarden Pfund in die G20-Länder eingeführt, bei denen das Risiko besteht, dass sie aus Zwangsarbeit stammen). Wenn das Kleidungsstück Polyester enthält, werden bei jedem Waschen Hunderte von Mikrofasern in den Ozean gespült (Mikrofasern wurden schon überall gefunden, vom tiefsten Meeresboden bis zum Gipfel des Mount Everest).

Wenn Sie sich hingegen dazu entscheiden, es zu reparieren, stellen Sie das System infrage, denn etwas zu reparieren, das als Wegwerfartikel konzipiert wurde, ist ein Statement gegen Quantität versus Qualität. Sie fordern Ihren Lebensstil heraus, indem Sie neue Gewohnheiten einführen, die Ihre Auswirkungen auf den Planeten verringern, denn die Verdoppelung der Nutzungsdauer von Kleidung von einem auf zwei Jahre reduziert ihren ökologischen Fußabdruck um 24 %.

Es wird mehr Zeit in Anspruch nehmen, denn Sie müssen die Arbeit jemand anderem überlassen (ich rate Ihnen nicht, Reißverschlüsse selbst zu reparieren, außer natürlich, Sie haben die nötige Erfahrung), aber das kann ja auch Ihre örtliche Reinigung sein. Es wird Sie wahrscheinlich nur einen Bruchteil weniger kosten, als wenn Sie etwas Neues kaufen würden, aber es steckt viel mehr dahinter, einen Reißverschluss zu reparieren, als nur die Kosten und der Aufwand. Zudem werden viele weitere Systeme durch die Entscheidung unterstützt, Reißverschlüsse reparieren zu lassen und nicht wegzuwerfen.

Ihr Reißverschluss wird von einer Person geflickt – eine Person mit anderen Fähigkeiten als denen, die Sie haben; jemand, der dankbar für Ihre Kundschaft ist; jemand, der durch eine physische Verbindung mit dem Gewebe, z.B. Ihrer Hose, mit dem Gewebe Ihres Lebens verbunden wird; jemand aus Ihrer Gemeinde, jemand Greifbares. Es ist eine echte Transaktion.

Und was ist mit dem Reißverschluss selbst? Billige, massenproduzierte Reißverschlüsse, die von schlecht bezahlten, unter Druck und Überstunden arbeitenden Menschen an massenproduzierten Kleidungsstücken angebracht werden, sind nicht dasselbe wie ein einzelner Reißverschluss, der farblich an den kaputten angepasst und extra für Sie genäht worden ist. Das ist ein ganz anderes Reißverschlusserlebnis, und es fühlt sich viel besser an als die flüchtige Neuheit einer billigen Hose in einer Plastiktüte.

Die Lebensdauer von Kleidungsstücken verlängern und sie ausbessern und pflegen bedeutet auch, dass wir uns um eine allgemeine Verbesserung des Systems und um eine Modeindustrie bemühen, die die Qualität der Produkte, die wir kaufen, und die Lebensqualität der Menschen, die sie herstellen, berücksichtigt.

Fast alles, was wir heute kaufen, wird gleich hergestellt. Daher ist die individuelle Gestaltung und Personalisierung von Dingen, die besonders und anders sind, ein kleiner, aber wirkungsvoller Akt der Sabotage – ein Gegenmittel dafür, das Gleiche zu tragen wie alle anderen. Ihre Individualität schreit danach, gesehen zu werden.

Ist teure Kleidung besser?

All dies gilt genauso, wenn es um Luxusgüter geht. Es ist ein Irrtum, zu glauben, dass mit teurer Kleidung fair bezahlte Arbeiterinnen oder deutlich bessere Umweltbedingungen einhergehen: Ein teures Hemd mag zwar aus luxuriösen Stoffen hergestellt werden, aber es wird wahrscheinlich in derselben Fabrik produziert wie das billige, von Menschen, die vermutlich nicht besser bezahlt werden oder unter menschenwürdigen Bedingungen arbeiten. Die bei der Herstellung verwendeten Materialien sind genauso umweltschädlich, und der CO_2-Fußabdruck ist ungefähr derselbe. Sicherlich wird es in Ihrem örtlichen Wohltätigkeitsladen besser ankommen, aber die Geschäfte sind ohnehin voll mit unseren ungewollten Kleidungsstücken, denn Spenden an Wohltätigkeitsorganisationen sind längst kein Akt des guten Willens mehr, sondern ein Akt der Entsorgung – sowohl unserer ungewollten Kleidungsstücke als auch unserer Verantwortung.

Egal, ob Sie in ein Designerhemd »investiert« haben oder ob Sie Massenware kaufen, es gilt das gleiche Rezept: Wenn es kaputtgeht, geben Sie es nicht auf, sondern lassen Sie es reparieren. Das Hemd wird davon profitieren, Ihre Gemeinschaft wird davon profitieren, ebenso wie die Erde und die Menschen, die unsere Kleidung herstellen. Denn die Pflege Ihrer Kleidung (wie Joan Crawford sagte: »Pflegen Sie Ihre Kleidung wie gute Freunde«) ist ein starkes Signal für Marken. Sie wählen nicht nur mit Ihrem Portemonnaie, sondern auch mit Ihrem gesunden Menschenverstand und vermitteln deutlich: »Machen wir einen Schritt zurück, wir haben genug – wir wollen besser, nicht mehr.« Sehen Sie? Sie fangen an, weiter zu gehen als bis zur örtlichen Reinigung, weil Sie sich aktiv für eine rücksichtsvollere, intelligentere Zukunft einsetzen.

Es gibt noch so viel mehr, was Sie erforschen können, wenn Sie sich erst einmal sicher sind, dass das, was Sie tun wollen, einen großen Unterschied machen wird. Es gibt Hunderte von Möglichkeiten, Kaputtes zu flicken oder Kleidung, die nicht mehr passt, zu ändern; und Tausende von Menschen und Orten – real oder virtuell –, an denen Sie lernen können, wie man das macht.

»Eine neue Generation marschiert für die Revolution, und sie will Kleidung tragen, die eine neue Geschichte erzählt. Geben wir sie ihnen.«
Naomi Klein, Sozialaktivistin und Schriftstellerin

Im Laufe der Geschichte wurden Kleidungsstücke regelmäßig ausgemustert, aufgetrennt, neu genäht, verjüngt, aufbereitet, zerschnitten, wiederverwendet, wiederbelebt, neu getragen und neu angefertigt, denn bis vor Kurzem waren Sparsamkeit und Effizienz wirtschaftlich sinnvoll: Kleidung war teuer und auf Langlebigkeit ausgelegt, und ihre Träger waren von ihrer Langlebigkeit, ihrer Wiederverwendung und ihrem Upcycling überzeugt – nicht als modisches Statement, sondern als Ergebnis von Armut, Not und Einfallsreichtum. Anstatt die Kreativität und das Handwerk des Erhaltens zu feiern, haben wir uns leider immer auf die Schande von Armut und Not konzentriert; ausgebesserte oder vererbte Kleidungsstücke aufzutragen, leidet auf der ganzen Welt unter einem jahrhundertealten kulturellen Stigma, das sich von Mexiko bis China zieht: Arme Leute tragen alte Sachen, reiche Leute kaufen neue.

Wie absurd, dass heute genau das Gegenteil der Fall ist: Vintage und gebrauchte Kleidung, Flick- und Maßanfertigung sind die elitäre, bewusste Nischenlösung, während der massenhafte Kauf von billigen neuen Sachen die erschwingliche, demokratische Lösung ist. Es ist von entscheidender Bedeutung, dass wir die negative Konnotation, die gebrauchter Kleidung anhaftet, ablegen und neu definieren. Wenn unsere Eltern, Großeltern und Urgroßeltern Secondhandkleidung als Schandfleck empfunden haben, müssen wir sie jetzt in ein Zeichen des Stolzes verwandeln: Wir verwenden und flicken Kleidung nicht, weil wir es uns nicht leisten können, etwas

Neues zu kaufen – wir tun es, weil wir es uns nicht leisten können, etwas wegzuwerfen. Was für frühere Generationen wirtschaftlich sinnvoll war, wird auch für künftige Generationen ökologisch sinnvoll sein.

Kleidung ist die Haut, die wir wählen. Mit ihr können wir unsere Prinzipien zum Ausdruck bringen, positive Veränderungen fordern und sicherstellen, dass das, was uns ein gutes Gefühl gibt, auch ein Instrument ist, um anderen Gutes zu tun. Alexander McQueen sprach davon, dass die Mode die Welt, in der wir leben, widerspiegelt, und jedes alte Foto beweist dies: Wir können ein Bild anhand der Kleidung sofort datieren. Diejenigen unter Ihnen, die die 1980er-Jahre erlebt haben, kennen zum Beispiel den Zwiebel-Look mit mehreren zerschnittenen T-Shirts, der bei Madonna so cool aussah, oder davor die Punks (zerrissener Schottenstoff, Nieten und Sicherheitsnadeln) und die Hippies (gehäkelte Tops und bestickte Jeans), die New Romantics (schwarze viktorianische Petticoats) und die ganze Grunge-Szene (noch mehr gehäkelte Elemente und bestickte Jeans). All das sind Zeugnisse dafür, dass die Jugend zu Schere und Nadel gegriffen hat, um ihre Kleidung zu individualisieren, um zu rebellieren und etwas durch ihr anderes Aussehen auszusagen.

»Ich pflege, ich repariere«

Heutzutage, zu Beginn der Generation Klimakrise, geht die Botschaft »Ich pflege, ich repariere« und #lovedclotheslast, die wir beim Kleiderflicken und -ändern automatisch mitteilen, über die Zurschaustellung von künstlerischer Originalität und Savoir-faire hinaus; sie ist jetzt eine Aussage dafür, dass die Pflege unserer Kleidung auch die Pflege unserer Umwelt umfasst und unsere Dankbarkeit und Wertschätzung für die Arbeit der Menschen, die unsere Kleidung herstellen, ausdrückt.

Wenn wir diesen Wandel als ein massenhaftes Bemühen um einen »bewussteren« Konsum betrachten, müssen wir zunächst verstehen, dass »bewusst« im Gegensatz zu »untätig« steht und Handeln statt Apathie bedeutet.

Positives Handeln kann verschiedene Formen annehmen, und Kleider zu behalten ist bei Weitem eine der einfachsten und lohnendsten.

Erste Hilfe für Kleidung

Säume

- Es ist ziemlich einfach, einen gelösten Saum zu nähen, im Internet finden Sie zahlreiche Anleitungen dazu. Solange der verwendete Faden zum Stoff passt, fällt selbst der ungeschickteste Versuch niemandem auf (es sei denn, es handelt sich um ein Abendkleid oder etwas Besonderes, dann sollten Sie es vielleicht professionell machen lassen).
- Verwechseln Sie aber nicht den Saum mit der Overlocknaht, die notwendig ist, um das Ausfransen zu verhindern. Die Overlocknaht ist schwieriger aufzuhalten, wenn sie sich einmal auflöst, da sie mit drei oder vier verschiedenen Fäden genäht wird. Billige Overlocknähte sind oft nicht gesichert, daher empfehle ich immer, ein Kleidungsstück vor dem Kauf auf links zu drehen: Wenn es winzige oder lose Fäden gibt, ziehen Sie daran. Wenn sie sich aufribbeln, kaufen Sie es nicht.

Knöpfe

- Ich persönlich finde es sehr entspannend, Knöpfe anzunähen, aber falls es Ihnen nicht so geht, kann es Ihre örtliche Reinigung übernehmen.
- In den Mittelpunkt gestellt, können neue Knöpfe ein billiges Hemd in ein völlig einzigartiges verwandeln.
- Eine kurze Internetsuche genügt, und Sie finden jede Menge Knöpfe in verschiedenen Formen und Farben, und wenn Sie sich nicht gerade für Vintage-Knöpfe entscheiden, bekommen Sie sie sehr günstig. Auch bei Flohmärkten werden Sie schnell fündig.

Sich dem Kampf stellen

Selbst für die Faulsten unter uns gibt es Hoffnung, denn schließlich könnte man auch gar nichts tun und seine Kleidung ohne Eingreifen abwetzen lassen. Für mich ist die Abnutzung ein Zeichen für einen persönlichen, individuellen Weg, wobei Risse (geflickt oder so belassen) als kraftvolle Visualisierung unserer Aktivitäten dienen – Erinnerungen an Momente, die Narben unseres Alltags, ein integraler Bestandteil der Geschichten unserer Kleidung.

Ästhetisch gesehen spricht viel für den »abgenutzten« Look. Nur tragen wir unsere Kleidung nicht lange genug, um sie abzunutzen; stattdessen kaufen wir lieber Dinge, die in Massenproduktion hergestellt werden, um gebraucht auszusehen – eine weitere seltsame moderne Dichotomie, bei der die Zeit so knapp ist (oder wir denken, dass sie es ist), dass wir die Gewohnheit verlieren, Kleidung zu besitzen, die uns begleitet und als Folge des Lebens, das wir führen, veraltet.

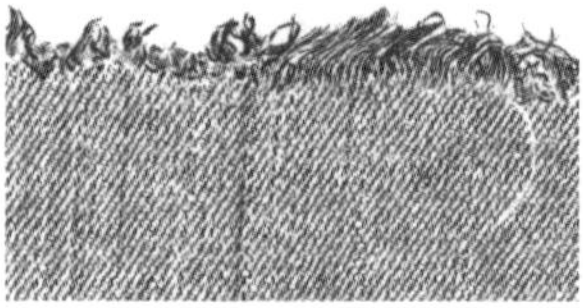

Warum ist es in Ordnung, jemanden dafür zu bezahlen, dass er unter prekären und unsicheren Bedingungen arbeitet, um es so aussehen zu lassen, als hätten Sie Ihrer Jeans unaussprechliche Dinge angetan, aber nicht in Ordnung, anderen Kleidungsstücken Ihre eigene natürliche Abnutzung zu verpassen? Fabrikmäßig hergestellter, chemisch verschlissener Denim ist eine der größten Dummheiten der Mode, und wir werden uns später noch mit den Auswirkungen befassen, aber es ergibt keinen Sinn, dass Jeans toll aussehen dürfen, wenn sie auseinanderfallen, während Hemden, T-Shirts, Strickwaren und Kleider nicht auf dieselbe Weise altern dürfen.

Ich besitze mehrere Teile (und ich verwende das Wort »besitzen« und nicht »haben«, um zu betonen, wie sehr ich diese Kleidung liebe), die ich in ihrem sichtbaren Verfall unberührt lasse, weil sie meiner Meinung nach eleganter aussehen, je mehr sie verschleißen. Insbesondere mein zerrissenes schwarzes Seidenteekleid aus den Vierzigern, eine grüne Kaschmirstrickjacke, die meiner Großmutter väterlicherseits gehörte und buchstäblich zu einem Loch wird, und eine alte schwarze Wollhose, die an den Säumen ausfranst: Teile, die optisch von der Abnutzung profitieren und bei denen ich bewusst keine Reparaturen vornehme.

Natürlich ist es hilfreich, dass diese Kleidungsstücke aus exquisiten Materialien gefertigt sind, denn man kann die Qualität an der Art und Weise erkennen, wie das Kleidungsstück genäht wurde und wie sich der Stoff ausdünnt; jedes Loch, jeder Riss und jeder Faden, der im Laufe der Zeit auftaucht, zeigt die Geschichte, die sich entfaltet (es begann in Rom auszufransen; der Riss im Nachtclub in Brixton; der Riss in Thailand).

Ich trage sie oft am Abend, mit Absätzen und Schmuck (so elegant wie möglich), und betone die Unvollkommenheit als entscheidendes Detail:

- Eine Hose, die an den Säumen ausfranst, ein Bein ist fast bis zum Knie aufgerissen: Dazu trage ich eine schwarze oder gemusterte Strumpfhose und umwerfende Schuhe.
- Ein Pullover, der mit Löchern übersät und an den Ellbo-

gen so kaputt ist, dass ein Ärmel fast nur noch an einem Faden hängt: Ich achte auf das, was ich darunter trage.
- Ein Kleid, das so ausgeblichen ist, dass es nunmehr dunkelgrau und nicht mehr schwarz und dazu völlig zerrissen ist: Ich kombiniere es mit einer Perlenkette und rotem Nagellack.

Bei dieser ganzen Flickschusterei gehöre ich zu den Faulen: Ich bin gut im Knöpfeannähen, mittelmäßig im notdürftigen Ausbessern und sehr gut im Häkeln, aber das war's. Außerdem haben die Jahre in der Bekleidungsindustrie meine Überzeugung gefestigt, dass ich niemals lernen werde, überzeugend zu nähen! Nichtsdestoweniger ist es einfach und befriedigend, mich um meine Kleidung zu kümmern; eine Erinnerung daran, dass ich nicht weit gehen muss, um über den Tellerrand zu schauen – ein absolut machbarer, täglicher Akt der Erhaltung, der meine Garderobe und meine Seele rettet.

Egal, ob Sie sie reparieren lassen oder selbst flicken oder ob Sie sie in ihre eigene kaputte Vergessenheit geraten lassen, Ihre Kleidung ist Ihre Kleidung, und das sollte sie für lange Zeit bleiben. Das ist ein großer Bewusstseinswandel verglichen mit dem, wo wir jetzt sind, und einer, der einige Anstrengung erfordert. Ich hoffe, dieses Buch wird Ihnen dabei helfen.

– 2 –

Zurückspulen, neu lernen, widerstehen

Veränderungen erfordern immer eine gewisse Art von Mut, und unsere Gewohnheiten anzupassen, ist oft eine beunruhigende Angelegenheit. Gerade jetzt stehen wir vor einer der größten Bedrohungen der Menschheit – der Klimaerwärmung –, sodass die Anpassung unserer Verhaltensweisen an neue Anforderungen sehr bald zu einer neuen Gewohnheit werden muss, während wir zu einer umweltfreundlicheren Gesellschaft werden.

Mit diesem Buch möchte ich Sie dazu inspirieren, ganz neue Gewohnheiten zu entwickeln (z.B. moderne Technologien, Apps und Plattformen zu nutzen, um sich bessere Kaufmechanismen anzueignen) und einige alte Gewohnheiten zu recyceln (z.B. die gekauften Dinge zu pflegen und zu bewahren und Ihren Konsum zu verlangsamen). Es geht nicht darum, auf alles zu verzichten, was beim Kleiderkauf Spaß macht und aufregend ist, und es geht auch nicht um Entbehrungen, sondern um Ausgewogenheit, Denken und Handeln. Es geht darum, die Freude und Befriedigung zu entdecken, die es bereitet, Dinge selbst zu reparieren, das Gefühl von Sinnhaftigkeit, das sich einstellt, wenn man die Dinge, die man besitzt, zu schätzen weiß, und die Unbeschwertheit, die mit positivem Handeln einhergeht.

Vor allem geht es darum, das, was bequem ist, drastisch zu überdenken und vielleicht zu entdecken, dass die Anstrengungen, die für Veränderungen erforderlich sind, gar nicht so mühsam sind, wie man uns glauben gemacht hat. Es bedarf eines gewissen Engagements und einiger praktischer und kreativer Überlegungen, aber was getan werden muss, ist einfach eine Reihe von Maßnahmen, die sich leicht in unseren Alltag integrieren lassen.

Zurückspulen

Ich halte es nicht für unwahrscheinlich, dass der Mensch auch das Stopfen lernte, nachdem er das Weben gelernt hatte, und dass er kurz nach dem Herstellen auch das Flicken entdeckte. Die Notwendigkeit, Textilien und Kleidung zu erhalten, war ein Katalysator für ständige Innovationen – von etwas so Einfachem wie dem Wenden eines Mantels, um ihn doppelt so lange tragen zu können, bis hin zur Erfindung von chemisch hergestellten, haltbaren Materialien wie Nylon und Polyester.

Bei der Wiederverwendung treffen wir auf die phänomenale Verbindung von Kunst und Handwerk, auf den Punkt, an dem ein Objekt ein (weiteres) Eigenleben annimmt, den Moment, in dem Objekt und Besitzer eine Symbiose eingehen, durch die Beschädigung, durch die Reparatur.

Warum haben wir so viel falsch gemacht, dass wir diesen grundlegenden Instinkt jetzt neu erlernen müssen? Warum sind wir einer Kultur erlegen, die uns weismacht, dass der Kauf von vielen neuen Sachen direkt mit Glück und Erfüllung verbunden ist? Wenn man bedenkt, dass die meisten Kleidungsstücke, die heute gekauft werden, billig sind und billig hergestellt werden, serienmäßig und identisch sind, wecken sie nicht den Respekt und die Liebe, die ein grundlegender

Bestandteil des emotionalen Besitzes sind, zusammen mit dem Wunsch, die Dinge zu erhalten, sie zu pflegen und zu reparieren, wenn sie kaputtgehen.

Doch wenn wir über Kleidung sprechen, geht es um die Haut, die wir tragen, um unseren Schutz *vor* der Außenwelt und um unsere Projektion *auf* die Außenwelt. Ich glaube nicht, dass das Bedecken das Ergebnis einer Scham über das Nacktsein war, aber ich glaube, dass es schnell mit Stolz über unser Aussehen verbunden wurde. In dem Maße, in dem wir sind, was wir essen, sind wir auch, was wir tragen.

Um unsere tiefe Beziehung zu Stoffen zu verstehen, brauchen wir nur in unsere Sprache zu schauen und zu sehen, wie oft wir von Textilien inspirierte Begriffe als Metaphern verwenden, um alltägliche Ereignisse zu beschreiben. Darum möchte ich in diesem Buch über Fäden sprechen: sichtbare Fäden, unsichtbare Fäden; Fäden zum Herstellen und Fäden zum Flicken; Fäden, die Kleidung strukturieren, und Fäden, die Gedanken strukturieren; Fäden, die verbinden, und kaputte Fäden, die wieder verbunden werden müssen. Denn Fäden sind so viel mehr als nur Stofffäden.

Denken Sie an den berühmten roten Faden, an den Geduldsfaden, der uns reißen kann, an den Flickenteppich unserer Gemeinschaften und an das Gewebe unserer Gesellschaft. Wir weben Gespräche und entwirren komplexe Zusammenhänge; wir stricken Gedanken und Pullover zusammen.

Man sagt uns, dass »Kleider Leute machen«, und rät uns, »unsere schmutzige Wäsche nicht in der Öffentlichkeit zu waschen«, und diese mündlich überlieferten Weisheiten werden in der ganzen Welt wiederholt, mit regionalen Varianten. In Frankreich und Italien wird die uralte Angewohnheit, die Jacke auf links zu drehen, damit sie länger hält, metaphorisch für jemanden verwendet, der seine Meinung geändert hat (»retourner sa veste«, »voltagabbana«), und in Spanien ist etwas Simples so einfach zu erledigen wie »cortar y coser« (schneiden und nähen). In Simbabwe bedeutet »sich ausziehen«, dass das Ende naht; in Aruba beklagt man, dass »nicht alle Kleider an der Sonne getrocknet werden«, und in Kasachstan beglückwünscht man jemanden mit der Aufforderung, »es lange zu tragen«.

Für mich persönlich war die Überzeugung, dass nicht die Perlen die Kette ausmachen, sondern die Schnur, schon von klein auf ein Leitmotiv, das mich daran erinnerte, dass Substanz und Kontinuität wichtiger sind als Glanz und Glitter.

Wiederverwendung und Wiederverwertung waren bis vor Kurzem so weit verbreitet, dass sie in unser Leben eingebaut wurden. Vom Kochen bis zum Geschirr, vom Mosaik bis zur Patchworkarbeit war die Wiederverwendung von Resten und die Wiederanpassung von Zerbrochenem alltäglich: Behalten war der Standard, wegwerfen war ein Fehler.

Heutzutage werden wir mit einem ständigen Strom neuer Dinge überschwemmt, die wir kaufen können, und wir haben vergessen, wie wichtig es ist, etwas Altes zu haben, das wir aufbewahren können. Wenn es ums Reparieren geht, sollten wir dieses Konzept hegen und pflegen und ihm neues Leben einhauchen, denn wir flicken nicht mehr. Innerhalb weniger Generationen haben wir es verlernt. Der Verlust dieser Fähigkeit ist verheerend, es ist wie ein Aufgeben. Sie wiederzugewinnen ist dagegen ein Elixier für die Unsterblichkeit, eine kraftvolle Visualisierung unserer Bereitschaft, einen Beitrag zur Verlangsamung der Modeindustrie zu leisten. Sie fragt uns unverblümt: Wie konntest du das bloß kaputt machen? Ein mehrfach geflicktes Kleidungsstück liest sich wie ein

Fotoalbum mit den Momenten und Erinnerungen, die wir in unsere Kleidung einnähen.

Wir haben vergessen, wie man flickt, weil es uns nicht wichtig erschien. Das ist es aber.

Nicht die Perlen machen die Kette aus, sondern die Schnur.

Ästhetik / Ethik

Unsere kulinarischen Kulturen sind durchzogen von Wiederverwendung, und zahlreiche Gerichte basieren auf den Resten von gestern (man denke an Paella in Spanien, Minestrone in Italien, Bubble & Squeak in Großbritannien), und viel von der Ästhetik und den kulturellen Referenzen, mit denen wir uns umgeben, funktionieren ähnlich.

Erinnern Sie sich an Ihren letzten Besuch in einem angesagten Restaurant – überall finden Sie Hinweise zur Wiederverwertung, in Ketten ebenso wie in teuren Restaurants, von Tischen aus alten Brettern bis hin zu ungleichem Geschirr oder Cocktails, die in Marmeladengläsern serviert werden.

In der modernen Kunst ist die Wiederverwendung von gefundenen und weggeworfenen Gegenständen als Inspiration und Technik alltäglich und wurde von Künstlern wie Michelangelo Pistoletto und in jüngerer Zeit von Olafur Eliasson für jede Generation neu erfunden. Dies ist auch in der Musikindustrie zu beobachten, wo Künstler frühere Werke anderer Musiker in ihre eigenen einfließen lassen.

In der heutigen schnelllebigen Zeit und in einer Kultur, die das Neue mehr schätzt als das Alte, ist das Raue und Geflickte vielleicht nur ein Look und keine alltägliche Lebensphilosophie mehr, aber die Tatsache, dass wir uns immer noch damit umgeben, ist wichtig, denn sie beweist, dass wir uns darin wohlfühlen und es verstehen; und es ist überall – von der »Shabby chic«-Einrichtung bis zu zerrissenen Jeans (dazu später mehr), von unseren Wohnungen bis zu den Einkaufsstraßen.

Eines der frühesten und brillantesten Beispiele dieser Kultur ist Wabi-Sabi, eine Philosophie, die im 14. Jahrhundert in Japan entstand: Der Begriff »Wabi Sabi« bedeutet grob übersetzt »Armut« und »Einsamkeit«, und bildlich gesehen geht es um die Verherrlichung der Eigentümer von Armen, aber das Konzept, das sie förderte, ist eines des Reichtums und der Fülle, in dem Unvollkommenheit und Zerbrechlichkeit als das gefeiert werden, was sie sind: Manifestationen der Differenz, nicht der Minderwertigkeit.

Aus dem Wabi-Sabi ging das Kintsugi hervor, die Kunst, zerbrochene Keramik mit Goldamalgam zu reparieren, um den Bruch hervorzuheben, und der Boro-Stoff, ein kompliziertes Flickwerk aus Kimono-Resten (Kimonos wurden mit Indigo gefärbt, das sehr teuer war, weshalb Stoffreste viel zu kostbar zum Entsorgen waren und trotz Verschleißerscheinungen weiterverwendet wurden).

Beide Techniken machen den Akt des Reparierens zu etwas nahezu Heiligem, und beide feiern den Triumph des Lebens nach dem Tod, des Wiederaufbaus nach der Zerstörung.

Heutzutage ist der originale Boro-Stoff sehr begehrt – er sieht genauso aus wie der so angesagte Used-Look- und Flick-Denim. Sie können sich davon inspirieren lassen, um die Jeans im hinteren Teil Ihres Kleiderschranks, die Sie gekauft, aber nicht getragen haben, zu ändern oder um die zu oft getragenen Jeans zu reparieren. Flicken Sie weiter, sagt Boro, benutzen Sie weiter; es fordert uns heraus, denn die Geschichte

Ihres Lebens, die sich auf Ihrer Hose abzeichnet, ist etwas, an das Sie sich erinnern wollen.

Wie man Jeans im Boro-Stil flickt

- Bei Boro geht es um übereinanderliegende Stoffreste, die als Flicken verwendet und mit Reihen von Vorstichen verstärkt werden, um alte, beschädigte Kleidungsstücke zu reparieren, zu retten und ihnen neues Leben zu verleihen.
- Wenn Sie einen Riss in Ihrer Jeans haben, stecken Sie zuerst ein Stück Stoff auf der Vorder- und Rückseite des Risses fest. Die Stoffstücke müssen den Riss vollständig bedecken und etwas überstehen, damit sie gut festgenäht werden können.
- Nehmen Sie eine Sticknadel und etwas weiße Stickwatte und nähen Sie von der rechten Seite aus von Hand im Laufstich über den gesamten Aufnäher.

Natürlich wurde diese Art der Reparatur nicht nur in Japan praktiziert. Die Geschichte des Patchwork geht bis auf 5000 Jahre zurück und wurde in Gräbern in China und Ägypten entdeckt. Im Westen war das Quilten sehr beliebt und reiste mit den ersten Pionieren von Schottland nach Virginia.

Quilten hat wie Boro viel mehr als nur Design inspiriert, und sein Einfluss ist von der Haute Couture bis zur zeitgenössischen Kunst zu erkennen. Das Quilten ist ein stärkeres Symbol, als seine volkstümliche Ästhetik vermuten lässt. Es ist eine Metapher für enge Verbindungen und eine noch engere Zusammenarbeit, da Frauen über Generationen hinweg zusammenarbeiten, um etwas Wertvolles zu schaffen, und da-

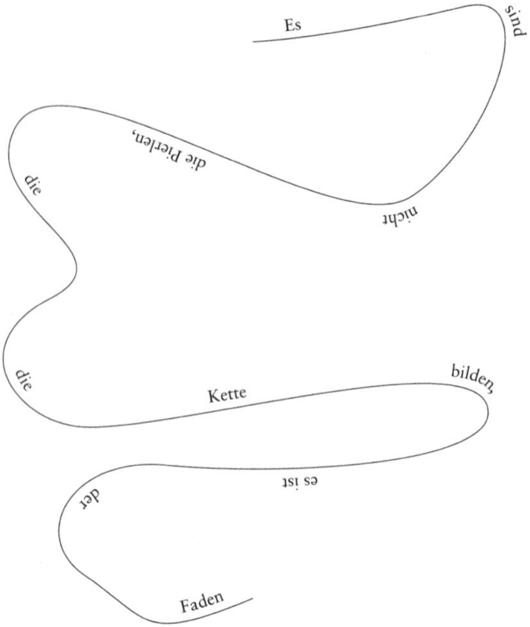

bei Geheimnisse, Erfahrungen, Freuden und Traumata bei der Herstellung eines Erbstücks teilen.

Die gute Nachricht ist, dass das Patchwork-Quilten immer noch sehr lebendig ist. Es gibt keinen Mangel an Orten, an denen man die Grundlagen erlernen kann, an Gruppen, denen man sich anschließen kann, um aus erster Hand zu erfahren, wie es sich angefühlt haben muss, zusammenzusitzen und zu nähen, und eine äußerst aktive Online-Quilting-Community. Mit einem Stapel bedeutungsvoller Stoffreste (z.B. Babykleidung, die Hemden Ihres Großvaters oder sogar alte Kissenbezüge und abgenutzte Stoffe, die zu schön zum Wegwerfen sind) und selbst mit den rudimentärsten Nähkenntnissen können Sie einen Erinnerungsquilt herstellen. Im Grunde genommen ist Quilten ein zeitloser, traditioneller und nostalgischer Zeitvertreib, bei dem es um Entschleunigung, das Bewahren von Stoffen und der darin gespeicherten Erinnerungen geht, der aber auch unendlich viele Möglichkeiten bietet, um ihn nach Ihren eigenen Vorstellungen und Ihrer eigenen Ästhetik zu gestalten.

Patchworkmuster können einfach mehrere Quadrate sein oder richtig aufwendig mit Kombinationen von Dreiecken, Sechsecken und Rauten. Außerdem brauchen Sie Watte oder Einlage, und ehrlich gesagt kann es kompliziert werden. Ich weiß jedenfalls nicht, wie man das macht, obwohl ich Quilts liebe und es irgendwann mal ausprobieren möchte. Was ich Ihnen aber sagen kann, ist, dass all die zerrissenen oder nicht mehr benötigten Laken und Kissenbezüge, ein alter, vergessener Boho-Rock, Herrenhemden und geblümte Kleider zerschnitten und aufbewahrt werden können, um sie eines Tages zu einem Quilt zu verarbeiten. Ansonsten können Sie sich von Experten wie Kaffe Fassett und Anna Maria Horner inspirieren lassen oder sich unter dem Hashtag #Quilting auf Instagram oder Pinterest umschauen.

»Unsere Entente mit der Natur wird neu geschrieben und neu erfunden werden. Wir werden versuchen, auf harmonische Weise zusammenzuleben, zu geben, zu nehmen und füreinander zu sorgen. Das Ergebnis wird eine intimere und intuitivere Beziehung sein, die auf ursprünglichen Gefühlen, alten Ritualen und althergebrachten Systemen beruht und den Animismus neu erfindet.«
Li Edelkoort, Trendforscherin, Bloom, Nr. 24: Earth Matters

Quilten, Boro, Kintsugi und all diese wunderbaren Techniken, die entwickelt wurden, um Dinge länger aufzubewahren, damit unsere Abfälle und Reste zu Ruhm gelangen – und damit unsere Erinnerungen sowie unsere wertvollen Ressourcen länger bei uns bleiben –, erleben ein Revival.

Trotz der jüngsten Vorhersagen von Li Edelkoort sind wir noch lange nicht so weit, dass wir uns einen so vorherrschenden, weit verbreiteten Impuls zum Behalten vorstellen können. Interessant ist jedoch, dass die Ästhetik, die hinter dieser Philosophie steht – der »Look«, der das Prinzip umgibt –, in der heutigen Kultur immer noch völlig relevant ist.

Auf den Laufstegen ist der »Upcycling«-Look in aller Munde, und seine lebendigen, fleckigen, farbenfrohen und oft eigenwilligen Nebeneinanderstellungen sehen online großartig aus: ein frischer Wind als Kontrast zum schwarz-beigen Minimalismus. Sicher, für einige Designer geht es nicht über eine visuelle Referenz hinaus, die zu ihrem momentanen Design-Ethos passt, aber für andere ist es eine Möglichkeit, ihre Kreativität zu nutzen, um über Dinge zu sprechen, die ihnen wichtig sind, wie z.B. die Verlangsamung des Systems oder der Kampf gegen den Massenkonsum.

Für die meisten Verbraucher ist diese ästhetische Sprache noch nicht so deutlich wie ein T-Shirt von Katharine Hamnett mit der Aufschrift »Save the future«, aber in der Zukunft (d.h., wenn wir es schaffen, sie zu retten) kann das Wissen darum, dass ein recyceltes Kleidungsstück dabei hilft, zu verhindern, dass noch mehr Kleidung auf umweltzerstörerische Weise entsorgt wird, unsere aktiv getragene Kleidung zu einem persönlichen Manifest machen. In einer Zeit, in der jährlich Milliarden von Kleidungsstücken aus Fabriken geliefert werden und wir uns auf die Suche nach Lösungen begeben, ist die

Politik der Pflege, des Wiedertragens und der Reparatur eine echte Alternative.

Reparieren ist ein revolutionärer Akt

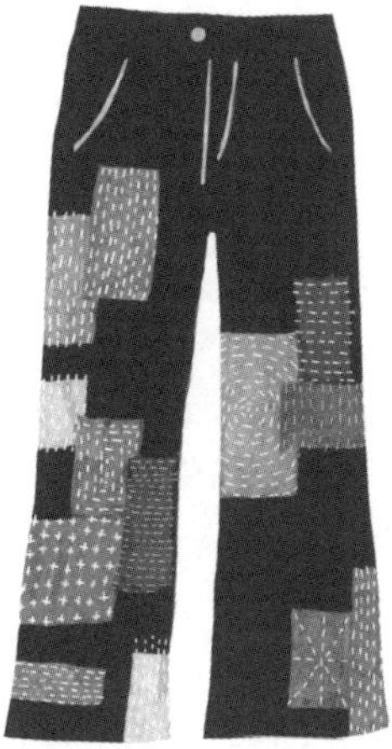

Flicktechniken haben eine ganz eigene Schönheit und erfordern Präzision und Einfallsreichtum. Es ist dieser Aspekt, der mich anspricht, denn wenn wir das Flicken so betrachten, sehen wir, dass jedes reparierte Teil spektakulär und einzigartig ist, das Ergebnis von Kunstfertigkeit, Kreativität und Zeit.

Das Sichtbarmachen von Reparaturen ist eine Absichtserklärung. Es ist so, als würde man das Kleiderflicken auf dieselbe Stufe stellen wie das Tätowieren seiner Haut. Das derzeitige System, das wir alle kennen, sagt uns, dass wir einen kaputten Gegenstand wegwerfen sollten – nur sagen Sie ihm diesmal: Nein, ich will es behalten; ich will es sogar behalten und flicken und immer wieder benutzen. Wenn wir das sind, was wir tragen, dann sollten wir zeigen, was wir meinen; wir wollen unsere Hosen so reparieren, wie wir unsere Umwelt reparieren; wir werden unsere kaputte Kleidung ebenso reparieren wie die kaputten Systeme.

»Unsichtbare Reparaturen erscheinen mir sinnlos.«
Celia Pym, Textilkünstlerin

Stopfen

Betrachtet man das Flicken als rein praktisches Unterfangen, dann ist das Stopfen nur eine Vielzahl kleiner Fadenstränge, die miteinander verwoben werden, um eine abgenutzte, dünn gewordene, beschädigte Stelle zu verstärken. Wenn man es aber eingehender anschaut, dann erzählt das Stopfen so viele andere Geschichten; und wenn es um die Botschaft geht, die wir über unseren Umgang mit Kleidung vermitteln wollen, dann erklärt es unsere Prinzipien ebenso gut wie jeder Slogan auf einem T-Shirt: *Ich pflege, ich repariere.*

Gestopfte Pullover entsprechen voll und ganz dem heutigen Look: unterschiedliche Strukturen, aufeinandertreffende Farben, raue Kanten. Es ist eine Technik, die uns seit Jahrtausenden begleitet und deren Nützlichkeit nie infrage gestellt wurde – bis heute. Neuheit wird überbewertet; Stopfen ist Erfahrung, Leben und das Vergehen der Zeit. Mir gefällt, dass es gleichzeitig modern und uralt ist.

Für mich sagt das Stopfen mehr als tausend Worte, allein schon, weil es wie ein eigener Mikrokosmos wirkt. Es gibt verschiedene Flicktechniken, die sich unterschiedlich gut für die diversen Materialien eignen; Stopfen geht meiner Meinung nach wirklich am besten bei gestrickten oder locker gewebten Stoffen.

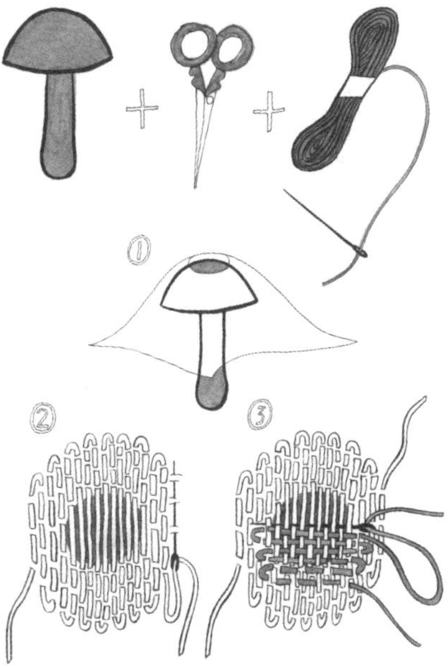

Aufnäher

Sie haben vorher den Boro-Stil kennengelernt, aber Sie können jedes Loch mit fast allem flicken, vorausgesetzt, Sie halten sich an den Originalstoff. Flicken Sie zum Beispiel Jersey und dehnbare Stoffe mit einem ebenso dehnbaren Stoff, und verwenden Sie am besten gewebte Stoffe für andere gewebte Teile. Ich mag sehr grob genähte Aufnäher, wie von einem Kind gemalt, mit langen, unregelmäßigen Nähten, um einen (vorzugsweise) leicht ausgefransten und ungleichmäßigen Aufnäher festzunähen. Man kann sie auch hübsch aussehen lassen, wenn man den Aufnäher zuerst säumt oder mit einem Deckenstich versieht und ihn dann weniger auffällig annäht. Oder Sie schauen im Internet nach vorgefertigten Aufnähern, die Sie dann selbst anbringen können.

Verschönern

Das ist die Kunst, etwas hinzuzufügen, um ein in die Jahre gekommenes Teil aufzuwerten oder um einen Makel oder Defekt zu überdecken, statt ihn zu reparieren. Sie können Perlen, Knöpfe, Zierleisten und andere Kleinigkeiten, die Sie vielleicht noch herumliegen haben, aufnähen oder das Teil besticken.

Mein absolutes Lieblingsoberteil ist eine schwarze Kaschmirstrickjacke (die meiner Großmutter mütterlicherseits aus den Vierzigern), die ich mit allen schon genannten Mitteln gerettet habe: schwarze Jersey-Ellbogenaufnäher, kleinteilige Verzierungen mit winzigen schwarzen Perlen, Häkeleien um Mottenlöcher herum, kleine Stickmotive als Ergänzung zu älteren Stopfarbeiten und eine Spitzenborte entlang der Vorderseite, um den Halt der Knöpfe zu verstärken.

Heutzutage ist das Reparieren leider fast überflüssig. Das wurde mir kürzlich bei einer von mir kuratierten Veranstaltung in Kopenhagen bewusst, bei der wir mitten auf einer Modemesse eine riesige Reparaturstation mit Stoffresten, Näher:innen und Reparaturexpert:innen eingerichtet hatten. Im Rahmen des dreitägigen Programms veranstalteten wir mehrere öffentlich zugängliche Workshops zu allen möglichen Themen, von der Reparatur von Jeansstoffen bis hin zum Sticken, und ich war überrascht, wie viele junge Leute daran teilnahmen. Ich habe ein nach heutigen Maßstäben fast absurdes Foto von zwei jungen Leuten gemacht, die noch nie in ihrem Leben Nadel und Faden in der Hand hatten, als sie das Sticken lernten und sich völlig in ihre neu entdeckte Fähigkeit vertieften. Es scheint mir, dass es weniger überraschend gewesen wäre, einen Dodo vorbeilaufen zu sehen als zwei 16-jährige Jungen, die ihre Hosen flicken.

Weil das Reparieren zu einer Ausnahme geworden ist, brauchen wir Hilfe, um es wieder zu etablieren, so wie vom Aussterben bedrohte Tiere bei der Fortpflanzung unterstützt werden, um ihre Art zu retten. Wir brauchen Designer, die ihre Produkte überdenken, um sie reparaturfreundlicher zu machen, wir brauchen Pädagogen, die die Aufgabe übernehmen, das Handwerk des Herstellens und Reparierens wieder aufzuwerten, und wir brauchen eine Politik, die vorschreibt, dass Marken die Verantwortung für die Kleidung – und den Abfall – übernehmen, die sie produzieren. Vor allem aber müssen wir das Flicken aufwerten und verbreiten, damit es für alle zugänglich wird, nicht nur versteckt in den Schaufenstern der Textilreinigungen, sondern in seiner ganzen Pracht als die geniale Sache sichtbar, die es wirklich ist. Denken Sie an coole Reparaturwerkstätten in jeder größeren Straße und an Stopfstationen in Supermärkten und Kaufhäusern.

Das Stigma

Das Stigma des Flickens aufzubrechen, ist eine wichtige mentale Übung, da wir so unsere Auffassung von Menschen ohne finanzielle Rücklagen ändern werden.

Für eine ganze Generation war das Tragen abgewetzter, sichtbar reparierter Kleidung eine zutiefst demütigende Erinnerung an eine minderwertige Lebenslage, in der es wegen finanzieller Einschränkungen unmöglich war, neue Kleidung anzuschaffen. Und das lag daran, dass billige Warenhauskleidung über Generationen hinweg schrecklich aussah, und nicht jeder hatte Mütter oder Tanten, die mit einer Nähmaschine umgehen konnten und dazu bereit waren, Schnittmuster aus der *Burda* nachzumachen.

Jetzt sehen wir Fast Fashion als Zeichen allen Unheils, und Aktivisten auf der ganzen Welt fordern alles Mögliche, von Verboten bis hin zu Boykotten. Ich wünschte, wir wären vorsichtiger in unserem Denken und würden erkennen, dass wir modische Kleidung brauchen, die für die Mehrheit der Weltbevölkerung erschwinglich ist. Wir brauchen sie, um unsere Familien einzukleiden, und wir brauchen sie, um die Familien der Menschen zu unterstützen, die sie herstellen. Wir brauchen ein System, in dem sich die Schnelllebigkeit selbst wieder einpendelt und gedeiht, gerade weil sie außer Kontrolle geraten ist. Wir wollen billige, aber in Würde produzierte Kleidung, die nicht die Welt kostet. Wir brauchen ein System, in dem die Umsätze und Lebensqualität gleichmäßiger über die gesamte Lieferkette hinweg verteilt werden, statt wie bisher nur einzelne Leute zu bereichern.

Eine Näherin verdient mit dem Mindestlohn in Bangladesch in zwei Monaten so viel wie der bestbezahlte CEO der Modeindustrie in einer Minute.

Deshalb müssen wir aufpassen, dass wir mit unserem Aufruf nicht zu viele Vorschriften machen und unsere Erwartungen anpassen: Flicken und Reparieren ist nicht jedermanns Sache, und es zu einem heroischen Akt zu erklären, könnte den Beigeschmack von Exklusivität haben. In unserer Wegwerfgesellschaft und Schnelllebigkeit würden nämlich jene, die sich teure Kleidung oder Reparaturen finanziell oder zeitlich nicht leisten können, ebenso belächelt werden.

Jetzt, da der Feind die Verfügbarkeit und Neuheit und nicht mehr die Langlebigkeit ist, besteht die Gefahr, dass billige Kleidung zum künftigen Stigma wird: ein unmittelbares Erkennungszeichen für Armut, so wie es vor kaum einem halben Jahrhundert reparierte oder wiederverwendete Kleidung war. Die Mode erfindet sich ständig neu, blickt auf ihre Trends zurück und bietet sie etwa alle 20 Jahre einer neuen, nostalgischen Generation an. Aber nicht diese Trends, bitte. Machen wir Exklusivität, Exzess und mangelnde Vielfalt zu den Trends, die wir nie wieder aufleben lassen werden.

Es ist auch ein Irrglaube, billige Mode sei so schlecht gemacht, dass es sich nicht lohne, sie zu reparieren. Das stelle ich dezidiert infrage. Als jemand, der aus Liebe kauft, ist es für mich irrelevant, wie viel Geld ich ausgebe, wenn es um meine emotionale Beziehung zu dem gekauften Teil geht: Alles, was ich kaufe, ist es wert, behalten zu werden. Ich flicke mein Kleid von Primark genauso wie mein Vintage-Pucci. Ich wasche meinen Victoria's-Secret-BH genauso wie meinen La-Perla-BH, nämlich sorgfältig und immer von Hand.

Vor der Fast Fashion

Vor der Zeit der Fast Fashion war billige Kleidung hinsichtlich Stoff und Stil schlichter, aber oft sehr schön gemacht. Mein absolutes Lieblingsgeschäft war das MAS (Magazzino allo Statuto) in Rom, ein dreistöckiges Kaufhaus, in dem große Mengen billiger, origineller Stücke aus dem eigenen Bestand verkauft wurden, von den späten 1960er-Jahren aufwärts, zusammen mit moderneren Teilen für Damen, Herren und Kinder.

Im Wesentlichen kaufte MAS nicht nur neue Artikel aus dem aktuellen Bestand ein, sondern verkaufte auch alle bisher unverkauften Waren, die in einem ständigen Zyklus aus den eigenen Lagern wiederverwendet wurden. Und in diesen Kleidern, in ihren Etiketten, entfaltete sich Modegeschichte.

Bis in die 1990er-Jahre wurden die meisten Kleidungsstücke in Italien hergestellt, in einwandfreier Qualität und einem etwas albernen Stil, den ich natürlich gerade deshalb liebte, weil er ein wenig skurril war, wie diese Retro-Anzeigen auf den Endseiten der Sonntagsbeilagen, mit Models mit lächerlichen Frisuren und kitschigen Outfits.

Ich besitze mindestens fünf Paar Herrenhosen von MAS, und klar, die Stoffe sind nicht luxuriös, sie bestehen entweder aus recycelter Wolle oder aus einem Woll-Nylon-Gemisch, aber beim Schnitt und der Verarbeitung würde der Vergleich viele »Premium«- und »Luxus«-Marken von heute beschämen. Außergewöhnliche Liebe zum Detail, großzügige, anpassbare Saumzugaben, Taschen innerhalb der Taschen – das ist eine Verarbeitung, die einer echten Schneiderei in nichts nachsteht.

Das Gleiche galt für die Damenkleidung. Auch wenn sie

zwangsläufig aus 100 % Nylon oder anderen Acrylstoffen bestand (obwohl es die beste Baumwollunterwäsche und die erstaunlichsten Wollwesten gab), waren Röcke, Hemden und Kleider sehr gut verarbeitet und passten perfekt. Stilvoll waren sie vielleicht nicht, aber dafür qualitativ hochwertig und langlebig, denn obwohl die Kleidung preiswert war, war sie doch für die Ewigkeit gemacht.

Und dann, in den 1990er-Jahren, kam eine Flut billiger, kopierter, trendiger Mode, die zunächst aus China und dann aus Bangladesch importiert wurde, und die billige, geschmacklose Kleidung »Made in Italy« verschwand. Den Rest kennen wir. MAS wurde, wie viele andere Kaufhäuser auf der ganzen Welt, 2018 geschlossen.

Wie sind wir also in diesen Schlamassel geraten?

1972 reiste US-Präsident Nixon nach China und traf Mao Tse-tung, was die globalen Machtstrukturen für immer veränderte und China nach Jahrhunderten der Abgeschiedenheit für den Rest der Welt öffnete. Nach und nach wurden aus Hindernissen Handelsmöglichkeiten, und internationale Fabriken wagten sich zu neuen, unentdeckten und weitgehend unregulierten Ufern. Zu diesem Zeitpunkt besaßen die Modemarken ihre Produktionsstätten noch weitgehend selbst oder arbeiteten in unmittelbarer Nähe zu ihren Fabriken und Herstellern, wodurch ein Gemeinschaftsgefühl entstand und sie ihr geistiges Eigentum und ihre Alleinstellungsmerkmale schützen konnten. In mehreren Fällen brachten die Fabriken, die für die Herstellung einiger der bekanntesten Namen in der Modewelt verantwortlich waren, ihre eigenen Angebote auf den Markt: Alberta Ferretti und Ermenegildo Zegna sind solche Beispiele. Da die Nähkenntnisse und -ressourcen in den von China betriebenen Fabriken zunahmen, dauerte es jedoch nicht lange, bis die Modeindustrie erkannte, welchen Einfluss ausgebeutete, nicht gewerkschaftlich organisierte Arbeitskräfte und die Missachtung jeglichen Umweltschutzes auf die Gewinnmargen hätten. Im Laufe der späten 1980er- und der gesamten 90er-Jahre wurde der Großteil des technischen Know-hows und der in über 200 Jahren Industrialisierung erworbenen Maschinen nach China verlagert, in manchen Fällen sogar über Nacht.

Das habe ich selbst miterlebt: In den späten 1990er-Jahren sammelte ich die meisten Stoffe für meine Upcycling-Kollektionen aus den Überschüssen italienischer Fabriken, vor allem in der Region Venetien, die damals weltweit als eines der »Made in Italy«-Zentren bekannt war.

Eine Fabrik – ein wunderschönes Familienunternehmen, das ein Jahrhundert lang zum Wohlstand in der Region beigetragen, aber mit dem zunehmenden Wettbewerb zu kämpfen hatte – wurde zur Schließung gezwungen, die gesamte Produktion wurde nach China verlagert. Die Fabrikarbeiter gingen in die Weihnachtsferien, und als sie im Januar zurückkamen, waren die Fabrik geschlossen und alle Maschinen verschwunden, zusammen mit der gesamten Produktion nach China ausgelagert.

Und doch hätten die Dinge zu diesem Zeitpunkt ganz anders verlaufen können. Stellen Sie sich vor, die Designermarken hätten entdeckt, dass billige Arbeitskräfte aus Übersee und das Fehlen von Umweltgesetzen und -vorschriften eine geschäftliche und humanitäre Chance darstellen, um menschenwürdige Arbeitsplätze zu schaffen, das Leben von Millionen neuer Arbeiterinnen zu verbessern und Designermarken zu kreieren, die deutlich billiger sind, aber immer noch

Wert auf Qualität und Design legen: Wären wir dann auf Fast Fashion hereingefallen, oder hätte dies zu einem ausgewogeneren Verhältnis zwischen teuer und erschwinglich geführt?

»Fast Fashion« wurde von Anfang an beschuldigt, Designerstücke zu kopieren (in der Mode ist geistiges Eigentum bemerkenswert schwer zu schützen) und uns unterzujubeln. Wenig überraschend, dass wir nicht genug davon bekommen konnten, und genau das war die Absicht. Hätten wir billig hergestellte Designerkleidung zu lächerlich niedrigen Preisen gewollt, wenn wir das Original hätten haben können – d.h. echte Designerkleidung, aber zu erschwinglicheren Preisen? Die Idee der Massenproduktion war, Geltungskonsum anzuregen, nicht nachzufüttern. Wir sind nicht dazu programmiert, Kleidung zu kaufen oder zu horten; wir sind wie Schafe zu den nächstgelegenen Geschäften getrieben worden. Die Dinge sind nicht wertlos geworden, wir haben uns nur daran gewöhnt, sie als solches zu betrachten. Sicher, sie sind billiger und weniger gut gemacht, aber ihren Wert bestimmt die Art und Weise, wie wir mit ihnen umgehen. Es ist so: Wir brauchen billige, modische Kleidung für diejenigen, die es sich nicht leisten können, Geld für Mode auszugeben; wir brauchen ein demokratisches System, in dem die gesamte bekleidete Bevölkerung Zugang zu preiswerten Teilen hat, das die Produzenten nicht erniedrigt und die Umwelt nicht schädigt. Es liegt in der Verantwortung der Marken, dafür zu sorgen, dass billige Kleidung von Arbeiterinnen hergestellt wird, die gewerkschaftlich organisiert sind und anständig bezahlt werden, und dass sie aus Stoffen aus erneuerbaren Quellen hergestellt wird, statt unsere Ressourcen zu erschöpfen (die Materialien verursachen bis zu 95 % der Umweltbelastung eines Kleidungsstücks). Schließlich liegt es in unserer Verantwortung, mit unserem Eigentum sorgsam umzugehen und daher bei jedem Schritt bis zum Kauf vernünftige Entscheidungen zu treffen, von der ersten Ahnung, dass wir uns ein Kleidungsstück wünschen, über die Dinge, auf die wir beim Kauf achten müssen, bis hin zur verantwortungsvollen Entsorgung.

Ich sage immer, dass Fast Fashion wie ein One-Night-Stand ist: ein unverbindliches Rein- und Rausschlüpfen, ohne Gefühle zu entwickeln; und dass wir, wenn es um unsere Kleidung geht, anfangen müssen, nach festen Beziehungen zu suchen: Bindungen, die ein Leben lang halten.

Sie sollten wollen, dass ein Kleidungsstück, das zu Ihrer Figur passt, auch zu Ihren Prinzipien passt. Wenn es sowohl zu Ihrer Figur als auch zu Ihren Werten passt, dann kaufen Sie es. Wenn nicht, halten Sie inne und denken Sie noch einmal darüber nach.

Widerstehen

Handarbeit ist Frauenarbeit

Die Tatsache, dass Nähen, Flicken und andere Handarbeiten im Allgemeinen so eng mit Frauen verbunden waren, mag auch ein Grund für ihren unvermeidlichen Niedergang sein, da sie die Frauen an eine Welt der Schinderei und häuslichen Versklavung fesselten. Es ist nicht weiter verwunderlich, dass sich viele Frauen im Zuge der Emanzipation zusammen mit ihren brennenden BHs von den freiheitsbeschränkenden Rollenklischees und von dem Wunsch entfernten, weiterhin so zu sein wie bisher.

Es ist an der Zeit, alte Weisheiten und Techniken neu zu betrachten und zu bewerten und Unterdrückung in Chancen zu verwandeln. In einem patriarchalischen System und einer geschlechterdiskriminierenden Gesellschaft, die die Stimmen der Frauen weltweit immer wieder zum Schweigen gebracht hat und bringt, wurde das Nähen zur stummen Sprache der Frauen, und ich behaupte, dass wir unser Erbe zurückfordern und die Handarbeit nutzen können, um unseren Standpunkt zu vertreten.

Künstlerinnen lassen sich seit Langem von der eigenwilligen Beziehung zu Fäden und Stoffen inspirieren und von der Rolle, die Frauen dabei spielen, untrennbar mit ihnen verknüpft und durch sie definiert, wie die Werke von Künstlerinnen wie Maria Lai, Dayanita Singh und Louise Bourgeois zeigen. Die immer gleichen Gesten des Nähens erscheinen gleichermaßen als lästige Pflicht und als eine Art tief spiritueller Erleuchtung. Neuere Phänomene wie der »Craftivism« (mehr dazu im dritten Kapitel) definieren diese stille Sprache neu und geben ihr die lautestmögliche Stimme.

Dafür müssen wir uns aber erst eine andere Geschichte erzählen, in der es um Ermächtigung und Solidarität geht und um gegenseitige Unterstützung für ein gemeinsames Ziel. Wir müssen das Stigma ändern: Den geblümten Nähkorb mit Nadelkissen, winziger Schere, Fingerhut, Nadel und Faden stellen wir uns neu vor, gestalten ihn um, bringen ihn auf den neuesten Stand, im übertragenen Sinn wie auch ganz praktisch.

Nicht nähaffin

Wir müssen auch diejenigen unter uns respektieren, die kein Interesse am Flicken haben. Viele von uns neigen vom Wesen her nicht dazu, andere können es aus zeitlichen, beruflichen oder physischen Gründen nicht. Wir müssen ein System fördern, in dem das Reparieren und Ausbessern wieder institutionalisiert und Teil des Stadtbildes wird. Hier sind ein paar Ideen zum Nachdenken:

- Nutzen Sie die chemische Reinigung um die Ecke als Ausgangspunkt.
- Schicken Sie Ihren kaputten Gegenstand aus Protest an die Marke zurück, die ihn (schlecht) hergestellt hat, und verlangen Sie, dass sie sich (gut) darum kümmert.
- Setzen Sie sich bei Ihrer Stadtverwaltung dafür ein, dass das verlassene Geschäft in der Nähe zu einem Flickatelier umgebaut wird, anstatt es verfallen zu lassen.

Keine Sorge, in den folgenden Kapiteln erfahren Sie mehr darüber, wie Sie die Lebensdauer Ihrer Kleidung mit handwerklichem Geschick und moderner Technologie verlängern und wie Sie sich selbst als Einzelperson und in Ihrer Gemeinschaft einbringen können.

Ihr Nähzeug

Sich ein eigenes Nähset zusammenzustellen, macht wirklich Spaß – so sehr, dass ich mehrere habe, etwa ein Reiseset, das aus einem Kosmetiktäschchen mit sämtlichen Utensilien besteht, die ich unterwegs oder für Notfälle brauche.

Meine Sets für Daheim bestehen aus wiederverwendeten Gegenständen (obwohl mir eine gute Freundin ein klassisches Liberty's-Nähset geschenkt hat, was wirklich sehr praktisch ist) und sind nach ihrem Verwendungszweck geordnet: eines

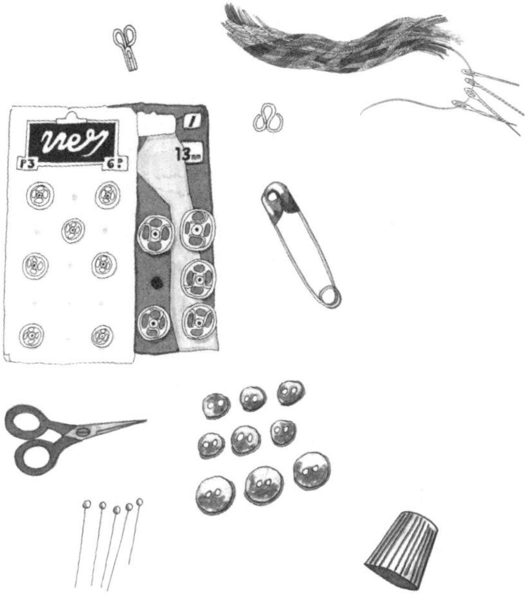

- Druckknöpfe, Ösen und Haken
- Baumwollgarn in mehreren Farben
- Ein paar einfache Nadeln in verschiedenen Größen
- Eine Handvoll Sicherheitsnadeln
- Sechs kleine und drei größere Perlmuttknöpfe
- Schere (Meine Güte, wie ich Nähscheren liebe!)
- Einen Fingerhut (den ich nie benutze, aber immer dabeihabe – meiner ist aus Silber)
- Fünf oder sechs Stecknadeln

zum Stopfen und Häkeln, eines zum Verzieren, mit dem im Lauf des Lebens angesammelten Krimskrams, und eines für größere Handarbeiten, mit Metermaß, großer Schere, haufenweise Stecknadeln, Kreide zum Markieren usw.

MEINE ABZEICHEN DES STOLZES

Foto: Anna Stokland

Meine Ehrenabzeichen

Ich sammle Vintage-Broschen und -Anstecknadeln, mit denen ich Mottenlöcher verdecke. Alles fing damit an, dass der Kragen einer meiner Lieblingsjacken befallen wurde und ich die Löcher mit allen Anstecknadeln, die ich finden konnte, abdeckte. Das sah im Endeffekt total punkig aus, und die Jacke ist eines meiner am meisten bewunderten Teile. Ich wurde auch schon mehrfach in ihr fotografiert. Jeder kommentiert die Broschen, ohne dabei zu ahnen, was sie eigentlich verbergen. Im Laufe der Jahre habe ich das auch auf Strickwaren und Hosen ausgedehnt, und ich gehe nie ohne ein paar Anstecknadeln aus dem Haus für den Fall, dass ich einen Fleck entdecke, den ich auf die Schnelle nicht mit einem Schwamm wegbekomme, oder dass ein widerspenstiges Loch auftaucht, das mir so gar nicht gefällt.

»Nicht Kleider werden die Welt retten, sondern die Frauen, die sie tragen.«
Anne Klein, Modedesignerin

Die Welt zusammennähen

Es gibt noch einen weiteren Aspekt des Reparierens und des Kreislaufdenkens, der von grundlegender Bedeutung ist, wenn wir die Dinge anders betrachten wollen: Dem Menschen überall auf der Welt ist der Hang zum Reparieren angeboren, und als solcher kann er uns die Art von kultureller Vielfalt bieten, die in der heutigen Modeindustrie so fehlt.

Die Modebranche funktioniert nach dem Motto »Der Westen macht es am besten«, und wir arbeiten teils immer noch mit denselben Parametern wie die reichen westlichen Nationen während der Kolonialzeit: Es ist unsere Ästhetik, die sich verkauft; dünne weiße Frauen sind die besten Models; unser Stil ist besser als eurer ... Immerhin nicht, wenn es ums Ausbessern und Flicken geht. Das haben wir alle schon gemacht, und zwar alle schön und sehr unterschiedlich. Wie all unsere traditionellen Handwerke (Genaueres folgt im dritten Kapitel) sind auch unsere Flicktechniken Ausdruck unserer geografischen Gegebenheiten – und so konnten wir sozusagen Stich für Stich voneinander lernen. Das Konzept ist dasselbe – verlängern, neu erfinden –, aber die regionalen Unterschiede in Stil und Material sorgen für die Nuancen, die alle Flicktechniken so einzigartig machen.

Vor ein paar Jahren schrieb ich Folgendes für das zweite »Fashion Revolution«-Fanzine (ebenfalls mit dem Titel *Geliebte Sachen*), und ich stehe nach wie vor dazu:

»Flicken bedeutet nicht, dass wir es uns nicht leisten können, etwas Neues zu kaufen, sondern dass wir es uns nicht leisten können, etwas wegzuwerfen. Was früher ein Schandfleck war, ist heute etwas, auf das man stolz sein kann. Unsere Kleidung zu flicken, ist eine praktische, symbolische, ästhetische, originelle, kreative, trendsetzende, dezidierte, revolutionäre Art zu sagen: Meine Kleidung bin ich, meine gewählte Haut, meine Prinzipien, meine Geschichte. Lang leben meine Kleider!«

– 3 –

Zurückblicken, um vorwärtszukommen

Genau wie die Sprachen sind auch unsere Handwerke herumgekommen, haben sich miteinander vermischt, verändert, von- und aneinander geliehen, Menschen beeinflusst und vereint – unser erstes transatlantisches Gewebe. Aber weil sie so untrennbar mit unserer Vorstellung von Geschichte verbunden sind, ist es schwer, sie sich als etwas anderes vorzustellen als ein Portal zu unserer Vergangenheit, obwohl sie in Wirklichkeit seit Jahrtausenden die Öffnung zur Zukunft sind: ein Zeugnis unseres Einfallsreichtums, unserer Mobilität, unserer Kreativität und unserer Produktivität auf allen Ebenen. In dem Maße, in dem wir endlich verstehen, welche Auswirkungen das beschleunigte Wachstum auf die Erde, die Menschen und die biologische Vielfalt hat, sehnen wir uns wieder nach dem Komfort des Überlieferten und der Tradition zurück, nach den menschlichen Handabdrücken auf handgefertigten Gegenständen und nach einer Rückkehr zu einer persönlicheren Verbindung mit den Kleidungsstücken und Accessoires, die wir kaufen, nach Sachen, die für die Ewigkeit gemacht sind.

Diese Rückbesinnung auf die Vergangenheit nimmt verschiedene Formen an: von Modedesignern, die traditionelle Designs in ihre Ästhetik einbeziehen, bis hin zu einem deutlich gestiegenen Interesse, ein Handwerk zu erlernen.

Die Mode ist eng mit ihren handwerklichen Gepflogenheiten verbunden, und der Einbruch lokaler Handwerkskulturen ist ein weiterer Verlust für die Menschheit, ähnlich wie das drohende Aussterben von Nashörnern, Bienen, Eisbären und zahllose andere Lebewesen, die bereits von der Erdoberfläche verschwunden sind, während wir auf die dramatischste Aussterberate der letzten zehn Millionen Jahre zusteuern. Wir werden also nicht nur unser artenreiches Ökosystem verlieren, sondern auch die vielfältigen Fertigkeiten, das Handwerk und das Erbe, das die Menschen über Jahrtausende hinweg kultiviert haben.

Wir haben es mit einem Fall spektakulärer Selbstbeschädigung zu tun, bei dem im Namen der Zivilisation die Zivilisation zerstört und alte Traditionen ausgelöscht werden, von denen viele für die Schaffung von Wohlstand und Reichtum in den regionalen Gemeinschaften von entscheidender Bedeutung sind – alles im Namen des Fortschritts.

Das Handwerk als ursprüngliches Gewerbe

Das Kunsthandwerk ist so alt, wie es enorm ist. Der Markt wurde 2017 auf rund 500 Milliarden US-Dollar geschätzt und wird bis 2023 voraussichtlich auf über 900 Milliarden US-Dollar anwachsen; und dennoch schätzt die UNESCO, dass mehr als 200 Kunsthandwerke aus 100 Ländern entweder bereits ausgestorben oder aufgrund der fortschreitenden Globalisierung vom Aussterben bedroht sind.

In vielerlei Hinsicht ist das Herstellen von Dingen mit unseren eigenen Händen – das Handwerken – eine der wichtigsten Eigenschaften, die den Menschen von anderen Tierarten unterscheidet. Natürlich stellen alle Tiere Dinge her, aber der

Mensch stellt sie mit Vorsatz und Vorstellungsvermögen her. Karl Marx schrieb in *Das Kapital*: »Eine Spinne führt Arbeiten aus, die denen eines Webers ähneln, und eine Biene stellt mit dem Bau ihrer Waben so manchen Architekten in den Schatten. Was aber den schlechtesten Architekten von der besten Biene unterscheidet, ist dies, dass der Architekt sein Bauwerk in der Fantasie errichtet, bevor er es in der Wirklichkeit erbaut.«

Vor dem Beginn der industriellen Revolution wurden alle Waren von Hand hergestellt. Dank des menschlichen Erfindungsreichtums entwickelten sich natürlich auch unsere Werkzeuge weiter, aber letztlich war alles handgemacht, das Ergebnis unserer geographischen Kulturen, Folklore und überlieferten Weisheiten, wobei sich jede Region von der anderen unterschied und abhob. Die Schönheit der Spitze aus Burano mag unvergleichlich erscheinen, bis man die Wunder sieht, die in Nordfrankreich hergestellt werden, und die mexikanische Stickerei kann es an Schönheit wohl mit allem aufnehmen, was im Nahen Osten genäht wird.

In diesem Sinne betrachte ich Handwerk gern als Mythen und Märchen oder als Rezepte, die je nach den einzigartigen örtlichen Gegebenheiten entstanden sind und sich weiterentwickelt haben, wobei die regionalen Zutaten und Bedingungen so ziemlich alles diktieren, von der Art des Holzes oder Metalls, das für die Herstellung von Werkzeugen und Geräten verwendet wird (was sich wiederum auf die Stärke und die Bindung eines Stoffes auswirkt), bis hin zur Art der verfügbaren Fasern oder Materialien; selbst die natürlichen Farbstoffe und Farben sind wahrscheinlich von Ort zu Ort unterschiedlich, je nach Wetter, Wasser und Boden.

Die ganze Welt wird zu einer köstlichen Minestrone, wenn

man das Kunsthandwerk auf diese Weise betrachtet: Farbspritzer aus fernen Ländern wie Indien oder Nepal; raue Wollstoffe aus dem Norden treffen auf feine Seidengewebe aus dem Osten; Muster und Symbole werden wiederholt und gemäß der unterschiedlichen Perspektiven weltweit neu interpretiert; Fertigkeiten werden von Tausenden verschiedener Hände perfektioniert, die ihren eigenen Beitrag leisten; Geheimnisse werden über Generationen und Völker hinweg weitergegeben.

Als ich ein Kind war, machten wir ein paar Stunden nördlich von Venedig Urlaub, in Südtirol an der Grenze zu Österreich, und das gestickte Edelweiß war ein immer wiederkehrendes Motiv auf allen erdenklichen Stoffen, von den Kleidern bis zu den Küchentüchern. Alle dortigen Souvenirs, die damals von einheimischen Kunsthandwerkern hergestellt wurden und nicht, wie heute üblich, in China in Massenproduktion gefertigt wurden, waren vom Edelweiß abhängig. Viele Jahre später, als ich in den späten Achtzigern mit meiner damals dreijährigen Tochter durch Thailand reiste, besuchten wir eine ziemlich abgelegene Berggemeinde. Ich war erstaunt, Bilder dieses sehr vertrauten Edelweißes in einem sehr ungewohnten Gebiet zu finden. Es war nicht völlig identisch, in einem etwas anderen Stil und in einer anderen Größe gestickt und lebte stolz mit ganz anderen Symbolen und Motiven zusammen als die, die ich in Erinnerung hatte, aber es war unverkennbar ein Edelweiß. Zuerst traute ich meinen Augen kaum – es war, als würde ich einen alten Freund an einem völlig unerwarteten Ort treffen –, aber dann setzte ich alle Punkte zusammen und kam zu Marco Polo, dem wohl berühmtesten Venezianer aller Zeiten.

Mitte bis Ende des 13. Jahrhunderts hatte sich Venedig als Tor zum Osten etabliert und war über die Seidenstraße, eine der ältesten Handelsrouten der Welt, mit China verbunden. Folglich reisten die in der Nähe von Venedig hergestellten Stoffe weiter und vermischten sich mit Textilien, die auf der anderen Seite der Erde hergestellt wurden. Es gibt viele Geschichten wie diese und mehrere Symbole und Muster, die wie unerwartete, aber willkommene Gäste von einer Kultur zur nächsten auftauchen, von Nepal bis Mexiko, und uns die Fäden zeigen, die uns verbinden, die Geschichte unserer Reisen und Migrationen.

Andere Kunsthandwerke sind gleichzeitig und völlig unabhängig voneinander auf der ganzen Welt entstanden, was das englische Sprichwort »great minds think alike« bestätigt – ein interessantes Phänomen, das die Indigopflanze wunderbar illustriert. Indigo ist eine Pflanze, die in verschiedenen Formen auf der ganzen Welt wächst, und obwohl die Indigofärberei ihren Ursprung in Indien hat (daher der Name der Pflanze), deuten neuere archäologische Funde auf eine breitere, lokal begrenzte Verwendung von Südamerika bis in den Osten hin, lange bevor Handelsrouten eingerichtet wurden – ein großartiges Beispiel dafür, dass voneinander abgeschottete Völker ähnliche Lösungen finden, obwohl Tausende von Kilometern zwischen ihnen liegen.

Von der Substanz zur Geschwindigkeit

Infolge der jüngsten Makrotrends wie Fast Fashion und Fast Luxury verschwinden die Handwerker immer mehr aus dem Gesamtbild. Nach Jahrzehnten, in denen Quantität über Qualität ging, in denen Perfektion über die Subtilität, Intimität und Verletzlichkeit des Handgemachten gestellt wurde, hat sich unsere Ästhetik verändert, und wir haben uns von den Menschen, die unsere Kleidung herstellen, entfernt; es gibt einfach nicht mehr viele Menschen, die Dinge wie früher herstellen. Wir haben aufgehört, diese Art von Arbeit zu schätzen, weil wir sie nicht mehr um uns herum sehen. Bis in die späten 1980er-Jahre gab es selbst in den großen westlichen Industriestädten eine Fülle von Kunsthandwerkern – vom Schuhmacher bis zum Töpfer –, und die meisten Menschen kannten (und nutzten) die Dienste kompetenter ortsansässiger Näherinnen, die etwas Besonderes reparierten und änderten oder von Grund auf neu anfertigten. Heutzutage gibt es nur noch wenige dieser qualifizierten Handwerker, und die brauchen unsere ganze Unterstützung.

Der Schwund ist mir seit meiner Kindheit ein Begriff, denn meine Mutter erinnerte mich jedes Mal daran, wenn wir die Glasbläser in Murano besuchten. Sie erzählte mir von ihrer Befürchtung, dass ihr Handwerk aufgrund der billigen Massenproduktion von Glaswaren nicht überleben würde. Sie hatte recht. Ich habe mit Bestürzung mit ansehen können, wie es im Laufe meines Lebens erst weniger und weniger wurden und es schließlich gar keine mehr gab. Deshalb versuche ich, so viele andere Hersteller wie möglich mit meinem Auftrag am Leben zu erhalten. Es geht um die Dinge, die wirklich wichtig sind, und darum, Geld dort auszugeben, wo es tatsächlich einen Unterschied macht. Ein Beispiel sind meine Skizzenhefte und Tagebücher, die ich jedes Jahr bei meinem Lieblingsbuchbinder in Venedig, in der Nähe der Frari-Kirche, kaufe (und schon immer gekauft habe). Ja, sie sind teuer, aber wenn man bedenkt, wie oft ich sie benutze (täglich) und wie lange ich sie benutze (ein Jahr für ein Tagebuch, mehr für die Skizzenhefte), bringt der höhere Preis eine doppelte Garantie mit sich: mein Produkt ist von erlesener Qualität, und der Buchbinder in Venedig existiert noch. Ich kaufe immer dann bei erfahrenen Handwerkern, wenn ich ein ganz besonderes Geschenk möchte – zum Beispiel für eine Hochzeit oder ein Jubiläum.

Die Verschiebung hin zur Verherrlichung glänzender, unorigineller, massenproduzierter Ware statt von Menschenhand hergestellter Produkte ist wahrscheinlich auch auf das zyklische Wesen der Mode zurückzuführen und darauf, dass Trends dazu neigen, ein paar Generationen zu überspringen, bevor sie wieder als der letzte Schrei gefeiert werden. Nichts ist mehr wirklich neu. Der Schnitt unserer Hosen ist eines der besten Beispiele dafür, mit dem mehrfachen Wechsel von schmal zu ausgestellt und wieder zurück zu schmal allein im 20. Jahrhundert. In der Modetheorie wird dies oft als Pendelschlag der Trends bezeichnet, d.h., ein Stil – sei es die Rocklänge, die Hosenbreite oder das Ärmelvolumen – schwingt von einem Pol zum anderen. Sobald der Stil sein extremstes Stadium erreicht hat (man denke an Minirock, Schlaghose oder Keulenärmel), beginnt er sich in die entgegengesetzte Richtung zu bewegen.

Während eines dieser Übergänge haben wir irgendwann in den Achtzigerjahren den »Ethno-Look« im Archiv geparkt, nach dem Hippie-Wahn der Siebziger, wo alles einen Hauch von afghanischer Stickerei an sich hatte. Der Rückgang des Kunsthandwerks fällt jedoch auch mit der Abwanderung der Modeindustrie in die Entwicklungsländer, dem Beginn der Fast Fashion und der Globalisierung zusammen, und auf unserer Suche nach allem Billigem und Schnellem wurden, wie es scheint, die Jahrtausende alten Traditionen der Handarbeit schwer in Mitleidenschaft gezogen.

Wichtig ist, dass die Missachtung und Abwertung alter Handwerke und kultureller Handwerkspraktiken nicht vereinzelt erfolgt ist. Die Stellung, die wir handgefertigten Gegenständen zugeschrieben haben, folgt einem Muster von Kolonialismus und »Fremdbestimmung«, das westliche Nationen den Kulturen rund um die Welt zugeschrieben haben.

Wenn man bedenkt, wie die koloniale Kontrolle Handwerk und Kultur unterdrückt hat, ist es kein Wunder, dass das einheimische Handwerk heute ums Überleben kämpft. So wie wir uns bemühen, Mode inklusiver zu gestalten und die einst Unterdrückten zu feiern und zu entschädigen, so ist es auch wichtig, dieselbe Sensibilität für die vergessenen Handwerksberufe aufzubringen, die früher ein selbstverständlicher Teil der unterdrückten Kulturen waren.

Jahrelang wurde uns eingeredet, dass die meisten Kunsthandwerke ein bisschen langweilig, ein bisschen zu urtümlich seien, als würde Volkstümlichkeit auch Ungeschliffenheit bedeuten. Es ist ein anhaltendes Stigma, das sich negativ auf viele Kunsthandwerker ausgewirkt hat und unter dem auch die ersten sogenannten »Öko-Mode«-Marken zu leiden hatten, da viele dieser bahnbrechenden Labels aus dem Wunsch heraus entstanden, die Arbeit von handwerklich qualifizierten, marginalisierten Gemeinschaften zu erhalten, zu unterstützen und zu kommerzialisieren.

Ich gebe vor allem dem Luxussektor die Schuld an dieser Brandmarkung. Trotzdem haben wir irgendwann in den letzten 40 Jahren den Unterschied zwischen echtem Luxus und massenproduzierten Premiumprodukten vergessen; wir haben angefangen, an den Schein und nicht ans Sein zu glauben, an Designerlogos statt an den menschlichen Handabdruck, und haben die Namen einiger weniger vergöttert statt die Weisheit vieler. (Das Gegenteil davon, die kulturelle Aneignung – wenn sich Marken einheimisches oder traditionelles Handwerk aneignen, um einem momentanen Trend zu folgen –, schauen wir im achten Kapitel an.)

Für mich besteht echter Luxus nicht aus serienmäßig hergestellten Taschen aus fuchsiafarbenem Wildleder, die irgendwo in einer Fabrik millionenfach produziert werden und Tausende von Euro kosten; mein echter Luxus wird für immer der Blutstropfen am Saum sein, der mich daran erinnert, dass ein echter Mensch mit echtem Leben das Teil, das ich so begehre, von Hand genäht hat.

Das Internet und der Aufstieg des Craftivism

Heutzutage sind das Internet und die sozialen Medien Katalysator für Kunsthandwerker und Hersteller auf der ganzen Welt und schaffen neue Möglichkeiten zum Lernen, Präsentieren, Verkaufen und Vernetzen. Die Übermittlung von Wissen erfolgt mit einem Mausklick, geben Sie etwas in Ihre Suchmaschine ein, drücken Sie die Eingabetaste, und schon sind

Sie dabei. Noch nie war es so einfach, sich auszutauschen, und Hersteller auf der ganzen Welt haben diese Sichtbarkeit genutzt, um voneinander zu lernen, ihre Produkte zu verkaufen und sicherzustellen, dass handwerkliche Techniken zeitgemäß bleiben. Jetzt gerade finden Millionen von Online-Gesprächen über Garn, Nähen, Häkeln und Stricken, Klöppeln und Schnittmuster statt. 2019 hatte das internationale soziale Netzwerk für Strickerinnen und Häklerinnen, Ravelry.com, acht Millionen Mitglieder. Und es werden immer mehr.

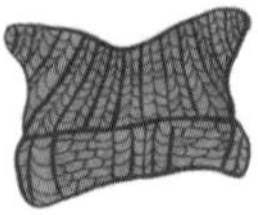

Wenn wir uns nach einer Blaupause für eine zukünftige Modeindustrie umsehen, in der Monopole eingeschränkt und Originalität, Kreativität und Innovation gefeiert, unterstützt und nachgeahmt werden, gibt es nichts Moderneres als die Geschichte und die Entwicklung handwerklicher Fähigkeiten und Produkte. Deshalb finde ich es so inspirierend, dass mit dem Aufkommen des Internets auch eine riesige Gemeinschaft entstanden ist, die sich dem Handwerk verschrieben hat. Das World Wide Web bietet unendliche Möglichkeiten, Fertigkeiten wiederzubeleben und in völlig neue Systeme einzubetten.

Es hat auch dazu beigetragen, dass Kunsthandwerk zu einem Symbol des Protests wurde. Als im Januar 2017 über vier Millionen Menschen überall auf der Welt an Frauenmärschen teilnahmen, um gegen die Amtseinführung eines frauenfeindlichen amerikanischen Präsidenten zu protestieren, wurden selbst gehäkelte Pussy Hats nach einem Online-Gratismuster zum internationalen Symbol des Widerstands.

Aktivismus – der die Konnotation eines lauten, überfüllten und oft kräftezehrenden Widerstands hat – wurde von der Maker-Bewegung mit dem Aufkommen des Craftivism unterlaufen. Der Begriff wurde von der Handarbeiterin und Schriftstellerin Betsy Greer Anfang des Jahrtausends geprägt und später von der Aktivistin Sarah Corbett als eigene Bewegung – und das für Introvertierte ideale Mittel zum Wandel – propagiert. Craftivism bewirkt Veränderungen, indem es zunächst die »häuslichen« Handwerksarbeiten untergräbt, die lange Zeit als »Frauenarbeit« abgestempelt worden waren, und verfolgt einen ruhigeren, persönlicheren Ansatz des Aktivismus. Gelegentlich wurde das Konzept für spezifische zielgerichtete Aktionen genutzt, wie etwa 2015, als Corbett und ihr Craftivist Collective selbst gemachte, bestickte Taschentücher verwendeten, um sich bei einem der größten britischen Einzelhändler erfolgreich für einen existenzsichernden Lohn einzusetzen. Es muss aber nicht so pointiert sein. Der Journalist Jake Hall schreibt im vierten »Fashion Revolution«-Fanzine über Craftivism: »Sich die Zeit zu nehmen, etwas aus dem Nichts zu schaffen, ist ein politischer Akt in einer Welt, die vom Überkonsum angetrieben wird.«

Das ist unglaublich kraftvoll. Ich glaube, dass es eine kosmische Energie gibt, einen unsichtbaren Faden, der uns telepathisch miteinander verbindet, wenn wir gleichzeitig auf ähnliche Gedanken kommen, und die Millionen von Menschen, die in der Maker-Bewegung zusammenfinden, sind das perfekte Beispiel für das, was jetzt passieren muss: eine groß angelegte Verstärkung positiver Gedanken, die zu positiven Handlungen führen. Meiner Meinung nach sind die Maker die modernen Held:innen, Hüter eines wichtigen Vermächtnisses: In einer Industrie, die jedes Jahr Hunderte von Milliarden Kleidungsstücke produziert, sind jene, die eine bewusste Verlangsamung befürworten und praktizieren, genau diejenigen, die den Wandel vorantreiben und zur Bekämpfung dieser modernen Krankheit Nadeln und Social-Media-Plattformen als Werkzeuge nutzen.

Demokratische Mode und Muster für den Wandel

Fast Fashion wird als Demokratisierung der Mode verstanden, die erschwinglichen Preise und ihre unkomplizierte Verfügbarkeit werden als Zeichen von Inklusion interpretiert. Aber etwas, das durch Ausbeutung und Elend entsteht, kann niemals als demokratisch oder inklusiv bezeichnet werden – Demokratie und Inklusivität dürfen sich nicht nur auf die Endverbraucher erstrecken, sondern sollten gleichmäßig in der gesamten Lieferkette verteilt sein. Wenn wir uns jedoch die Geschichte der häuslichen Handarbeit ansehen, insbesondere die der vorgefertigten, mehrformatigen Papierschnittmuster, die auf das Jahr 1863 zurückgehen, als Ellen Butterick und ihr Ehemann Ebenezer, ein Schneider, die Butterick Company gründeten, gewinnen wir Einblicke in eine Mode, die auf das Teilen ausgelegt war; eine Mode, die den Individualismus förderte und gleichzeitig ihre eigenen Trends setzte, bei der es möglich war, als Einzelne auf ein Produkt einzuwirken, das von der Masse geteilt wurde. Alle Nähmuster desselben Entwurfs mögen identisch sein, aber jedes einzelne Stück spiegelt die individuellen Entscheidungen der Herstellerin wider: ihre Größe, ihre Form, ihre Stoffvorlieben und ihre persönlichen Verschönerungen. Das war wahrhaft demokratisch, es war leicht erhältlich und sorgte für Gleichheit: Wer nähen konnte, konnte für den Bruchteil des Preises genauso gut aussehen wie jemand mit Geld.

Meine Tochter Elisalex de Castro Peake, Gründerin der Nähmuster-Marke By Hand London, Näherin, Lehrerin und Influencerin in der Maker-Community, schrieb in der Zeitschrift *Surface Design*:

»Im frühen 20. Jahrhundert boomte der Markt für Nähmuster. Neue Unternehmen wie Vogue Patterns, Simplicity, DuBarry und Advance tauchten bis weit in die 1930er hinein auf, und die meisten von ihnen warben … mit ihren eigenen Zeitschriften … für ihre Muster. Nähmaschinen wurden erschwinglicher und waren in Nordamerika und Europa weit verbreitet, aber dank der Industrialisierung der Bekleidungsindustrie wurde auch die Mode in Massenproduktion hergestellt. Man kann mit Fug und Recht behaupten, dass das anfängliche Gütesiegel, das das Nähen zu Hause nach der Innovation von Singer und den ersten Nähmustern (die speziell entwickelt wurden, um amerikanischen Frauen die Möglichkeit zu geben, exklusive französische Mode zu kopieren) bot, zu schwinden begann, als erschwingliche kommerzielle Mode immer leichter erhältlich wurde und wirtschaftliche Einbrüche wie die Weltwirtschaftskrise und der Zweite Weltkrieg dazu führten, dass wieder einmal die einzigen Frauen, die ihre Kleidung selbst herstellten, diejenigen waren, die es sich nicht leisten konnten, neue zu kaufen.

Interessanterweise war es der Vormarsch des Internets und insbesondere des Bloggens in den frühen 2000ern, der das Wiederaufleben der Handarbeit beschleunigte. Blogs boten Einzelpersonen eine Plattform, um sich über ihre Hobbys auszutauschen, von anderen zu lernen und sich mit Gleichgesinnten zu vernetzen. Auf diese Weise konnten sich Trends abseits des Mainstreams – wie Nähen und andere analoge Hobbys, die ebenfalls immer beliebter wurden, um einen Ausgleich zu einem zunehmend schnelllebigen und digitalen Leben zu schaffen – schnell verbreiten und immer mehr Menschen auf der ganzen Welt erreichen. Nähblogs vermittelten Frauen (und einigen Männern!) ein Gefühl von Gemeinschaft, das sie dazu ermutigte, ihren eigenen Stil zum Ausdruck zu bringen und ihre Freiheit auszuleben, gut sitzende Kleidung zu tragen, die ihnen dazu auch noch steht.«

Die Nachfrage nach dieser Art von Dienstleistung hat mit dem Aufkommen des Internets und als Reaktion auf das einheitliche Design der Billigmode stark zugenommen. Schätzungen zufolge haben 2014 allein in Großbritannien 3,5 Millionen Menschen ihre Kleidung selbst genäht, und mehr als 430000 von ihnen hatten erst im Vorjahr mit dem Nähen begonnen. Diese Zahl ist seither spürbar gestiegen, und wir können heute online nach unzähligen Möglichkeiten zum Lernen und Austauschen, aber auch nach physischen Kursen und Veranstaltungen suchen.

Nähen lernen … Aber wo fängt man an?

- Schauen Sie im Kurzwarenladen vorbei. Obwohl immer mehr alteingesessene Geschäfte schließen, gibt es überall auf der Welt eine neue Generation von trendigen, unabhängigen Bastelgeschäften und -cafés, in denen in der Regel begeisterte Handarbeiter arbeiten, die Sie gern mit der Grundausstattung und einer großen Portion ansteckender Inspiration versorgen.

- Besuchen Sie einen Nähkurs: Tauchen Sie ein, lassen Sie sich von Ihrer Lehrerin beraten und finden Sie ganz nebenbei neue, gleichgesinnte Nähfreunde.
- Stöbern Sie in Nähblogs: Suchen Sie nach Beiträgen wie »Nähtipps für Anfänger«, und Sie werden Menschen in Hülle und Fülle entdecken, die ihre Freizeit damit verbringen, kostenlose Inhalte für all jene zu erstellen, die gern nähen.
- YouTube: Suchen Sie nach anschaulichen und leicht verständlichen Videoanleitungen, in denen Sie alles lernen können, von der ersten Naht bis hin zum Reißverschluss.
- Finden Sie Ihre Community: Schließen Sie sich der inspirierenden, freundlichen und einladenden Online-Nähgemeinschaft auf Instagram an. Folgen Sie Hashtags wie #sewcialists, #sewersofinstagram und #imademyclothes, um Neues zu entdecken, sich zu vernetzen und Ihren eigenen Weg zu teilen.

Ich sehe das Phänomen des Online- und Offline-Handwerkens als eine Waffe für die Bildung der breiten Masse, als revolutionäres Volksbegehren für die Herstellung von sinnvollen Dingen. Ob Sie sich im Nähen, Stricken, Häkeln, Sticken, Quilten, Töpfern, Schuhmachen, Weben, Makramee oder natürlichen Färben versuchen – es mangelt nicht an Kunsthandwerken, die nur darauf warten, wiederentdeckt zu werden.

In Zeiten sozialer und politischer Unruhen lässt sich mit Kunsthandwerk viel sagen, und auch wenn wir als Einzelne vielleicht nicht in der Lage sind, die Klimaerwärmung mit einer Stricknadel aufzuhalten, so können wir doch das Kunsthandwerk in Verbindung mit Lobbyarbeit als Vorlage für unsere persönliche Beteiligung an der Klimabewegung nutzen.

Die Rückbesinnung auf Traditionen und handwerkliche Fertigkeiten ist das perfekte Gegenmittel zum heutigen beschleunigten Rhythmus; ein weiterer Aspekt des Nähens, Strickens, Häkelns, Stickens und Bastelns, den wir gern vergessen, ist die achtsame Entspannung und das Wohlgefühl, das damit einhergeht.

Handarbeit bringt oft ein Gefühl des Eintauchens ins Jetzt mit sich – beruhigende, wiederkehrende Bewegungen, körperliche Zufriedenheit, der Stolz, selbst etwas Schönes hergestellt zu haben und zu besitzen, das befreiende Gedankenschweifenlassen – eigentlich pure Glückseligkeit. Es ist wissenschaftlich erwiesen, dass sich dieser Glückszustand positiv auf unsere Gesundheit auswirkt, da er mit der Ausschüttung von Dopamin und Serotonin verbunden ist, natürlich vorkommenden Hormonen, die unsere Stimmung verbessern und auch als mildes Schmerzmittel wirken.

Seit den Anfängen der Beschäftigungstherapie im späten 19. Jahrhundert werden Patienten handwerkliche Kurse verordnet, und während des Ersten Weltkriegs wurde das Korbflechten zur Linderung von Angstzuständen und körperlichen Beschwerden bei Soldaten eingesetzt. »Kulturelle Aktivitäten fördern sanfte Bewegung, verringern die soziale Isolation und senken Entzündungsrisiken und Stresshormone wie Cortisol«, meint Dr. Daisy Fancourt vom UK Crafts Council. Kunst wird mit der Ausschüttung von Dopamin in Verbindung gebracht, was die kognitive Flexibilität fördert und das Demenzrisiko verringert.

Kurz gesagt, es spricht viel für sanfte, sich wiederholende Bewegungen und ihre Wirkung auf unsere geistige Gesundheit: Denken Sie an Babys, die in den Schlaf gewiegt werden, ans Auf- und Ab-Gehen bei Nervosität oder ans Fingerklopfen und Fußwippen oder Zappeln im Allgemeinen. Es ist rhythmisch, vorhersehbar und beruhigend. Menschen tun dies instinktiv, um ruhig zu bleiben und sich zu konzentrieren – eine ursprüngliche Form der körperlichen Meditation.

> *»Die Aufmerksamkeit und das Bewusstsein für die Kleidungsstücke in unserem Schrank, wie wir sie beim Flicken erleben, bieten die Aussicht auf ein verändertes Verhältnis zum Modekonsum. Es funktioniert ähnlich wie Achtsamkeit und Aufmerksamkeit für den gegenwärtigen Augenblick, in dem wir die Erfahrung genießen, was wiederum das Verlangen nach äußeren Vergnügungen reduziert, die nur von Geld und materiellen Gütern abhängen. Psychologische Studien deuten darauf hin, dass die Fähigkeit zur Achtsamkeit, d.h. die Aufmerksamkeit und das Bewusstsein für innere Zustände und äußere Ereignisse im gegenwärtigen Moment, dazu führt, dass weniger Gewicht auf materialistische Werte wie das Image gelegt wird und mehr Gewicht auf innere Bestrebungen wie das Engagement in der Gemeinschaft und die persönliche Entwicklung – Dinge, die keine großen materiellen Leistungen erfordern.«*
> *Kate Fletcher, The Craft of Use: Post-Growth Fashion, 2016*

Wer handwerkt, findet auch die Zeit dafür, denn währenddessen fühlt man sich, wie schon gesagt, rundum gut. Außerdem sind die meisten Aktivitäten wie Nähen, Häkeln und Stricken gar nicht so anders als Videospiele am Handy oder Tablet, denn sie erfordern dieselbe Art von sanften Handbewegungen, Präzision, Wiederholung, Besessenheit und eine vorübergehende Abschottung von der Außenwelt – weshalb es so wichtig ist, dass wir ihre Rolle in der Bildung unserer Kinder, im Unterricht und bei außerschulischen Aktivitäten stärken, wo sie aufgrund von Kürzungen und fehlender Finanzierung Jahr für Jahr weniger werden: Die Herausforderung besteht darin, sie so attraktiv zu machen wie das Scrollen auf Instagram.

Interessanterweise wurden im Großbritannien des frühen 18. Jahrhunderts, als mittelständische Familien für ihre Töchter kulturelle Ziele verfolgten, um in der Gesellschaft aufzusteigen, Frauen, die zu viel zum eigenen Vergnügen stickten, aus denselben Gründen kritisiert, aus denen wir heute mit unseren Kindern schimpfen, wenn sie zu viel Zeit vor dem Bildschirm verbringen (so wie ich als Kind fürs exzessive Fernsehen gescholten wurde). Übermäßiges Sticken wurde als frivol und ziemlich ungesund angesehen, da man dafür lange stillsitzen und sich zu sehr auf sich selbst konzentrieren musste. Viel besser war es, die Zeit mit Lesen oder draußen an der frischen Luft zu verbringen!

Zwar kann Handarbeit eine Sucht für sich sein. Allerdings eine, die am Ende etwas unheimlich Wertvolles hervorbringt. Anders als Tetris. Oder Candy Crush.

Ich war eine Handarbeiterin

Meine Modekarriere begann 1997 mit einem Loch, einer Häkelnadel, einigen Perlen und einem Garnknäuel. Meine venezianische Großmutter, Nonna Stanilla, brachte mir das

Häkeln bei, als ich sechs Jahre alt war. Und nicht einmal das Fahrenlernen einige Jahre später ist mit dem Hochgefühl vergleichbar, das ich empfinde, wenn ich de facto Stoff mache.

Schon damals war mir klar, dass die Fähigkeit, Stoff herzustellen, für meine Existenz genauso wichtig sein würde wie für meine Vorfahren und für die ganze Menschheit, und zwar sowohl wegen ihres kreativen als auch ihres praktischen Potenzials. Ich hatte wilde Bilder davon im Kopf, wie ich mich im Wald verirrte und Nadel und Faden zum Überleben und zum Schutz benutzte.

Eines Tages, Anfang 1997, war ich zum Turner-Prize-Galadinner eingeladen, und es war einer dieser »Ich habe nichts anzuziehen«-Tage (bei zwei vollen Kleiderschränken). Ich wollte unbedingt meine damalige Lieblingsstrickjacke tragen, eine orangefarbene von Benetton, die ich schon seit gut 15 Jahren hatte und die inzwischen mit Löchern übersät war – kaputte Ellbogen, mehrere kleine Mottenlöcher auf der Vorderseite, ein völlig ausgefranster Ärmel. Obwohl es auf dem Höhepunkt des Grunge war, waren Löcher nicht akzeptabel, jedenfalls nicht beim Turner-Prize-Galadinner. Ich hatte also keine andere Wahl: entweder die Strickjacke flicken oder in etwas auftauchen, das ich eigentlich gar nicht tragen wollte.

Mit meiner dünnsten Häkelnadel (0,75 mm) häkelte ich vorsichtig um alle Löcher herum, um sie zu betonen und in den Mittelpunkt zu stellen. Einige kleinere ließ ich so, um andere häkelte ich eine Kettmasche, damit sie wie kleine Blumen aussahen. Bei den riesigen Ellbogenlöchern kam etwas Gewicht hinzu, indem ich Perlen aufs Garn fädelte, bevor ich sie umhäkelte.

Am Ende des Abends hatte ich zahlreiche private Bestellungen, alle von Leuten, die irgendeine Geschichte von ihrem

Lieblingspullover erzählten, der wegen Motten oder allgemeiner Abnutzung ausrangiert worden war; und innerhalb kürzester Zeit reparierte ich nicht mehr nur einige Teile, sondern verkaufte Häkellochpullover weltweit, in einigen der besten Boutiquen in London, New York, Mailand und Tokio, und wurde von mehreren coolen Stars der 1990er-Jahre getragen.

Innerhalb eines Jahres nach Geschäftsgründung beschäftigte ich 14 Frauen zum Häkeln und kaufte tonnenweise Kaschmirpullover. Ein einfacher Akt der Fürsorge war zum Beruf geworden. Mit meiner Marke From Somewhere und meinem Ehemann Filippo verwerteten wir Unmengen an Kleiderabfällen, verkauften in einigen der besten Boutiquen der Welt und entwarfen und produzierten Upcycling-Kollektionen für Jigsaw, Robe di Kappa, Tesco Clothing, Speedo und Topshop. 2014 machten wir zu – es lebe From Somewhere!

Bis heute habe ich immer eine dünne Häkelnadel und ein Knäuel merzerisiertes Baumwollgarn griffbereit. So kann ich schnell etwas Kleines häkeln, um einen Fleck zu verdecken, ein Accessoire zu verschönern oder einen Saum zu umhäkeln, um einer schlichten Strickjacke oder einem T-Shirt etwas mehr Chic zu verleihen. Ich habe mal ein Kleid aus dünnem Seidenjersey mit einer gehäkelten Bordüre am Saum komplett umgestaltet; durch das zusätzliche Gewicht fiel es wunderbar.

Wir betrachten den »Investitionskauf« (d.h. den Kauf von etwas Teurerem, das wir für besser gemacht und langlebiger halten) oft als einzigen Gegensatz zum Billigkauf. Allerdings gibt es keine bessere Art zu »investieren«, als etwas selbst herzustellen: Sie investieren Ihre Zeit, Ihre Gedanken und Ihre Kreativität, um etwas von Grund auf neu zu machen oder etwas Kaputtes zu reparieren.

– 4 –

Warum ist Pflege wichtig?

Wenn wir übers Kleiderwaschen nachdenken, denken wir meist nur an das, was wir gerade tun: schmutzige Kleidung, Waschmaschine, Trockner, fertig. In Wirklichkeit hat die tägliche Pflege unserer Kleidung enorme Auswirkungen auf unseren Planeten. Wenn wir uns ein wenig mehr Zeit nehmen würden, um unsere Gewohnheiten zu ändern und wirklich sorgfältig zu waschen, würden wir unseren CO_2-Fußabdruck drastisch verringern und unsere Ozeane und letztlich alle lebenden Arten auf der Erde schützen.

Beim Waschen wird Wasser verwendet, diese wunderbare lebendige Substanz, von der wir noch so wenig wissen, und das Wasser, das wir jeden Tag verwenden, ist dasselbe Wasser, das seit Anbeginn jeden Tag verwendet wurde und weiterhin jeden Tag verwendet wird – bis in alle Ewigkeit. Wasser regeneriert sich und wird ständig recycelt, aber es ist immer das gleiche Wasser. Wenn es regnet, ist das kein neues Wasser, das in den Wolken entsteht, sondern dasselbe Wasser, das wir aus unseren Waschmaschinen gepumpt haben, dasselbe Wasser, das wir in der Dusche benutzt haben, dasselbe Wasser, das wir bei der Herstellung und Pflege unserer Kleidung mit giftigen Chemikalien verunreinigen. Es fließt in (toten) Flüssen, es gelangt in unsere (verschmutzten) Ozeane, es verdunstet in den Himmel und es regnet auf uns zurück, mit all denselben unauslöschlichen Inhaltsstoffen, mit denen wir es verseucht haben.

Aus diesem Grund wurden die Abfälle unseres unersättlichen Appetits auf Polyester (diese Abfälle werden als Mikrofasern bezeichnet, dazu später mehr) nicht nur auf dem tiefsten Meeresgrund gefunden, sondern auch auf dem Gipfel des Mount Everest. Neulich regnete es in London, und während eines Gewitters wurden Mikrofasern in der Gischt der Wellen gefunden. Wenn wir an unsere verschmutzten Gewässer denken, nehmen wir an, dass Fabriken oder die Landwirtschaft schuld sind, aber wir sind es auch selbst, wenn wir bei jeder Wäsche beständig und unnachgiebig Giftstoffe in die Natur abgeben.

Wenn also eine Statistik besagt, dass wir für die Herstellung eines Baumwoll-T-Shirts 2700 Liter Wasser verbrauchen, bedeutet das nicht, dass das Wasser verloren ist, weil wir es verbraucht haben. Nein, es ist sehr viel schlimmer als das: Es bedeutet, dass 2700 Liter Wasser verdorben, verseucht und vergiftet wurden. Wäre das gleiche T-Shirt ohne den Einsatz von Düngemitteln, Pestiziden und giftigen Farbstoffen hergestellt worden, gäbe es dieses Problem nicht.

Jedes Mal, wenn wir unsere Kleidung waschen, tragen wir zu dieser wahnsinnigen Vergiftung bei. Deshalb müssen wir verstehen, dass die Kleiderpflege nicht mehr nur eine persönliche Aufgabe im Haushalt ist, sondern eine kollektive Aufgabe für die zukünftige Gesundheit unseres Planeten.

Langlebigkeit ist wichtig

Mit der Einführung der elektrischen Waschmaschine im Jahr 1908 entstand eine Distanz zwischen unseren Händen und unserer schmutzigen Wäsche – eine Distanz, die im Laufe der Jahre zu einer Kluft wurde. Wir kennen unsere Flecken nicht, weil wir nicht mehr stundenlang versuchen, sie herauszureiben. Wir verstehen nicht, warum ein Pullover einläuft, weil wir es nicht mit eigenen Augen sehen können. Und weil Waschmaschinen das Kleiderwaschen so einfach gemacht haben, werfen wir unsere Sachen beim ersten Anzeichen von Schmutz, ob echt oder eingebildet, in die Trommel. Als die Wäsche noch von Hand gewaschen wurde, war das sehr mühsam, anstrengend, ruinierte die Hände und erforderte enorme Kraft – man denke nur an das Auswringen und das Aufhängen zum Trocknen –, sodass es nicht verwunderlich ist, dass die Frauen (schließlich war das Waschen ausschließlich Frauenarbeit) so viele Möglichkeiten erfanden, das Waschen bis zur absoluten Notwendigkeit hinauszuschieben. Fleckenreinigung, Bürsten und Auffrischen waren alles schnelle

Lösungen, die Zeit, Mühe und Geld sparten. Heute ist das Gegenteil der Fall: Es ist viel bequemer und effizienter, einen Haufen Wäsche in die Waschmaschine zu schieben, als jedem kleinen Fleck, der im Laufe der Woche auftaucht, individuelle Aufmerksamkeit zu schenken.

Aber halten wir einen Moment inne und versuchen wir, einen Kompromiss zu finden zwischen dem, was für uns bequem ist, und dem, was für unsere Umwelt günstig ist. Ein kurzer Blick genügt, um zu prüfen, inwieweit Ihre Wäsche egoistisch oder selbstlos ist. Wenn wir die uns zur Verfügung stehenden Informationen nutzen, die Eigenschaften der Materialien, aus denen unsere Kleidung besteht, und die Pflegeetiketten, die uns zur Verfügung gestellt werden, verstehen, können wir unsere Kleidung besser nutzen und viel länger tragen. Und wenn wir die Lebensdauer unserer Kleidung verdoppeln, können wir ihren CO_2-Fußabdruck um 24 % verringern.

Ich nehme wieder einmal Lebensmittel als Beispiel. Wenn wir Lebensmittel kaufen, prüfen wir als Erstes das Haltbarkeitsdatum. Wir wissen, dass bestimmte Produkte unbedingt in den Kühlschrank gehören (Fleisch, Fisch, Milchprodukte), während andere (z.B. Gemüse) im Küchenschrank aufbewahrt werden können. Wir lagern unsere Lebensmittel nach allgemeingültigen Regeln, die zum Teil auf den Etiketten stehen, zum Teil aber auch von Kindesbeinen an in uns verankert sind: Eine Packung Kekse würde man nicht in den Kühlschrank stellen, einen Kuchen aber schon. Als Nächstes schauen wir auf die Inhaltsstoffe: Enthält das Lebensmittel Gluten, schädliche Farbstoffe oder zu viel Zucker? Auch die Kleidung, die wir tragen, hat Inhaltsstoffe und ein Haltbarkeitsdatum. Wir müssen nur lernen, sie zu lesen.

Wir haben zwar ein gewisses Wissen über die Art und

Weise, wie wir unsere Kleidung waschen, bewahrt – etwa: Baumwolle wird weißer, wenn man sie heiß wäscht, Wolle hingegen muss bei niedriger Temperatur gewaschen werden, damit sie nicht schrumpft –, aber wir nutzen es nicht gut genug, und meistens verstehen wir die Eigenschaften nicht, die jeden Stoff einzigartig machen.

Kleidung wurde entworfen, um jahrelang getragen zu werden (und erst dann entsorgt zu werden, wenn sie nicht mehr zu reparieren ist), während die meisten aktuellen Waschtechniken darauf abzielen, die Kleidung besser aussehen oder riechen zu lassen, und nicht darauf, sie länger haltbar zu machen oder die Auswirkungen auf die Umwelt im Auge zu behalten. Um einen Unterschied zu bewirken, müssen Langlebigkeit und Umweltverträglichkeit bei der Pflege unserer Kleidung im Vordergrund stehen, wobei die verbesserte Ästhetik ein netter Nebeneffekt ist.

Maschinen haben den gesamten Prozess der Kleiderpflege zweifellos unendlich erleichtert, obwohl modernes Waschen nicht unbedingt besser für die Gesundheit unserer Kleidung oder Erde ist. Die heutigen Maschinen sind in ihren Waschzyklen ziemlich brutal, vor allem, wenn sie mit den handelsüblichen Waschmitteln kombiniert werden, die ebenfalls ziemlich aggressiv sind. Das liegt daran, dass die Kombination aus Maschine und Waschmittel die harte Arbeit und die Liebe zum Detail ersetzen soll, die mit dem jahrhundertelangen Waschen von Hand, dem intensiven Schrubben, dem Einweichen und dem Auswringen verbunden waren.

Vor allem müssen wir darauf achten, unsere Maschinen effizient zu nutzen, nicht zu waschen, wenn etwas nicht wirklich schmutzig ist, und auch auf die Menge des Waschmittels zu achten. Ein Esslöffel Waschpulver reicht für eine gründliche Reinigung, und normale Wäsche wird auch bei geringerer Temperatur rundum sauber. Ich meide Weichspüler wie die Pest, weil ich diese falsche chemische Weichheit hasse, aber ich gebe gern noch ein paar Tropfen Lavendelöl (oder ein anderes wohlriechendes Öl) zur Kochwäsche.

Pflegesymbole verstehen lernen

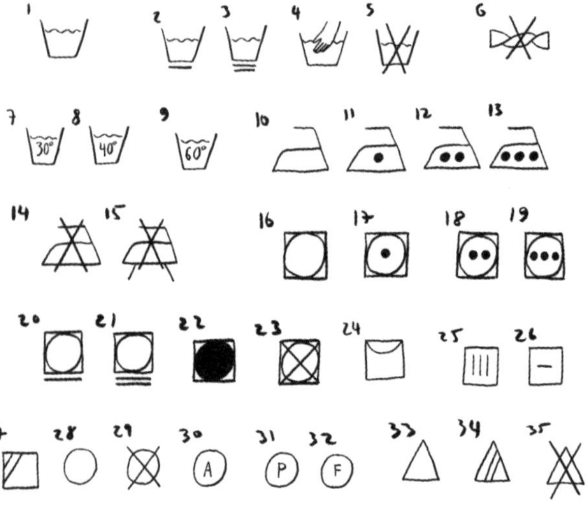

1. Maschinenwaschbar
2. Feinwäsche
3. Schonwaschgang / Wollwaschgang
4. Handwäsche
5. Nicht waschen
6. Nicht auswringen
7. Bei maximal 30°C waschen
8. Bei maximal 40°C waschen
9. Bei maximal 60°C waschen
10. Bügeln erlaubt
11. Bei niedriger Temperatur bügeln
12. Bei mittlerer Temperatur bügeln
13. Bei hoher Temperatur bügeln
14. Nicht bügeln
15. Nicht dämpfen
16. Trocknen im Wäschetrockner erlaubt
17. Bei niedriger Temperatur im Wäschetrockner trocknen

18. Bei mittlerer Temperatur im Wäschetrockner trocknen	26. Liegend trocknen
19. Bei hoher Temperatur im Wäschetrockner trocknen	27. Im Schatten trocknen
20. Bügelfrei	28. Chemische Reinigung
21. Schongang	29. Keine chemische Reinigung
22. Ohne Hitze	30. Alles möglich
23. Nicht im Wäschetrockner trocknen	31. Chemische Reinigung mit Perchloryethylen
24. Auf der Leine trocknen	32. Chemische Reinigung mit Fluorkohlenwasserstoff
25. Tropfnass trocknen	33. Bleichen möglich
	34. Nur Sauerstoffbleiche möglich
	35. Nicht bleichen

Neulich habe ich im *Guardian* gelesen, dass eine 30C°-Wäsche, die auf der Leine und nicht im Wäschetrockner getrocknet wird, 0,6 kg CO_2 freisetzt. Diese Zahl steigt auf 0,7, wenn bei 40°C gewaschen wird, aber sie erhöht sich exponentiell, wenn der Waschgang mit dem Trocknen im Wäschetrockner kombiniert wird: bis zu 2,4 kg CO_2 bei Verwendung eines belüfteten Trockners und satte 3,3 kg bei einem Waschtrockner.

Und das ist der Schaden, den wir unserer Umwelt durch den Energieverbrauch zufügen. Der Schaden an unserer Kleidung ist nicht messbar, aber er wird mit der Zeit sichtbar – verzogene Pullover, verblasste Farben, verloren gegangene Formen, angegriffene Stoffe.

Da jeder Stoff anders auf das Tragen, auf Wasser, auf Wärme, auf das Spülen und Schleudern reagiert, hat jeder seine eigenen Vorlieben. Zu wissen, woraus unsere Kleidung besteht, ist essenziell, um herauszufinden, wie wir sie pflegen und langlebig machen können, und der Grundstein für ein besseres Verständnis für ihre Auswirkungen auf unsere Umwelt, vor allem auf Boden und Wasser. So wie es wichtig ist, sich daran zu erinnern, dass Wolle schrumpft, wenn sie heiß gewaschen wird, oder dass Leinen auch unter dem heißesten Bügeleisen nicht verknittert, müssen wir wissen, dass die meisten synthetischen Fasern so konzipiert wurden, dass sie bessere Leistungen erbringen als ihre natürlichen Gegenstücke, insbesondere in Bezug auf Haltbarkeit und Pflege, und eine andere Art der Pflege erfordern.

#WorausbestehenmeineKleider?

Die Eigenschaften der Fasern sind die sichtbaren Bestandteile – der Stoff –, aber was ist mit den verborgenen, mit den Chemikalien, die zur Herstellung dieses Stoffes verwendet wurden, mit den Behandlungen, denen er unterzogen wurde, den Farbstoffen?

Die Haut ist eines der aufnahmefähigsten Organe im menschlichen Körper, und die Kleidung, die wir kaufen, vor allem, wenn wir sie gerade erst gekauft haben, ist voller giftiger Substanzen, von Farbstoffen über Fixier- bis hin zu Feuerschutzmitteln. Wir wissen, dass einige Farbstoffe schädlicher sind als andere: Vor allem schwarzer Farbstoff wird mit verschiedenen Gesundheitsproblemen in Verbindung gebracht (bestimmte Krebsarten und endokrine Erkrankungen), aber machen Sie sich die Mühe, Ihre brandneue schwarze Jeans oder Ihre schwarze Unterwäsche zu waschen, bevor Sie sie tragen? Wahrscheinlich nicht. Und selbst wenn Sie es täten, sind Sie sich darüber im Klaren, was Sie durch Ihre scheinbar unschuldige Wäsche mit allen anderen teilen?

Wir würden wahrscheinlich nicht so sorglos mit unserer Kleidung umgehen, wenn wir wirklich wüssten, was sich darin verbirgt. Über Transparenz und Rückverfolgbarkeit (bzw. deren Fehlen) spreche ich im neunten Kapitel ausführlicher, aber es ist ein grundlegendes Problem: Im Gegensatz zu anderen Branchen, die reguliert sind, wie z. B. die Lebensmittel- und Pharmaindustrie, ist die Modeindustrie nicht reguliert, was bedeutet, dass von den Rohstoffen bis zur Herstellung keinerlei Transparenz, Offenlegung und Rückverfolgbarkeit der Produkte vorgeschrieben sind. Das wiederum bedeutet, dass die Marken nicht gesetzlich dazu verpflichtet sind, uns in irgendeiner Weise über die von uns gekauften Produkte zu informieren, weder darüber wo sie hergestellt wurden noch von wem, mit welchen Materialien und unter welchen Umständen.

In einer chemischen Analyse des Buzzi Lab in Prato stellte man fest, dass ein erheblicher Prozentsatz der in Ländern wie China und Bangladesch hergestellten Billigkleidung immer noch Giftstoffe enthält, die in der EU bereits verboten sind, und dass bei vielen Kleidungsstücken keine genaue Liste der verwendeten Materialien auf dem Etikett steht. Dort heißt es vielleicht »10 % Kaschmir«, aber unter dem Mikroskop ist dann keine Spur davon zu entdecken.

Wenn es also darum geht, Verantwortung für unsere Kleidung – für Konsum und Pflege – zu übernehmen, müssen wir selbst Detektivarbeit leisten. Denn wenn wir nicht wissen, was in unserer Kleidung enthalten ist, wie können wir dann wissen, wie wir sie pflegen sollen?

Giftige Farbstoffe sind ein sehr reales und sehr unsichtbares Problem, wenn es um Mode und Accessoires geht, nicht zuletzt, weil schätzungsweise 20 % der Wasserverschmutzung direkt aufs Färben und Behandeln von Textilien zurückzuführen sind – nicht umsonst besagt ein Sprichwort in China, man könne die nächste Trendfarbe vorhersagen, wenn man nur in die Flüsse schaue.

Natürlich sind tödliche Farben nichts Neues, seit Urzeiten haben wir giftige Chemikalien im Namen des perfekten Farbtons missbraucht (sie eingeatmet, auf unseren Körper aufgetragen und in unserer Umgebung verwendet). Bleiweiß, eine der giftigsten Substanzen, wurde jahrhundertelang als Grundierung verwendet, etwa von Elizabeth I.; Orpiment, ein staubig-gelbes Pigment, das aus Arsen und Sulfid gewonnen wird, war lange Zeit als »Gold des Königs« bekannt. Scheeles Grün ist vielleicht das tragischste Beispiel dafür, wie wir unser Wohlbefinden aufs Spiel setzten, um gut auszusehen. Das aus Kupferarsen hergestellte Scheeles Grün wurde zum Färben von künstlichen Blumenblättern und limonenfarbenen Kleidern verwendet. Wer es trug oder damit arbeitete, bekam von dem giftigen Pigment grüne Fingernägel und Augen.

Es sollte uns darum gehen, aus Fehlern zu lernen, um besser zu werden, doch in unserem Fall tun wir genau das Gegenteil: Wir kennen die Risiken und gehen sie trotzdem weiter ein. In unserer Kleidung wimmelt es von Giftstoffen, von denen einige seit Langem aus der Lebensmittelindustrie verbannt sind, da sie nicht in den Körper gelangen sollten, und dennoch tragen wir sie nicht nur auf unserer saugfähigen Haut, sondern verunreinigen die öffentlichen Gewässer mit diesen Farb- und Giftstoffen. Unser Urteilsvermögen scheint mir hier, gelinde gesagt, prekär.

Ein modernes Beispiel sind Azofarbstoffe, die zur Herstellung von leuchtenden, fluoreszierenden und dauerhaften Farbtönen verwendet werden, da sie eine höhere Echtheit aufweisen (d.h., sie verfärben sich nicht nach dem Waschen).

Diese Farbstoffe werden sehr häufig verwendet, sowohl in der Fast-Fashion- als auch in der Luxus-Branche.

Neuere Untersuchungen auf der ScienceDirect-Website zeigen, dass sie krebserregend sind, wenn sie durch Licht, Temperatur, pH-Werte und Wasser beeinträchtigt werden – was bedeutet, dass wir sie bei wiederholtem Gebrauch absorbieren und in öffentliche Gewässer freisetzen. Die Risiken erstrecken sich auch auf die Fachkräfte im Laufe der gesamten Lieferkette und auf ihr Arbeitsumfeld. Einige Azofarbstoffe sind in Europa seit 2002 verboten, aber viele werden noch immer in der Textilindustrie verwendet.

Internationale Gesetze wie die kalifornische »Proposition 65« liefern zunehmend Informationen über die Auswirkungen von Giftstoffen für Fabrikarbeiter und Bürger, und die Verwendung einiger Azofarbstoffe ist jetzt in China, Japan, Indien und Vietnam verboten. Aber ohne verbindliche Transparenz, vollständige öffentliche Bekanntgabe und Vorschriften machen es offene Grenzen und Online-Verkauf praktisch unmöglich, zu wissen, was in unserer Kleidung steckt, da wir den Etiketten nicht unbedingt vertrauen können.

Dinge anders färben

In naher Zukunft werden wir die Textilfarbstoffe anders betrachten. Was macht das »perfekte Rosa« heute aus? Die einen mögen es knallig, die anderen pastellig, aber das perfekte Rosa von morgen ist eines, das nicht in schädliche Substanzen getränkt wurde, dessen Wasser recycelt wurde und das keine Azofarbstoffe und andere Giftstoffe enthält. Das ideale Rosa der Millennials kann sogar zu Hause mit einem ihrer Grundnahrungsmittel hergestellt werden: der Avocado.

Wie man Stoff mit einer Avocado rosa färbt

- Bereiten Sie zunächst Ihren Stoff für das Färbebad vor. Am besten verwenden Sie Naturfasern wie Baumwolle, Seide oder Leinen. Weichen Sie den Stoff gut ein, damit er feucht ist, bevor er ins Färbebad kommt. Sie können ihn mit einem »Beizmittel« vorbehandeln, das die Farbe fixiert, oder Sie tauchen ihn hinterher in Salzwasser, was in etwa das Gleiche bewirkt.
- Füllen Sie einen großen Topf mit Wasser und sauberen Avocadoschalen und -steinen, lassen Sie es eine halbe Stunde lang köcheln (nicht kochen), bis sich die Farbe verändert. Geben Sie den Stoff dazu und lassen Sie alles noch ein bis zwei Stunden köcheln.
- Schalten Sie den Herd aus, aber lassen Sie den Stoff so lange ziehen, bis Sie mit der Farbe zufrieden sind (meist über Nacht).
- Spülen Sie den Stoff in kühlem Salzwasser aus und hängen Sie ihn zum Trocknen auf (vermeiden Sie direkte Sonneneinstrahlung, die den Farbton beeinträchtigt).

Ihre normale Wäsche

Es geht darum, »zurückzublicken, um vorwärtszukommen« und alte Methoden wiederzuverwenden, die gemäß heutigem Lebensstil veraltet erscheinen mögen, die aber einen sanfteren Fußabdruck hinterlassen als unsere derzeitige Gewohnheit, alles in die Waschmaschine zu werfen. Hier sind ein paar einfache Tipps, wie Sie die Pflege Ihrer Kleidung zu einem festen Bestandteil Ihrer täglichen Routine machen können.

Dampfreinigen (auch unter der Dusche)

Das Dämpfen frischt ein Kleidungsstück sofort auf, lässt die meisten Knitterfalten verschwinden und beseitigt Gerüche, sodass ein kurzer Gang unter die Dusche bei Oberbekleidung wie Mänteln und Jacken, bei Strickwaren und formeller Kleidung wie Anzügen oder Abendkleidern die Rettung ist.

Tragbare Dampfreiniger sind unschlagbar. Sie beseitigen jede erdenkliche Falte, weshalb sie in der Modeindustrie – vom Einzelhandel bis zu den Laufstegshows – so weit verbreitet sind. Außerdem desinfiziert der Dampf die Kleidung so effektiv, dass er bis zu 99 % aller Bakterien abtötet.

- Drehen Sie das heiße Wasser auf, schließen Sie den Duschvorhang oder die Tür und hängen Sie Ihr Kleidungsstück so nah wie möglich an den Wasserstrahl, ohne dass es nass wird – am besten am Handtuchhalter oder an der Duschtür.
- Schließen Sie die Badezimmertür, damit die Wärme nicht entweicht und sich genug Dampf entwickeln kann. Achten Sie darauf, dass die Kleidung nicht durchnässt wird.
- Ich stelle gern etwas ätherisches Öl in die Nähe der Dusche (nicht auf den Boden oder in direktem Kontakt mit dem Wasser), das sich durch die Wärme gut im Raum verteilt. Meine Lieblingsöle sind Rose, Bergamotte und Lavendel; Rosmarin eignet sich auch gut gegen Gerüche.

Handwäsche (in der Badewanne, Dusche oder im Waschbecken)

Eigentlich wasche ich nicht so oft von Hand, aber ich kenne mehrere Leute, die das sehr gern tun. Früher habe ich alle meine Stricksachen von Hand gewaschen, bis ich gemerkt habe, dass die Maschinenwäsche bei 20 °C und liegendes Trocknen (das feuchte Kleidungsstück einfach auf einem Handtuch auf dem Wäscheständer ausbreiten) für mich sinnvoller sind. Aber ich wasche meine Unterwäsche oft von Hand, in der Badewanne oder unter der Dusche, besonders wenn ich auf Reisen bin.

- Stöpseln Sie beim Duschen den Abfluss zu und lassen Sie das Becken volllaufen (es reicht, wenn Ihnen das Wasser bis zu den Füßen reicht). Wenn Sie stattdessen baden, lassen Sie das Wasser am Ende nicht ganz ablaufen. Ohne Wanne oder bei einer flachen Dusche ist das Waschbecken eine gute Alternative.
- Fügen Sie dem Wasser ein wenig Öko-Reinigungsmittel hinzu (in Hotels verwende ich einfach Duschgel) und schäumen Sie es mit den Händen auf.

- Lassen Sie Ihre Unterwäsche einweichen, während Sie sich abtrocknen und wieder anziehen.
- Schrubben Sie Ihre Unterwäsche von Hand, spülen Sie sie aus und hängen Sie sie über einen Heizkörper oder einen Wäscheständer. Sie trocknet über Nacht und ist am nächsten Tag wieder einsatzbereit.

Dieses System funktioniert bei mir gut, da ich oft nur drei Hosen und einen BH auf einmal waschen muss; und wenn ich sie außerhalb meiner regelmäßigen Familienwäsche dringend brauche, wasche ich sie auf diese Weise. Auf Reisen mache ich es immer so.

Wenn ich meine Unterwäsche schonend von Hand wasche, muss sie weniger Zeit in der Waschmaschine verbringen, wodurch ich weniger Mikroplastik verursache und empfindliche Stoffe wie Seide und Spitze weniger belastet werden.

Flecken auftupfen

Das ist bei Weitem meine Lieblingstechnik. Ich habe immer einen kleinen Schwamm dabei, nur für den Fall der Fälle. Wenn Sie schnell sind, können Sie Flecken nur mit dem Schwamm und etwas warmem Wasser behandeln, ohne Reinigungsmittel, obwohl ich gern einen Tropfen Apfelessig hinzufüge, wenn ich welchen dahabe. Hartnäckige Flecken, wie z.B. Rotwein, lassen sich so allerdings nicht vollständig entfernen.

Kleinere Flecken verschwinden, wenn Sie stark genug reiben (am besten entlang der Maserung des Stoffes, um ihn so wenig wie möglich aufzurauen). Ein cleverer Tipp: Pressen Sie einen trockenen Schwamm fest auf einen nassen Fleck, da er so den größten Teil der Feuchtigkeit absorbiert. Bei der Fleckenreinigung zu Hause verwende ich ein wenig Waschmittel, aber nur sehr, sehr wenig, da sonst die Gefahr besteht, dass der Schaum einen Kranz auf dem Stoff hinterlässt. Bei fettigen Flecken verwende ich lieber eine winzige Menge Spülmittel, am besten in Pulverform.

Ich sage es wirklich ungern, weil ich Feuchttücher nur verwende, wenn es absolut notwendig ist, aber für die Notfallfleckenentfernung sind sie zweifellos hervorragend. Achten Sie aber darauf, nur biologisch abbaubare Feuchttücher zu kaufen.

Bürsten

Wenn es für Stella McCartney (und anscheinend auch für den Prince of Wales) gut genug ist, muss es doch eine Überlegung wert sein, oder?

Bei Wolle und Tweed wirkt Bürsten Wunder. Da das Material so dicht gewebt ist, bleiben Flecken oft an der Oberfläche, ohne allzu tief in den Stoff einzudringen. Oft reicht ein gründliches Ausbürsten, um Schlamm, Marmelade, Honig oder alles, was klebt, zu entfernen.

Warten Sie, bis der Fleck getrocknet ist, und verwenden Sie eine Kleiderbürste mit dichten Naturborsten, um den Fleck sanft wegzubürsten.

Einfrieren

Diese Technik ist ein Favorit unter Denim-Puristen, die bis zum Äußersten gehen, um ihre Jeans nicht waschen zu müssen (Levi's bietet sogar einen Gefrierbeutel für bestimmte Produkte an): Legen Sie sie einfach über Nacht in den Gefrierschrank, die tiefe Temperatur tötet die meisten geruchsverursachenden Bakterien ab und frischt Ihr Kleidungsstück auf. Mein Hauptproblem dabei ist, dass mein Gefrierschrank immer viel zu voll ist, um meine Kleidung unterzubringen. Also friere ich entweder meine Kleidung ein, kurz nachdem ich den Tiefkühler geleert und abgetaut habe (was man sowieso etwa einmal im Jahr tun sollte) – in dem Fall nehme ich mir einen Tag zum Kleidereinfrieren, bevor ich ihn wieder auffülle –, oder ich räume eine Schublade ausschließlich dafür frei. Ich habe mir sogar überlegt, eine kleine Gefriertruhe neben die Waschmaschine zu stellen, um häufiger Kleidung einzufrieren. Funktionieren tut es nämlich wirklich, vor allem bei Motten.

Apropos Motten: Waschen Sie Ihre Stricksachen gründlich und frieren Sie sie dann über Nacht ein, um die lästigen Mottenlarven abzutöten.

Fleckenentfernung

Für eine wirksame Fleckenentfernung sind bestimmte Zutaten unerlässlich, die Sie immer zur Hand haben sollten: Salz (grob oder fein), Essig, denaturierter Alkohol und Natron.

Je nach Fleckenart ist Salz ideal, um überschüssige Flüssigkeit aufzusaugen und gleichzeitig sanft zu entfärben:

- Bei hartnäckigen nassen Flecken (etwa Rotwein, Tee oder Tomaten) sofort nach dem Verschütten auftragen.
- Lassen Sie das Salz 20 Minuten einwirken, bevor Sie den Fleck schrubben oder einweichen.

Essig, Natron und Alkohol sind wirksame Reinigungsmittel, die Sie beim Einweichen, bei der normalen Maschinenwäsche oder zur punktuellen Fleckenbehandlung verwenden können. Bei hartnäckigen Flecken auf Kinderkleidung, vor allem bei T-Shirts, Jeans und Sommerkleidern, werde ich gern kreativ. Haben Sie schon einmal von »Pareidolie« gehört? Das ist, wenn man in Steinen oder Wolken Formen und Gesichter sieht. Ein lustiges Spiel, das man mit Kindern spielen kann – und mit fleckiger Kleidung!

Man schaut sich den Fleck an und erkennt eine Form darin, dann erweckt man sie mit Stofffilzstiften oder Farben (oder Stickerei, wenn man so gut ist) zum Leben. Das kann ein Tier, eine Blume, ein Sternbild oder ein Monster sein, und so werden daraus Kleidungsstücke, die Sie für immer behalten und die Ihre Kinder immer wieder tragen wollen, weil sie Ihre Fantasie und Ihren eigenen, einzigartigen Eingriff enthalten.

Wir müssen darauf achten, wie wir unsere Kleidung pflegen, wir müssen uns ihren gesamten Lebenszyklus vorstellen, sobald sie uns gehört, und ihre Zukunft planen, bevor wir sie in unser Leben aufnehmen. Dieses Buch soll Ihnen dabei helfen; es wird Ihnen nicht viele Antworten liefern, aber es wird Ihnen helfen, viele Fragen zu formulieren und Ihre Handlungen vom Kauf bis zu dem Moment, in dem Sie das Kleidungsstück loswerden, miteinander zu verknüpfen, damit Sie verantwortungsvoll und zielgerichtet handeln können.

Am besten stellt man sich direkt beim Kauf einige einfache Fragen:

- Aus welchen Materialien ist das Teil hergestellt? (Prüfen Sie vor dem Kauf das Etikett.)
- Wie soll das Kleidungsstück gereinigt werden? Und brauchen Sie für die Betriebsweihnachtsfeier wirklich noch ein weiteres Paillettenkleid, das nur in die chemische Reinigung darf? Ist es später noch zu gebrauchen? Wenn nicht, könnten Sie sich stattdessen ein glamouröses Outfit ausleihen?

- Besteht das Teil aus Polyester? Wenn ja, wird der Polyester effizient eingesetzt? Ist es ein Kleidungsstück, das weniger Pflege benötigt (denn Sie wissen inzwischen, dass Polyester ein Material ist, das selten gewaschen werden sollte), oder ist es ein T-Shirt, das schlecht auf Ihren natürlichen Körpergeruch reagiert und daher häufig gewaschen werden muss?
- Können Sie sich eine kreative anderweitige Verwendung für das Teil vorstellen, das Sie gerade kaufen wollen? Zum Beispiel: »Ooooh, schöne Hose! Ich kann es kaum erwarten, sie lange zu tragen und sie dann in Shorts zu verwandeln.« Oder: »Ich liebe dieses Kleidungsstück, aber wenn ich ein paar Kilo zu- oder abnehme, ist es vielleicht nicht mehr das Richtige für mich. Wer sonst in meinem Leben (Mutter/Tochter/Freundin) könnte es nach mir übernehmen?«

Warum ist das wichtig? Weil etwas so Banales wie die Art und Weise, wie wir unsere Kleidung waschen, zu den Schritten gehört, die wir alle sofort unternehmen können, um kleine und gar nicht so aufwendige Änderungen vorzunehmen. Um unsere Kleidung besser zu pflegen, ist es wichtig, die Materialien zu kennen, zu wissen, woher sie kommen und woraus sie bestehen. Das Verständnis dafür, dass die Art unserer Kleiderpflege tiefgreifende Auswirkungen auf die Umwelt und folglich auf den Klimawandel und die globale Erwärmung hat, ist von grundlegender Bedeutung für die Entwicklung besserer Waschgewohnheiten – und für deren Beibehaltung.

– 5 –

Die Stoffe unseres Lebens

Das »Fashion Revolution«-Manifest, das wir im April 2018 während der Fashion Revolution Week vorgestellt haben, ist eine gegenwärtige Vision für die Zukunft. Im sechsten Artikel heißt es: »Mode bewahrt und stellt die Umwelt wieder her. Sie verbraucht keine wertvollen Ressourcen, degradiert unsere Böden nicht, verschmutzt nicht unsere Luft und unser Wasser und schadet nicht unserer Gesundheit. Mode schützt das Wohlergehen aller Lebewesen und bewahrt unsere vielfältigen Ökosysteme.«

Natürlich sollte dies ein Mantra für alle Branchen sein, und wir können die Schuld für die Ausbeutung des Planeten und seiner Lebewesen sicherlich nicht ausschließlich der Modeindustrie zuschieben, aber sie ist eine Branche mit Vorreitern und Mitläufern und eine der ausbeuterischsten und umweltverschmutzendsten. In der Hinsicht hat sie also einiges an Verantwortung in der Hand. Da wir alle Kleidung tragen, hat sie außerdem ein enormes Potenzial, langfristige, drastische Verbesserungen anzustoßen.

Bezüglich der Gesundheit der Erde befinden wir uns in einer sehr kritischen Phase. Von der biologischen Vielfalt unserer Böden und Gewässer bis hin zum Klimakollaps – die größte Bedrohung für unsere gemeinsame Zukunft ist unser eigenes menschliches Handeln.

Die Populationsgröße von Säugetieren, Vögeln, Reptilien und Fischen ist zwischen 1970 und 2014 um alarmierende 60 % zurückgegangen. (WWF, 2018)

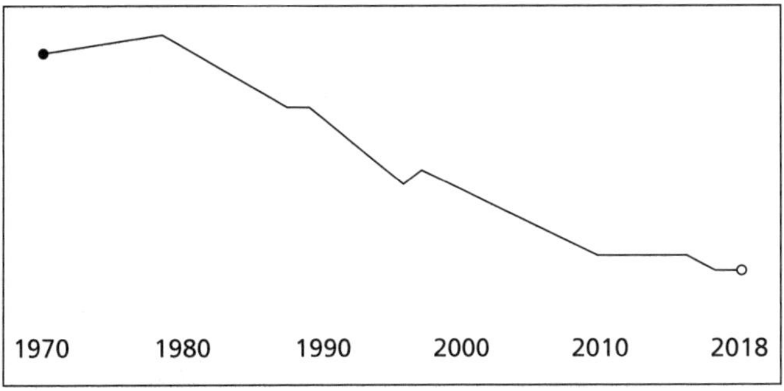

Erschwerend kommt hinzu, dass selbst bei einer Erderwärmung von weniger als 2°C fast 25 % aller Arten wegen der Folgen des Klimawandels auf unsere Ökosysteme vom Aussterben bedroht sind (WWF, 2018). Da diese katastrophale Beschleunigung eindeutig mit menschlichen Aktivitäten in Verbindung gebracht werden kann, sieht es so aus, als richtete der Mensch so ziemlich überall, wo er hinkommt, Schaden an. Und unsere Zerstörung ist auf schreckliche Weise sichtbar: Abholzung, rasante Eisschmelze, Ausdehnung des städtischen Raums, ungezügelte Industrialisierung. Das Zeitalter des Anthropozäns (das gegenwärtige, auf den Menschen ausgerichtete geologische Zeitalter) hat bereits Narben hinterlassen, die nicht mehr zu heilen sind, und wenn wir nicht Abhilfe schaffen, wird unser Planet verkümmern und damit alles Leben auf ihm. Die Menschen haben ihm das angetan, weil sie sich nicht um ihn gekümmert haben.

Wir waren ziemlich arrogant in unserer Annahme, dass

wir die intelligentesten Lebewesen auf der Erde sind, und bei der Suche nach anderen intelligenten Lebensformen im Weltraum. Hätten wir so viel Zeit und Geld darauf verwendet, zunächst die Erde zu verstehen, Lebewesen zu respektieren, zu beobachten und zu studieren, die intelligenter (oder nicht weniger intelligent) sind als wir selbst, würden wir unseren eigenen Planeten mehr bewundern und wären weniger geneigt, ihn zu zerstören.

40 % der Insektenarten sind vom Aussterben bedroht	20 % der Pflanzenarten sind vom Aussterben bedroht

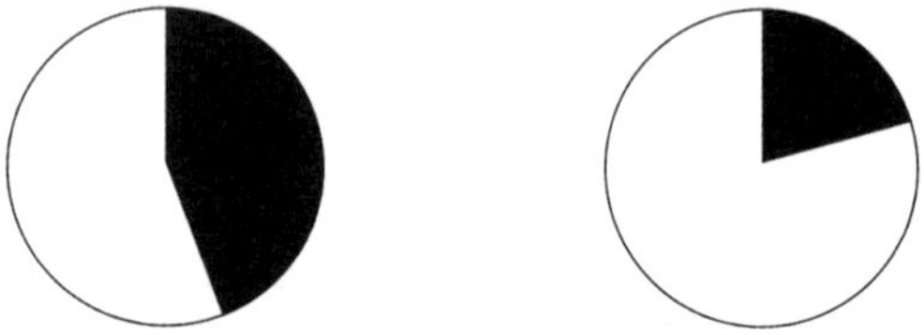

40 % der Insektenarten (Francisco Sánchez-Bayo und Kris A. G. Wyckhuys in »Worldwide decline of the entomofauna«, 2019) und 20 % der Pflanzen (Royal Botanic Gardens, Kew, 2016) gelten als vom Aussterben bedroht.

Fasern als Bausteine

Wenn wir die beträchtlichen negativen Auswirkungen der Mode auf unseren Planeten eindämmen wollen, dann sind die Materialien, aus denen unsere Garderobe besteht, ein guter Anfang. Wie in der Lebensmittelindustrie sind auch die Bestandteile der Mode die Folgen von Monokulturen, schädlichen Chemikalien und der Ausbeutung wertvoller, nicht erneuerbarer Ressourcen. Wenn wir also die Umweltverschmutzung durch unsere Kleidung korrigieren wollen, müssen wir zuerst diese Rohstoffe verstehen, damit wir besser einkaufen, besser aufpassen und die Modeindustrie dazu bringen können, bessere Rezepte für bessere Stoffe zu entwickeln.

In diesem Kapitel schauen wir uns die Stoffe nach Fasertypen an, d.h., die Materialien sind nach ihrer Beschaffenheit kategorisiert. Baumwolle, Leinen, Polyester und Viskose: das sind alles Fasertypen, die synonym für Stoffe stehen. Natürlich sind viele Stoffe heute Mischungen aus mehr als einer Faser. Jeans (siehe Kapitel 6) bestehen häufig aus Baumwolle, die für eine figurbetonte Passform mit Elastan gemischt wird. Loungewear besteht zunehmend aus Polyester-Baumwoll-Gemischen. Und grob gestrickte Pullover zu Durchschnittspreisen bestehen in der Regel aus Acryl oder Polyester mit einem Anteil an Wolle. Im siebten Kapitel werden wir mehr über Mischfasern erfahren, aber jetzt werfen wir erst einmal einen Blick auf die wichtigsten Stoffe in unseren Kleiderschränken.

Baumwolle

Die Baumwolle, die seit Jahrtausenden auf der ganzen Welt angebaut wird, gelangte im Mittelalter nach Nordeuropa. Ihr Name deutet darauf hin, dass die Menschen dachten, sie komme von einer Pflanze, die Lämmchen produziert.

In *The Misinformation Age* schreibt Cailin O'Connor über den hartnäckigen Mythos des Lammbaums. Für sie steht er für unsere Tendenz, falsche Tatsachen zu verbreiten, selbst wenn uns handfeste gegenteilige Beweise vorgelegt werden – die Leute müssen ja gesehen haben, dass Lämmer auf natürliche Weise geboren werden. Ich erwähne dies, weil wir, wenn wir das kaputte Modesystem reparieren wollen, in der Lage sein müssen, die Mythologien zu überwinden, durch die Überproduktion und Ungerechtigkeit gedeihen.

Im 14. Jahrhundert glaubten wir, dass Lämmer auf Bäumen wachsen. Im 18. Jahrhundert ließen wir zu, dass die Baumwollindustrie Millionen von Menschen versklavte. In den 1990er-Jahren (und auch heute noch) haben wir die Augen vor einer Baumwollindustrie verschlossen, die den Aralsee in Usbekistan ausgetrocknet und fast die gesamte Bevölkerung (vom Schulkind bis hin zur Berufstätigen) während der Baumwollernte zu unethischer Arbeit gezwungen hat.

Seit dem Beginn der industriellen Revolution ist die Baumwollproduktion mit Leid, Unwissenheit und Ausbeutung verbunden. Wir neigen naiv dazu, auf rhetorische Weise über die Modeindustrie nachzudenken, so als hielte die Vergangenheit alle Antworten für eine bessere Zukunft bereit. Das ist aber bei Weitem nicht der Fall. Ob in den Südstaaten von Sklaven gepflückt (zentral für die dortige Wirtschaft und bekannt als »King Cotton«) oder nach dem amerikanischen Bürgerkrieg in andere Länder ausgelagert, wurde die Baumwolle meist in britischen Ausbeuterbetrieben mit viel Kinderarbeit gewebt, bevor sie in die ganze Welt exportiert und über die East India Company verkauft wurde, die ein Vorläufer des Imperialismus und der Kolonialisierung war.

»Der Kolonialismus gehört nicht der Vergangenheit an, sondern ist eine moderne wirtschaftliche Realität. Wenn wir die Baumwoll-, Arbeits- und Seidenrouten zurückverfolgen, sind sie alle identisch mit den vor einigen Hundert Jahren eingerichteten Kolonialrouten. Indem wir das bestehende System der Ausbeutung von Arbeit und Ressourcen unterstützen, fügen wir uns dem kolonialen Modell der Ausbeutung und Zerstörung, von dem am Ende nur einige wenige an der Spitze dieses Pyramidensystems profitieren.«
Céline Semaan, Gründerin der Slow Factory

In gewisser Weise ebnete die Baumwolle den Weg für die Demokratisierung der Mode; sie ist auch ein Beispiel dafür, wie die auf den ersten Blick frivole Mode die Geschichte prägt und die Weltpolitik bestimmt.

Ende des 18. Jahrhunderts zog Marie-Antoinette nach ihrer Heirat mit Ludwig XVI. aus ihrer österreichischen Heimat nach Versailles. Da sie an die exzentrische Kleidung des Ancien Régime nicht gewöhnt war, trug sie, wenn sie sich selbst überlassen war, eher legere Kleidung. Anstelle der luxuriösen

Seidenroben, die ihr aristokratischer Freundeskreis trug, zog Marie-Antoinette für ihre Freizeitgarderobe einfache Baumwollkleider vor. Die Malerin Élisabeth Vigée-Lebrun porträtierte sie 1773 in einem solchen Baumwoll-Gaze-Kleid und schuf damit eines der dramatischsten und einflussreichsten Gemälde der Geschichte. Die Reaktion der Öffentlichkeit entsprach dem, was man erwarten würde, wenn sich die First Lady der USA in Trainingsanzug und Turnschuhen malen ließe. Natürlich wird das, was einen Skandal auslöst, irgendwann beliebt, und die »Chemise à la Reine« löste schließlich eine unstillbare Nachfrage nach Baumwolle aus. Zu einer Zeit, als viele erwarteten, dass der amerikanische Süden dem Norden folgen und die Sklaverei abschaffen würde, trieb die steigende Nachfrage nach Baumwollfasern die Ausbeutung der Baumwollpflücker für die nächsten Jahrzehnte an.

Die Folgen der Baumwolle

Der größte Teil der heutigen Baumwollproduktion ist völlig unnachhaltig, da der konventionelle Baumwollanbau mehr Wasser und giftige Chemikalien verbraucht als jede andere Kulturpflanze.

- Wasserverbrauch: Nach Angaben der Soil Association macht der Baumwollanbau 69 % des Wasser-Fußabdrucks der Textilfaserproduktion aus; für ein Kilogramm Baumwolle werden 10000 bis 20000 Liter Wasser benötigt. Unsere unersättliche Nachfrage nach »King Cotton« hat den Aralsee fast vollständig ausgetrocknet. Sein Wasser wurde für die Bewässerung und den Anbau von Baumwolle abgeleitet, eine Tatsache, die die UNO als die größte vom Menschen verursachte Umweltkatastrophe aller Zeiten bezeichnet.

- Verschmutzung der Böden: Für den Baumwollanbau werden jedes Jahr 200000 Tonnen Pestizide und 8 Millionen Tonnen synthetische Düngemittel benötigt. Wie bei allen Massenkulturen führen der Einsatz von Pestiziden und der Anbau von Monokulturen zu verunreinigten und nährstoffarmen Böden. Nach Angaben von Soil Exchange verursacht Bio-Baumwolle 46 % weniger Kohlenstoffemissionen als herkömmliche, u.a. weil ein gesünderer Boden als Kohlenstoffspeicher fungiert.
- Kontamination in der Nahrungskette: Baumwollpestizide können auch über bestimmte verarbeitete Lebensmittel sowie über Fleisch- und Milchprodukte in unsere Nahrungskette gelangen, da Kühe häufig Futter aus Baumwollsamen bekommen.
- Schaden für die Tierwelt: Jährlich werden 24 % aller Insektizide und 11 % aller Pestizide in der Welt für den Baumwollanbau verwendet, doch schätzt man, dass weniger als 10 % der auf den Baumwollfeldern ausgebrachten Chemikalien tatsächlich ihre Wirkung entfalten. Der Rest gelangt in die Luft, den Boden und das Wasser in der Umgebung der Felder und schädigt oder tötet wild lebende Tiere und beeinträchtigt die Ökologie der umliegenden Gebiete erheblich. Das Pestizid-Aktionsnetz schätzt, dass jedes Jahr weltweit fast 1000 Menschen an einer Pestizidvergiftung sterben und eine exponentiell größere Zahl an den damit verbundenen Krankheiten leidet.
- Schaden für die Arbeiter: Der Baumwollanbau ist nach wie vor eine der größten Triebkräfte für Zwangsarbeit,

darunter Kinderarbeit, überall in der Wertschöpfungskette der Modebranche (im neunten Kapitel gehen wir näher auf Zwangsarbeit ein). Abgesehen von den schlimmsten Formen der Ausbeutung sichert der Baumwollanbau schätzungsweise 250 Millionen Existenzen auf der ganzen Welt, so Khursheed Ahmad Wani et al. in ihrem *Handbook of Research on the Adverse Effects of Pesticide Pollution in Aquatic Ecosystems*, 2019. Angesichts der enormen Auswirkungen auf die Landwirte und ihre Familien in den Entwicklungsländern kann die globale Nachfrage nach immer billigeren Preisen diesen Arbeitnehmern und ihren Familien großen Schaden zufügen.

Genetisch modifizierte Baumwolle

Die Regeln sind einfach, aber grausam: Eine traditionelle (nicht genmanipulierte) Pflanze wird aus Samen gezogen. Wenn ein Landwirt eine Tüte Saatgut kauft, kann er seine ersten Pflanzen anbauen und dann deren Samen ernten, sodass der Kreislauf von vorn beginnt, ohne neues Saatgut kaufen zu müssen. Dieser Zyklus erhält seit Jahrtausenden alles Leben auf der Erde.

Gentechnisch veränderte Organismen (GVOs) sind anders. Wenn ein Landwirt eine Tüte GVO-Saatgut von dem Landwirtschaftsunternehmen Monsanto kauft, besitzt Monsanto das Patent auf das künftige Saatgut, das diese Pflanzen erzeugen. Die Landwirte sind verpflichtet, jedes Jahr neues Saatgut zu kaufen und das Saatgut der Vorjahresernte zu entsorgen. Dieser erzwungene Eingriff in die Natur wird von der sogenannten »Saatgutpolizei« überwacht, die die Wiederverwender aufspürt und strafrechtlich verfolgt.

In einer E-Mail an *Vanity Fair* im Jahr 2008 schrieb Darren Wallis von Monsanto: »Monsanto gibt täglich mehr als 2 Millionen Dollar für die Forschung aus, um innovatives neues Saatgut und Technologien zum Nutzen der Landwirte zu entwickeln, zu testen und auf den Markt zu bringen. Ein Instrument zum Schutz dieser Investitionen ist die Patentierung unserer Entdeckungen und, falls erforderlich, die rechtliche Verteidigung dieser Patente gegen diejenigen, die sie verletzen wollen.«

In der globalen Baumwollversorgungskette entfaltet sich dieses »Werkzeug« in der Verschuldung armer, oft analphabetischer Bauerngemeinschaften zum Schutz eines der reichsten Unternehmen der Welt. In Indien, wo ein Großteil der weltweiten Baumwolle angebaut wird, verstricken sich die Landwirte in einen Teufelskreis von Schulden, um genmanipuliertes Saatgut kaufen zu können.

Schätzungsweise 95 % der in Indien angebauten Baumwolle ist gentechnisch verändert, und das Elend, das sie mit ihrem Saatgut anrichtet, führt regelmäßig zu Selbstmordwellen (allein 2009 beging in Indien alle 30 Minuten ein Bauer Selbstmord).

Bio-Baumwolle

Die Umstellung auf biologische, nicht genmanipulierte Baumwolle wird weithin als die einzige realistische Alternative zum konventionellen Baumwollanbau angesehen. So wird Bio-Baumwolle ohne giftige Chemikalien oder GVOs angebaut, die Bodenfruchtbarkeit wiederhergestellt und erhalten, der Einsatz von giftigen und langlebigen Pestiziden und Düngemitteln reduziert und eine biologisch vielfältige Landwirtschaft gefördert.

Außerdem verwenden die Bio-Baumwoll-Bauern natürliche Kompostierungsmethoden, die einen gesünderen Boden fördern, und ein gesunder Boden wirkt wie ein Schwamm, der bei Überschwemmungen Wasser aufsaugt und es bei Dürren länger speichert. Bio-Baumwolle wird auch anders bewässert, meist durch Regen, anstatt Wasser aus dem Boden zu holen, was die Wasserversorgung der Gemeinden unter Druck setzen kann.

> *»Baumwolle ist ein Kohlenstoffspeicher, zieht* CO_2 *aus der Atmosphäre ab und hält es im Boden. Der ökologische Baumwollanbau bringt zusätzliches organisches Material in den Boden ein und speichert noch mehr Kohlenstoff, wodurch er zur Abkühlung der Erde beiträgt.«*
> *Katharine Hamnett, Designerin*

Die Designerin Katharine Hamnett setzt sich seit den 1980er-Jahren für die Verwendung von Bio-Baumwolle ein, auch auf Kosten ihrer eigenen Karriere. Sie ist eine echte Pionierin auf diesem Gebiet und die erste, die Bio-Baumwolle in den Achtzigern mit ihrem erfolgreichen gleichnamigen Label in die Mainstream-Mode eingeführt hat. Katharine ist eine meiner persönlichen Heldinnen, die seit über 15 Jahren für die Kampagne kämpft und mit der ich eng befreundet bin. Ich habe ihr Engagement aus erster Hand miterlebt und schätze ihre Arbeit, in der sie Modedesign und Lobbyarbeit verbindet. Kürzlich hat sie in einem Gespräch einige Fakten über gentechnisch veränderte und nicht-ökologische Landwirtschaft und die möglichen Vorteile einer Umstellung auf den Anbau von Bio-Baumwolle enthüllt.

Kurz gesagt: Durch die Umstellung auf den biologischen Anbau würden die Landwirte eine fünfzigprozentige Gewinnsteigerung erzielen, da die Kosten für chemische Pestizide und Düngemittel sinken und sie außerdem zusätzliche Einnahmen aus dem Anbau von Marktfrüchten und Nahrungsmitteln erzielen würden, die sie im Wechsel mit ihrer Baumwolle anbauen müssten, um diese biologisch anbauen zu können. Dies würde es ihnen ermöglichen, ihre Familien besser zu versorgen, zu ernähren und einzukleiden, ihre Kinder auszubilden und sich eine Krankenversicherung zu leisten, was beim Anbau konventioneller Baumwolle nicht der Fall ist. Die Umstellung auf ökologischen Landbau könnte zahlreiche Todesfälle verhindern, da es jedes Jahr Tausende von versehentlichen Pestizidvergiftungen sowie Selbstmorde wegen Pestizidschulden gibt.

Sie würde die Abwanderung verringern, da der Baumwollanbau rentabler würde. Dies würde verhindern, dass Landwirte ihre Höfe aufgeben, um in den Städten nach Arbeit zu suchen, wobei sie in vielen Fällen auf dem Weg dorthin sterben.

Der ökologische Baumwollanbau hat unschätzbare Vorteile, nicht nur für die 100 Millionen Baumwollbauern und ihre Familien, sondern auch für die biologische Vielfalt, die Fruchtbarkeit des Bodens, die Qualität des Süß- und Salzwassers und die Verringerung der Treibhausgasemissionen, die zur Erderwärmung beitragen:

- Bio-Baumwolle verbraucht 91 % weniger Wasser als herkömmliche Baumwolle.
- Chemische Pestizide und Herbizide, die in der nicht-ökologischen Landwirtschaft verwendet werden, verseuchen unsere Wasservorräte – Grundwasser, Flüsse und Meere. Es handelt sich um Chemikalien, die aus dem Nervengas,

das im Zweiten Weltkrieg eingesetzt wurde, abgeleitet wurden und die darauf ausgelegt sind, zu töten und immer weiter zu töten – giftig für jegliches Leben. Die alternative Landwirtschaft stoppt diese groteske Umweltvergiftung.

- Während die nicht-ökologische Landwirtschaft für die massenhafte Abholzung der Wälder verantwortlich ist, die gesamte Artenvielfalt von Bienen über Vögel bis hin zu Würmern und Pilzen auslöscht und durch das mikrobiologische Absterben des Bodens zur Wüstenbildung führt, arbeitet die ökologische Landwirtschaft tatsächlich mit der Artenvielfalt, indem sie den integrierten Pflanzenschutz einsetzt – eine Technik, bei der natürliche Schädlingsbekämpfer anstelle von chemischen Pestiziden eingesetzt werden.
- Die Umstellung auf alternative Landwirtschaft würde die Emissionen von Stickstoffoxid (N_2O) aus chemischen Düngemitteln drastisch reduzieren. N_2O ist ein Treibhausgas, das dreihundertmal schwerer ist als Kohlendioxid und wesentlich zur Erderwärmung und zum Klimawandel beiträgt.

Besser kaufen: Baumwolle

- Kaufen Sie nachhaltige oder Bio-Baumwolle: Wenn wir alle auf nachhaltige, nicht genmanipulierte und/oder Bio-Baumwolle achten und dies auch von unseren Einzelhändlern verlangen würden, hätten wir einen äußerst positiven Einfluss auf Mensch und Erde.

- Recherchieren Sie zu Ihrem Einzelhändler: Viele Einzelhändler haben sich verpflichtet, bis 2020 auf nachhaltige, gentechnikfreie oder biologische Baumwolle umzusteigen, aber wenn wir, ihre Kunden, sie nicht genau unter die Lupe nehmen und sie zur Rechenschaft ziehen, werden sie ihre Versprechen höchstwahrscheinlich nicht einhalten. Handeln ist ganz einfach: Stimmen Sie mit Ihrem Geldbeutel ab.
- Verlangen Sie mehr: Wann immer Sie einkaufen und wann immer Sie Ihren normalen Einkauf erledigen (T-Shirts, Socken, Hosen, Hemden, Bettwäsche, Küchentücher), schauen Sie auf das Etikett und fragen Sie nach einer nachhaltigeren Alternative.
- Kaufen, um zu überleben: Dieses Zitat des Modereporters Marc Bain bringt es für mich auf den Punkt: »Eine Mülldeponie voller T-Shirts aus Bio-Baumwolle ist immer noch eine überfüllte Mülldeponie.« *Wie viel* wir konsumieren, ist genauso wichtig wie das, *was* wir konsumieren. Es ist sinnlos, Bio-Zutaten zu kaufen, wenn man die Hälfte seines Gerichts in den Müll wirft: Man trägt immer noch zur Lebensmittelverschwendung bei. Es gilt also, nichts zu kaufen, wenn man nicht ernsthaft vorhat, es zu behalten.

Baumwolle pflegen

Baumwolle ist wirklich pflegeleicht, lässt sich gut waschen und verträgt jede Temperatur. Sie ist haltbar und robust und schrumpft nicht. Schauen Sie einfach auf dem Etikett nach den Pflegehinweisen, und das war's auch schon – es gibt keine Überraschungen.

Textilien aus Polyester gibt es erst seit weniger als einem Jahrhundert, und doch machen sie inzwischen mehr als 50 % unserer Garderobe aus und sind das am schnellsten wachsende Segment der Textilproduktion. Erst 2002, nach jahrelangem Andrang synthetischer Stoffe auf dem Textilmarkt, verlor »King Cotton« seinen Platz als Nummer eins unter allen Textilien.

So wie Baumwolle die Welt kolonisiert und kontrolliert hat, sollte es uns alarmieren, dass Polyester, eine Faser, die vor weniger als 100 Jahren erfunden wurde, eine so alte Faser derart schnell überholt hat. Aus wirtschaftlicher Sicht ist der Niedergang der Baumwolle eine Lektion in Sachen Kapitalismus: Eine Ressource ist nur so gut wie ihre Fähigkeit, die billigste Option zu bleiben.

Wenn es um die unsichtbare Umweltbelastung durch unsere Kleidung geht, verdient Polyester besondere Aufmerksamkeit, denn es ist in fast allem enthalten, was wir heute tragen, und seine Auswirkungen auf unsere Umwelt sind von der Gewinnung bis zur Nachsorge zu 100 % negativ. Vereinfacht ausgedrückt, ist Polyester reiner Kunststoff, der zu 100 % aus Erdöl hergestellt wird.

Wir alle sind uns der sichtbaren Auswirkungen der Plastikverschmutzung bewusst, vor allem, wenn es um unsere Ozeane und das Meeresleben geht – der »Great Pacific Garbage Patch« weist überdeutlich auf unseren unübersehbaren Plastik-Fußabdruck hin. Neuere Forschungen haben allerdings eine noch beängstigendere Nebenwirkung unserer Plastiksucht hervorgehoben, und das ist Mikroplastik: kaum sichtbare, splitterartige, tödliche kleine Teilchen, die von den meisten synthetischen Fasern freigesetzt werden, vor allem aber von Polyester – bis zu 700000 pro Waschgang.

Es ist erschreckend, dass die Textilindustrie für fast 35 % der gesamten Mikroplastikverschmutzung verantwortlich ist. Wir haben keine Ahnung, welche Auswirkungen es hat, wenn Mikroplastik verschluckt, eingeatmet und absorbiert wird. Wohl wissen wir aber schon, dass die Plastikverschmutzung mehrere Organe und insbesondere die endokrinen Funktionen des Menschen beeinträchtigt, und ich brauche es gar nicht zu erwähnen, dass wir Mikroplastik wahrscheinlich weder als nützlich noch als vorteilhaft betrachten werden, sobald weitere Studien über seine Nebenwirkungen vorliegen.

Die Lücke schließen

Zweifellos ist recyceltes Polyester besser als neues Polyester, und wir können sicher sein, dass es zumindest die Umweltbelastung durch die Gewinnung neuen Öls aus dem Boden deutlich reduziert. Aber leider macht es hinsichtlich Tragen und Waschen überhaupt keinen Unterschied, da recyceltes Polyester genauso viele Mikrofasern verliert wie sein neues Gegenstück. Nur weil »recycelt« draufsteht, heißt das noch lange nicht, dass es auch wirklich nachhaltig ist (mehr dazu in Kapitel 7, wo wir uns mit den Möglichkeiten des Recyclings beschäftigen).

PET oder Polyethylenterephthalat, der chemische Bestandteil von Polyester, ist auch der Kunststoff, der in Plastikflaschen und anderen Verpackungen verwendet wird. 1993 war das Bekleidungsunternehmen Patagonia der erste Hersteller, der in seinen Produkten recyceltes Kunststoffpolyester verwendete. Diese Begeisterung für recyceltes PET wurde als echte Lösung für ein echtes Problem gefeiert, bis sich herausstellte, dass die enorme Nachfrage nach diesem scheinbaren

Wunderstoff die Beschaffung der Rohstoffe, aus denen er hergestellt wird, tatsächlich verzerrte. Kurz gesagt, es waren nicht genügend wiederverwertbare Plastikflaschen im Umlauf (oder es wurde einfach zu mühsam, die Systeme zu schaffen, um sie effektiv wiederzugewinnen). Es tauchten Geschichten über skrupellose Unternehmen auf, die neue Plastikflaschen herstellten, die nie dazu gedacht waren, mit Wasser oder kohlensäurehaltigen Getränken befüllt, sondern dazu, direkt zu Fasern verarbeitet zu werden.

Dies geschieht offenbar auch heute noch, und es ist fast unmöglich, zu erkennen, welche Vliesstoffe wirklich aus Abfall und welche aus Betrug hergestellt wurden. Dieser Kreislauf – leere Flaschen = Garn = Vlies – ist ein ausgeklügelter Kreislauf aus Verwertung, Transport und Wiederaufbereitung, der langwierig und langsam ist. Aber warum nicht neue Plastikflaschen aus alten Plastikflaschen herstellen? Hätten wir die letzten 25 Jahre damit verbracht, Gesetze zu erlassen, die sicherstellen, dass alle neuen Plastikflaschen aus 100 % recyceltem Kunststoff hergestellt werden müssen – und damit das Recycling in einem echten geschlossenen Kreislauf zu fördern, anstatt Materialien abzuzweigen, um Teil eines anderen Kreislaufs zu werden –, wäre das effizienter und logischer gewesen, denn obwohl ein zu 100 % recycelter PET-Stoff im Prinzip vollständig recycelbar ist, sind es die anderen Materialien an einem Kleidungsstück (wie Einfassungen, Reißverschlüsse und Knöpfe) nicht, und wir haben kein bewährtes, effektives System für das Recycling unserer synthetischen Kleidung. Der Weg von der (weggeworfenen oder nicht weggeworfenen) Flasche zur Kleidung führt also einfach von einem positiven Kreislauf zu einem unnötig langwierigen, unregulierten und höchst betrügerischen System.

Polyester pflegen

Waschen Sie Polyestersachen so selten wie möglich. Das bedeutet im Umkehrschluss, dass Sie keine Kleidungsstücke aus Polyester oder aus Stoffen mit hohem Polyesteranteil kaufen sollten, wenn sie häufig gewaschen werden müssen, wie es etwa bei Schuluniformhemden der Fall ist, die Ihre Kinder fünf Tage pro Woche direkt auf der Haut tragen und mindestens zweimal pro Woche gewaschen werden. Gehen Sie einen Schritt weiter und geben Sie, wenn Sie können, den Extracent aus, um 100 % Baumwolle statt Polyester zu kaufen.

Polyester ist eine langlebige, pflegeleichte Faser, die für immer erhalten bleiben sollte, denn da sie aus Kunststoff hergestellt wird, dauert es über 800 Jahre, bis sie biologisch abgebaut ist. Und das ist eines der größten Probleme, mit denen wir derzeit konfrontiert sind, denn schnelle Wegwerfmode wird fast ausschließlich aus Polyester hergestellt. Polyester ist ein Material, das wir für die Herstellung von Mänteln und Oberbekleidung verwenden sollten sowie für Kleidungsstücke, die mit einem Schwamm gereinigt werden können. Abendmode wäre eine großartige Option. Ein wunderschönes Vintage-Teil aus den 1960er-Jahren zum Beispiel, das einmal auf einer Party getragen wird und am nächsten Tag (oder am übernächsten, je nach Kater) mit einer kurzen Dusche aufgefrischt werden kann, ohne dass man sofortigen Mottenbefall befürchten muss, und das bis zum nächsten Mal im Kleiderschrank bleibt.

In ihren brillanten *Shirt Stories* erläutert Professor Rebecca Earley, eine der weltweit führenden Expertinnen für Recycling und Upcycling in der Modeindustrie, mithilfe einiger Kollegen die Rolle von Polyester in unserer Alltagskleidung. Holly McQuillan, Dozentin für Design, erklärt es deutlich:

»Wir fällen Werturteile über Polyester, vor allem, dass es billig ist und daher nur für billige Kleidungsstücke geeignet ist. Indem wir es jedoch so behandeln, stellen wir es in den Kontext, in dem es den größten Schaden anrichten wird. Da Polyester buchstäblich nicht mehr wegzudenken ist, sollten wir vielleicht nur das verwenden, was wir bereits haben, und es mehr wertschätzen – es kommt darauf an, was wir damit machen.«

Becky Earleys Meinung dazu ist ebenso wichtig, und sie schickte mir dieses Zitat, um den Kontext zu verdeutlichen, wie wir als Verbraucher und als Industrie positiv denken können, wenn es um die Verwendung dieses Materials geht:

> *»Es ist von entscheidender Bedeutung, dass wir verstehen, wie wir aus unserer Abhängigkeit von fossilen Brennstoffen aussteigen können, ohne dass es zu massiver struktureller Gewalt kommt. Um den Wandel in der Branche voranzutreiben, brauchen wir Strategien, die sowohl die Vorteile als auch die Fallstricke von Materialien wie Polyester berücksichtigen. Wir werden Unternehmen nur dann zum Umstieg bewegen können, wenn wir ihnen den Weg in die Zukunft zeigen – wie der Wandel passieren könnte –, und dieses Zukunftsszenario erfordert viel mehr Forschung, die jetzt sehr schnell erfolgen muss.«*
> *Rebecca Earley, Shirt Stories*, 2019

Problematisches Polyester

Manchmal ist es unmöglich, eine schnelle Lösung zu finden, eine »Einheitsgröße für alle«, vor allem für häufig getragene und gewaschene Sachen wie Kinder- und Sportkleidung,

Schuluniformen und Unterwäsche. In manchen Fällen besteht die einzige Lösung darin, auf nachhaltige, gentechnikfreie und biologische Baumwolle umzusteigen, die allerdings nicht immer erhältlich oder bezahlbar ist.

Bei Schuluniformen wissen wir, dass insbesondere eine Chemikalie, die Perfluoroctansäure (die etwa Outdoor-Kleidung fleckenresistenter macht), sich in Tierversuchen als krebserregend erwiesen hat. Wir wissen auch, dass viele Kinder allergisch auf synthetische Materialien reagieren. Es gibt zwar Alternativen, aber definitiv nicht annähernd genug.

Die Verwendung von stark umweltbelastenden und hochgiftigen Materialien für Sportbekleidung ergibt überhaupt keinen Sinn. Stellen Sie sich das vor: Millionen von Gesundheitsfreaks weltweit, die Sport treiben, Yoga machen, joggen, meditieren, ihr persönliches Wohlbefinden als Priorität im heutigen stressigen Leben betonen … und dabei unwissentlich mit jedem Schweißtropfen Plastikgifte und andere Verunreinigungen aufnehmen, die sie dann mit ihrer Wäsche in die öffentlichen Gewässer spülen. Da kann man schon mal an seinem Grünkohl und Spirulina-Saft ersticken!

Die Gesundheits- und Wellnessbranche entwickelt ständig neue Übungen, Superfoods und Wellnessprodukte, die dem heutigen Gesundheitsideal entsprechen. Daher ist es wohl an der Zeit, darauf hinzuweisen, wie giftig etwa hautenge Sportleggins sind. Das Fazit ist: Wählen Sie immer natürliche Fasern oder ungiftige, nachhaltige Alternativen. Ein altes Baumwoll-T-Shirt wird Ihnen genauso gute Dienste leisten wie ein feuchtigkeitsableitendes Funktionsshirt, und es wird Sie wahrscheinlich nur einen Bruchteil kosten.

Nylon

Wie Polyester ist auch Nylon (wissenschaftlich als Polyamid bezeichnet) ein Material auf Kunststoffbasis, das aus Erdöl gewonnen wird und Mikroplastik abgibt. Obwohl aktuelle Forschungen darauf hindeuten, dass Nylon deutlich weniger Fasern verliert als vergleichbare Kleidungsstücke aus Polyester, muss es wegen seiner Beschaffenheit dennoch sorgfältig gewaschen werden.

Nylon wird vor allem für Sportbekleidung und Strumpfhosen verwendet. In seiner Vielseitigkeit eignet es sich, gemischt mit Elastan, für Badeanzüge und, dicht verwoben, für winddichte Kleidung.

Natürlich wird es nicht nur für Kleidung verwendet, sondern auch für Campingzelte, Fischernetze und die mittlerweile legendären Longchamp-Taschen. Nylon ist so vielfältig einsetzbar, dass es ein guter Kandidat für Recycling-Projekte ist. Eines davon ist ECONYL, das aus Fischernetzen und anderem Plastikmüll aus dem Meer ein wiederverwertbares Nylon herstellt, das für immer im Kreislauf bleiben kann. Während andere Recycling-Bemühungen etwa Badeanzüge aus gefundenen Materialien herstellen, die dann entsorgt werden und auf die Mülldeponie zurückkehren, kann ECONYL kontinuierlich zu neuem Garn regeneriert werden.

Nylonstrumpfhosen sind mein größtes Problem. Ich bin mir sicher, dass viele von uns schon so manche Strumpfhose wegen einer Laufmasche weggeworfen haben (meistens im Hausmüll statt in der Altkleidersammlung). Dabei kann es bis zu 40 Jahre dauern, bis diese Wegwerfartikel aus Nylon biologisch abgebaut sind.

Ich liebe Strumpfhosen. Für mich macht eine gute Strumpfhose ein Outfit aus, meist sogar mehr als die Schuhe. Ich kaufe gern qualitativ hochwertige Strumpfhosen, damit sie lange halten, und ich habe sehr viele Paare zum Wechseln. Trotzdem gehen Strumpfhosen kaputt, das ist eine unumstößliche Tatsache des Lebens. Mein Rettungssystem funktioniert so: Wenn eine Strumpfhose anfängt, sich aufzulösen, halte ich Laufmaschen mit durchsichtigem Nagellack auf oder benutze stattdessen, wenn ich unterwegs bin und keinen dabeihabe, Seife, wenigstens vorübergehend. Meine kaputten Strumpfhosen liegen links in der Schublade, und ich trage sie unter Hosen oder langen Röcken, manchmal noch jahrelang. Irgendwann schneide ich sie dann auseinander: Die Füße rette ich, indem ich sie in der Mitte der Wade abschneide, aufrolle und als Söckchen trage; den Rest des Beins schneide ich in 10 cm breite Streifen, die ich als Haarbänder verwende.

Ich bin zwar kein Fan von Wollstrumpfhosen mehr, aber früher habe ich sie gern in Oberteile verwandelt, indem ich den Zwickel herausgeschnitten und die Füße abgetrennt habe, um die Schnittkanten herumgehäkelt habe, damit sie nicht ausfransen, und sie dann kopfüber als Crop Top angezogen habe.

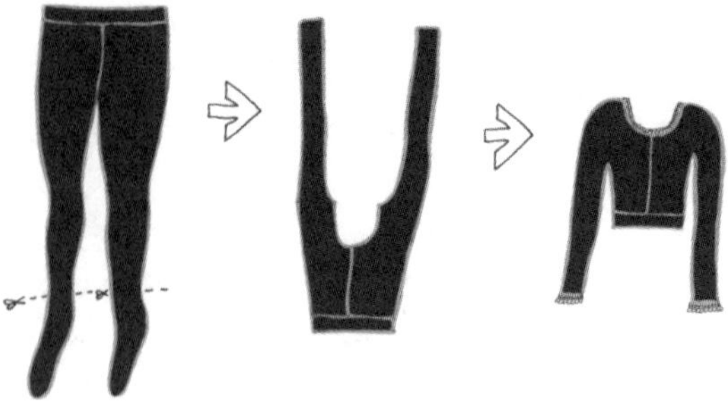

Acryl

Wie seine Kunststoffgeschwister ist auch Acryl in der Textilwelt ein Übeltäter auf Ölbasis. Seine geknüpfte Struktur soll auf billige Weise die Eigenschaften von Wolle imitieren, darum findet man es auch auf dem Etikett zahlloser Strickjacken und Pullover. Als Einzelfaser eignet sich Acryl weniger gut; wegen seiner hohen Pillinganfälligkeit wird es bei den meisten synthetischen Pullovern mit einem gewissen Anteil an Wolle oder anderen synthetischen Garnen gemischt.

Leinen

Leinen ist eine der ältesten Textilfasern, deren Überreste in der Schweiz, in Georgien und in Ägypten gefunden wurden und auf prähistorische Zeiten zurückgehen.

Heute ist Leinen allgemein als nachhaltige Faser bekannt, da für den Anbau nur wenig Pestizide und Wasser benötigt werden und es auch auf schlechten Böden wachsen kann. Doch leider macht Leinen nur einen kleinen Teil des weltweiten Fasermarktes aus, was vielleicht daran liegt, dass es der arbeitsintensive Herstellungsprozess teurer macht als andere Alternativen. Leinen ist auch deshalb so nachhaltig, weil die »Abfälle« aus den oben genannten Prozessen zur Herstellung von Leinöl verwendet werden können, einem Nebenprodukt, das die gesamte Flachspflanze nutzbar macht.

Leinen pflegen

Leinen ist weniger pflegeleicht als Baumwolle, da es schrumpfen kann. Aufgrund seiner porösen Beschaffenheit lassen sich Flecken nicht gut entfernen, manchmal wird ein Fleck sogar noch schlimmer, weil er sich ausdehnt und in den Stoff einzieht. Leinen knittert schnell (und hartnäckige Falten lassen sich auch durch Bügeln nicht beseitigen), sodass man den knittrigen Look mögen muss, um dieses Material wirklich zu schätzen. Als saisonalen Stoff finde ich Leinen unglaublich luxuriös und trage es nur im Sommer, wenn es sich trotz der brütenden Hitze kühl auf der Haut anfühlt. Und nichts, wirklich nichts, geht über Leinenbettwäsche.

Hanf

Hanf ist ein Unkraut, das überall auf der Welt wächst und nur wenig Pflege benötigt. Seine Eigenschaften und vielfältigen Verwendungsmöglichkeiten sind legendär, und die Menschen nutzen es seit Jahrtausenden zur Herstellung von Fasern und Ölen.

Hanf ist eine Wunderpflanze, die ihren Ursprung in China und im Nahen Osten hat, aber überall dort, wo sie eingeführt wird, schnell gedeiht. Er ist leicht anzubauen, vielseitig und anpassungsfähig und wurde zur Herstellung von Papier und Baumaterialien sowie einer ganzen Reihe von Stoffen verwendet, von langlebigen Industrietextilien bis hin zu Modeartikeln.

Man kann sich heute kaum noch vorstellen, wie vorherrschend Hanf war, wenn man bedenkt, dass der Anbau zugunsten der Baumwolle und synthetischer Stoffe vollständig eingestellt wurde. Aber bis zum Zweiten Weltkrieg hatte Hanf eine Vormachtstellung: eine bequeme, effiziente Kulturpflanze, die weniger Wasser benötigte und zudem den Boden, auf dem sie wuchs, belüftete.

Irgendwann geriet Hanf in Verruf, angeblich wegen der Verbindung zu Marihuana (in der Tat eine Hanfsorte und für seine stimmungsverändernden Nebenwirkungen berüchtigt), in Wahrheit aber, damit einzelne Reiche und Konzerne mit Interessen an Papier und Pestiziden das System monopolisieren konnten. Eine reiche Kultur und eine unglaublich nachhaltige Pflanze wurden nahezu ausgelöscht – ein großer Verlust für Mensch, Natur und Industrie.

Hanf hat heute einen schlechten Ruf als das »hässliche« Gesicht der Öko-Mode. Aber das sollte nicht so sein. Stattdessen verdient er jede Aufmerksamkeit und sollte wieder in Mode kommen.

Künstliche Zellulosefasern

Wie die oben beschriebenen natürlichen Stoffe (Baumwolle, Leinen und Hanf) werden auch künstliche Zellulosefasern aus Pflanzen hergestellt. Der Unterschied zwischen diesen und echten »natürlichen« Fasern besteht darin, dass erstere eine beträchtliche Menge an chemischer Verarbeitung erfordern, um starres Pflanzenmaterial wie Bäume und Stämme in weiches Bekleidungsmaterial zu verwandeln.

Aber lassen Sie sich nicht durch den Namen verwirren. Es ist wichtig, sich daran zu erinnern, dass alle Materialien – ob »natürlich«, »künstlich« oder »synthetisch« – aus natürlichen Ressourcen gewonnen werden, seien es Pflanzen, Tiere oder fossile Brennstoffe. Und so wie alle Materialien ihren Ursprung in der Natur haben, so sind auch alle Materialien de facto »künstlich« hergestellt.

Dilys Williams, Leiterin des Centre for Sustainable Fashion, brachte es am besten auf den Punkt, als sie im August 2019 im *BBC Radio 4* sagte: »Die beiden grundlegenden Bestandteile von allem, was Ihnen jetzt auf der Haut liegt, sind Natur und Arbeit.«

Viskose

Vor der Viskose (so werden die meisten künstlichen Zellulosefasern bezeichnet) waren alle Modestoffe im Wesentlichen natürlich, der Mensch trug Baumwolle, Leinen, Seide, Wolle und Tierhäute. Viskose, die zuerst unter dem Begriff »Kunstseide« vermarktet wurde, wird aus pflanzlichen Stoffen hergestellt, aber die chemischen Prozesse, die erforderlich sind, um diesen Stoff in ein geschmeidiges Gewebe zu verwandeln, sind so aufwendig, dass man Viskose nicht mehr wirklich als natürliches Material bezeichnen kann – daher der Name »künstliche Zellulosefasern«.

Der größte Teil der Viskose wird aus Zellstoff hergestellt, die Verarbeitung von Zellstoff zu Zellwolle war früher als »Viskoseverfahren« bekannt. Wir konzentrieren uns hier auf die zwei grundlegenden Umweltsünden, die der aus Bäumen gewonnenen Viskose anhaften. Die erste besteht darin, dass die Masse und Konzentration der Chemikalien, die für die Verarbeitung von Holz zu Stoff benötigt werden, enorm giftig sind.

Changing Markets, eine Organisation, die sich für eine saubere Viskose-Lieferkette einsetzt, hat herausgefunden, dass der bei der Herstellung von Viskose verwendete Schwefelkohlenstoff (CS_2) ein endokriner Disruptor (Verursacher von Unfruchtbarkeit) ist und bei Viskose-Fabrikarbeitern mit psychischen Erkrankungen in Verbindung gebracht wurde. In einer 2019 durchgeführten Umfrage unter 90 Modemarken weltweit stellte Changing Markets fest, dass mehr als 25 % von ihnen keinerlei verantwortungsvolle Viskosestrategien haben.

In den Siebzigern wurde Lyocell, eine Variante von Kunstseide, entwickelt. Sie ist zwar in der Herstellung teurer als Viskose, kann aber mit minimalen chemischen Eingriffen Pflanzenmaterial in Gewebe umwandeln. Das Patent wurde schließlich von der Firma Lenzing aufgekauft, und heute kennen wir es hauptsächlich unter seinem Handelsnamen Tencel.

Bewährte Verfahren und Maßstäbe

In den fast 200 Jahren seit der Erfindung der Viskose hat es unzählige Varianten davon gegeben, die in alle möglichen Modetrends verpackt wurden. Während Innovationen wie Tencel dazu beitragen, die chemischen Folgen der Materialien zu verringern, sollte uns die einfache Tatsache, dass viele von uns häufig Bäume tragen, zum Nachdenken darüber bringen, wie sehr die Mode unsere wertvollen natürlichen Ressourcen beansprucht.

Noch bevor die Viskose in die harte chemische Herstellungsphase kommt, wird schon ein wichtiges Ökosystem geplündert: die Wälder. Textile Exchange berichtet, dass sich die weltweite Produktion von Textilien aus künstlicher Zellulose seit den Neunzigern verdoppelt hat. Und nach Angaben der Waldschutzorganisation Canopy werden jedes Jahr rund 150 Millionen Bäume abgeholzt, um daraus Textilien zu machen. Angesichts des Anstiegs der Modeproduktion – und der Viskose – ist es dringend erforderlich, dass wir uralte Wälder schützen und Holz verantwortungsvoll und nachhaltig abbauen.

Viskose pflegen

Viskose schrumpft und schrumpft und schrumpft, selbst bei sehr geringer Hitze. Das ist von Kleidungsstück zu Kleidungsstück sehr unterschiedlich, und die Qualität ist hier ein wichtiger Indikator, da billige Viskose deutlich schlechter ist als teurere Sorten. Ich besitze nicht viel Viskose, weil ich mir nicht zutraue, sie richtig zu waschen. Lieber frische ich sie mit einem Schwamm oder etwas Dampf auf, aber ehrlich gesagt ist es mir selbst bei solch milden Eingriffen schon vorgekommen, dass sie schrumpft (besonders Jersey-Viskose).

Wolle

Wenn ich einen Stoff – irgendeinen Stoff – auf eine einsame Insel mitnehmen müsste, wäre es Wolle. Meiner Meinung nach gibt es nichts Besseres. Wolle passt zu allem und zu jeder Gelegenheit: Sie ist warm und gemütlich, flauschig oder rau, gestrickt oder gewebt. Ich trage sie direkt auf der Haut, schlafe unter einer Wolldecke und finde bestimmte Wollsorten wie »fresco lana« und Wollkrepp für die Abendgarderobe unendlich eleganter als jede Seide. Da meine Zeit als Designerin vorbei ist, habe ich all meine besten Stoffreste an junge Designer in Großbritannien gespendet. Meine letzten verbliebenen Rollen sind an Phoebe English gegangen, die sie für ihre Damenkollektion 2020 umgearbeitet hat. Ich habe es geschafft, all meine Reste unterzubringen, bis auf eine Rolle schwarzen Wollkrepps, von dem ich mich nicht trennen möchte.

Wolle ist vielleicht noch nicht so lange im Gebrauch wie Leinen, Flachs und Hanf, aber sie reicht doch über 5000 Jahre zurück, als die Menschen in Mesopotamien, im Nahen Osten und in Teilen Europas anfingen, Schafswolle zu spinnen und zu verweben. Um 1900 v. Chr. kam das Weben in England auf, und englische Wolle wurde im gesamten Römischen Reich zu einer weithin gehandelten Ware.

Mit der Wolle entstand auch eine ganz neue Textilindustrie und damit einhergehend eine reiche Kultur. Um 1300 gründete die Stadt Prato in der Toskana eine Wollzunft, die Arte della Lana. Später, im 16. Jahrhundert, entstand die spanische Wollindustrie (Merinowolle stammt aus Spanien). Als britische und spanische Kolonien in der ganzen Welt gegründet wurden, brachten sie Schafe bis nach Amerika und Australien mit.

Wenn man sich die heutigen Abholzungspraktiken im Amazonasgebiet und an anderen Orten ansieht, scheint es sonderbarerweise, als wäre die Rodung ein ganz und gar modernes Phänomen. Tatsächlich aber beweist die Wolle das genaue Gegenteil: Während der schottischen Highland Clearances Mitte des 18. Jahrhunderts vertrieben Grundbesitzer ihre Pächter, um riesige Schafzuchten aufzubauen. Daraufhin waren viele zur Auswanderung gezwungen, und so haben die Ururenkel schottischer Einwanderer in Nordamerika, die

Australian Labor Party und die Gründung von Städten und Handelshäfen auf der ganzen Welt alle einen gemeinsamen Ursprung: Wolle.

Die Folgen der Wolle

Mulesing: Die ethisch fragwürdigste Praxis der modernen Schafhaltung ist das sogenannte Mulesing. Sie können es als die Viehzuchtversion von Pestiziden verstehen. Wolltierherden sind vom Fliegenbefall bedroht, einer ziemlich grausamen Krankheit, bei der Fliegen ihre Eier in den Hautfalten der Schafe ablegen und die Maden sich nach dem Schlüpfen in der Wolle der Schafe vergraben und von deren Haut ernähren. Es ist jedoch die Prävention, die bei Tierschützern für Aufregung sorgt: Beim Mulesing wird ein Stück Haut am Gesäß des Schafs weggeschnitten, damit es weniger schmutzige Stellen gibt, die von Fliegen befallen werden könnten.

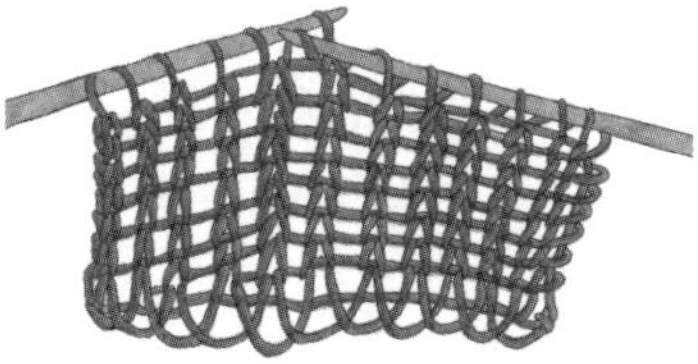

Auswirkungen auf das Land: Das von Schafen bewohnte Land ist nicht bebaubar, was bedeutet, dass auf demselben Land keine Pflanzen angebaut werden können, da Schafe Weidetiere sind und dazu neigen, die Gräser so weit zu fressen, dass das Land nicht mehr »lebendig« ist.

Biologisch abbaubar? Was die ökologische Abbaubarkeit der Wolle betrifft, so ist sie in ihrer reinsten Form, den Haaren, biologisch abbaubar. Sobald sie jedoch behandelt, durch giftige Chemikalien und intensive Prozesse (sowie dem üblichen Übeltäter: der schieren Masse) verunreinigt wurde, kann sie nicht mehr auf natürliche Weise abgebaut werden und verursacht auf der Mülldeponie ihre eigenen Probleme, von der Freisetzung von Methangas in die Atmosphäre bis hin zur Verunreinigung des Bodens.

Natürlich ist nicht jede Wolle gleich. Achten Sie auf den Responsible Wool Standard (RWS), eine unabhängige Zertifizierung, die sowohl die ethischen als auch die ökologischen Aspekte der Wollproduktion berücksichtigt. Einfach ausgedrückt, stellt der RWS sicher, dass die Herden in Übereinstimmung mit den fünf Freiheiten der Tiere (einschließlich des Verbots der Maultierhaltung) gehalten werden, und gewährleistet eine verantwortungsvolle Landbewirtschaftung.

Wolle pflegen

Meiner Meinung nach wird Wolle am besten bei 0°C (oder weniger als 20°C) gewaschen, nur für den Fall, dass sie bei Hitze schrumpft. Mit Sorgfalt gewaschen, ist Wolle eine bemerkenswert langlebige Faser, obwohl sie nach mehreren Wäschen dazu neigt, ihre Form zu verlieren. Deshalb ist es immer am besten, sie nicht zu schnell zu schleudern und sie flach auf einem Handtuch zu trocknen, statt sie aufzuhängen. Trocknen Sie sie weder im Wäschetrockner noch auf einem heißen Heizkörper.

Mottenfalle

- Einen meiner Lieblingstipps gegen Motten habe ich von Herrn Barni in Prato bekommen. Barni war der Besitzer eines riesigen Secondhand-Kleiderladens, in dem ich tonnenweise Kleidung für meine Upcycling-Marke gekauft habe. Der Tipp ist unglaublich einfach und doch effektiv. Im Grunde basiert er darauf, dass Motten Geschmäcker und Vorlieben haben und sich lieber in Kamel- oder Shetlandwolle einnisten als in Merino- oder Mohairwolle. Wenn Sie also einen »Köder« in Ihren Kleiderschrank und/oder Ihre Schubladen legen, werden sie sich dort einnisten und den Rest einigermaßen in Ruhe lassen. Je weicher die Eiweißfasern sind, desto besser für die Motten. Nehmen Sie also am besten die Reste eines alten Pullovers (Shetlandwolle funktioniert bei mir immer gut) oder ein Wollknäuel.

- Manche finden die Idee ziemlich abstoßend, aber ich sehe keinen Unterschied zwischen einem Wollköder und diesen schrecklichen, chemisch imprägnierten Klebebändern, an denen die Motten hängen bleiben.

Wie man Wolle flickt

Meine Mutter ribbelt auf und strickt dann neu. Das macht sie schon ewig, soweit ich mich erinnern kann: Sie kauft etwas Gebrauchtes oder nimmt ein altes Teil aus ihrem eigenen Kleiderschrank und macht etwas Neues daraus. Das Aufribbeln ist eine absolut geniale Möglichkeit, alte Strickwaren wiederzuverwenden – wahrscheinlich die effektivste, wenn man stricken kann. Es macht nichts, wenn ein Teil kaputt ist, Löcher oder Flecken hat, denn man kann den Faden unterbrechen, um das unerwünschte Stück loszuwerden, einen kleinen Knoten machen und weiter aufribbeln oder stricken. Man muss bloß darauf achten, dass das betreffende Teil nicht abgeschnitten und vernäht, sondern in einem Stück verarbeitet sein muss, damit es sich erfolgreich aufribbeln lässt.

Kaschmir

Das Haar der Kaschmirziege ist dreimal wärmer als Wolle, fühlt sich weicher und seidiger an und gilt weithin als Inbegriff von Luxus. Früher war das Tier nur in der Kaschmir-Region heimisch, aber seine Nützlichkeit brachte die Herden über die Mongolei und Tibet hinaus in den Iran, nach China, Indien und Afghanistan. Oft werden die Ziegen mitten im Winter geschoren, wenn ihr Fell am wärmsten ist, was in den kalten Regionen, in denen sie leben, zum Erfrieren führen kann.

Darüber hinaus zerstört die Überzüchtung der Kaschmirziegen die Landschaft ihrer Heimat: Zu viele Weidetiere verwandeln die üppigen Graslandschaften in Wüsten, insbesondere in der Mongolei.

Mohair

Mohair ist die flauschige, leichte Faser der Angoraziegen, die in der Türkei beheimatet sind, aber in ganz Afrika gehalten werden. Wie Kaschmirziegen haben Angoraziegen weniger Fett als Schafe, was sie nach der Schur anfällig für Lungenentzündungen und Erfrierungen macht. Mohairwolle ist am hellsten und glänzendsten, wenn die Ziege relativ jung ist, was die Faser teurer macht, da sie nicht während der ganzen Lebensdauer des Tiers gewonnen werden kann.

Angora

An dieser Stelle wird es verwirrend, denn während die *Angoraziege* Mohairwolle produziert, stammt die Angorawolle vom *Angorakaninchen*. In der Türkei, in England, Frankreich und anderen Ländern werden Angorakaninchen seit Langem wegen ihres luxuriösen Fells gezüchtet, das alle paar Monate geschoren werden muss. Da sich die Modeindustrie jedoch auf die Massenproduktion verlegt hat, ist die Angorawolle nach China abgewandert, wo der Lebendrupf (neben anderen Tierschutzbedenken) die Chance auf eine ethische Angorawolle zunichte macht.

Seide

Ich gehe nie ohne ein großes quadratisches Seidentuch aus dem Haus. Ich habe eine riesige Sammlung: meine wertvollsten sind die echten Hermès-Tücher (die ich größtenteils von meiner Mutter und Großmutter geerbt habe), aber ich kaufe sie schon seit Jahren wie besessen in Wohltätigkeits- und Vintage-Läden auf. Sie sind unglaublich nützlich und vielseitig, denn ein Schal kann so viel gleichzeitig sein: ein Gürtel, Haarschmuck (sieht toll aus, wenn man ihn um einen unordentlichen Dutt bindet), ein Oberteil, ein improvisierter Kissenbezug (auf Reisen um einen weichen Pullover oder Mantel gewickelt) oder, mit angefeuchtetem Zipfel, ein guter Fleckenentferner, wenn ich zufällig keinen Schwamm dahabe.

Ich habe Seidentücher sogar schon als Abendtaschen verwendet (wirklich süß, zu einem großen Knoten gebunden, sodass sie wie ein kleines Säckchen aussehen) und sie bei Picknicks im Park auf dem Boden ausgebreitet. Als meine Töchter klein waren, habe ich sie als improvisierten Sarong nach einem Strandtag um sie gewickelt oder sie sie einfach nur als spontane Verkleidung tragen lassen.

1. Nehmen Sie ein großes Seidentuch (es geht auch Baumwolle, beispielsweise ein Bandana – aber mindestens 80 cm im Quadrat) und falten Sie es in der Mitte, sodass ein Rechteck entsteht.
2. Nähen Sie ein ca. 40 cm langes Band oder eine Zierborte an die beiden Zipfel auf der einen Seite des Tuchs und das andere Ende des Bandes an die gegenüberliegenden Zipfel.
3. Tragen Sie Ihr neues Oberteil mit den Armen durch die Löcher und dem Band am Rücken.

Wenn man erst einmal den Dreh raushat, kann dieses Band fast alles sein. Damals war dieses Oberteil eines der meistverkauften unserer Marke (wie 2003 im *Telegraph Magazine* zu lesen war).

Ich habe schon häufiger Lingerie-Gummibänder verwendet, auf die ich Perlmuttknöpfe genäht habe. Als ich es mal für eine Party eilig hatte und nichts zum Anziehen und nichts zum Nähen, habe ich sogar ein Band aus Sicherheitsnadeln und Schnürsenkeln improvisiert.

Raupen tragen

Wie Wolle ist auch Seide ein Gewebe aus tierischem Eiweiß. Sie wird aus den Fäden von Insekten gewonnen, die sie zur Bildung von Kokons ausstoßen. Technisch gesehen kann Seide von jedem Insekt hergestellt werden, das sich verpuppt oder ein Netz spinnt. Spinnenseide wird seit Langem als Wunderfaser bezeichnet – stark genug, um Kugeln aufzuhalten, und fein genug, um die leichtesten Stoffe zu weben. Natürlich wurde Spinnenseide nie vollständig und in reproduzierbarem Umfang für die Textilproduktion nutzbar gemacht. Ihre Eigenschaften und Merkmale haben die Wissenschaft zu Experimenten angeregt und waren Gegenstand einer wichtigen Fallstudie auf dem Gebiet der Biomimikry, einer Designpraxis, die versucht, die beeindruckendsten Leistungen der Natur nachzuahmen. Von der Gentechnik bis zur synthetischen Biologie bleibt Spinnenseide ein Heiliger Gral für die Zukunft der Textilinnovation.

Aber was ist mit echter Seide? Das von Natur aus schimmernde Material trieb jahrhundertelang den Handel zwischen Europa und Asien an, und heute macht Seide nur 0,1 % der gesamten weltweiten Faserproduktion für Textilien aus, und das, obwohl sie ein Synonym für Luxus ist. Diese Seide stammt nicht von einer Spinne, sondern von einer domestizierten Seidenraupe, die sich in ihrem Kokon in einen Schmetterling verwandelt.

Die Wurzeln der Seide liegen in China, wo man um 2500 v. Chr. entdeckte, dass der Faden einer einzigen Puppe aufgerollt und auf die Länge von einem Kilometer gestreckt werden kann. Der dreieckige Querschnitt des Fadens erzeugt eine glänzende Oberfläche, wenn er gesponnen und gewebt wird.

Das Verfahren, Seidenraupen zu züchten, ihre Kokons zu

sammeln und sie lebendig zu kochen, verbreitete sich von China nach Indien und dann bis ins 19. Jahrhundert in ganz Asien, im Nahen Osten und in Europa. Der mühsame Prozess der Zucht und Wiederaufzucht der Tiere trug wesentlich zum Aufkommen synthetischer Materialien bei. Die Erfindung von Viskose, dem ersten »synthetischen« Material, geht auf die Bemühungen von Wissenschaftlern zurück, ein Material mit den Eigenschaften von Seide zu den Kosten von Baumwolle zu schaffen.

Aus Sicht des Tierschutzes ist Seide problematisch, da in der Produktion die lebendige Puppe benötigt wird. Die Kokons müssen geerntet werden, bevor die Raupe zum Schmetterling wird, da sie sonst den einen Kilometer langen Faden bricht. So werden bei der Herstellung des Stoffes die Tiere getötet, die ihn überhaupt ermöglichen, wodurch der Stoff ganz und gar unvegetarisch wird.

Als Reaktion auf dieses Problem wurde die »Friedensseide« (auch Ahimsa-Seide genannt) entwickelt, bei der die Kokons erst nach dem Ausfliegen der Schmetterlinge eingesammelt werden und eine stärker gebrochene Faser entsteht, bei der die kürzeren Fäden zu einem zusammenhängenden versponnen werden müssen.

Ein weiterer zukunftsweisender Ansatz für dieses Material ist die neue Einführung der Bio-Zertifizierung. Der ökologische Seidenanbau ist zwar nicht vegetarisch, kann aber einen positiven Beitrag zur Pflanzenvielfalt leisten. Ein Beispiel dafür ist Thailand, wo Cassava-Pflanzen angebaut werden, deren Wurzeln von den lokalen Gemeinschaften gegessen werden; die Blätter werden an die Seidenraupenkulturen verfüttert und deren Fäkalien zur Kultivierung der Cassava als Dünger zurückgegeben.

Seide pflegen

Ich finde Seide bemerkenswert pflegeleicht, vorausgesetzt, man kennt ihre Eigenschaften und sieht sie sich vor dem Waschen genau an. Die Qualität von Seide kann sehr unterschiedlich sein – von glattem Satin bis hin zu strukturierteren Naturgeweben –, aber alle erfordern den Schonwaschgang bei weniger als 30 °C. Die besten Ergebnisse erzielen Sie, wenn Sie in feuchtem Zustand bügeln, aber achten Sie darauf, dass Sie ein Handtuch zwischen das Bügeleisen und den Stoff legen.

Fibreshed: vom Bauernhof zum Kleiderschrank

So wie wir beginnen, die Auswirkungen der Modeindustrie auf das Wasser zu verstehen, müssen wir auch die tiefgreifende Beziehung zwischen Mode und Boden begreifen, denn fast jedes Material, das wir tragen, stammt aus dem Boden und beeinflusst ihn auf die eine oder andere Weise, sei es durch den Abbau von Rohstoffen, den Anbau von Baumwolle, die Tierhaltung oder das Bäumefällen zur Herstellung von Zellulosefasern.

Die Beziehung zwischen Mode und Landwirtschaft kommt uns beim Gedanken an unsere Kleidung nicht sofort in den Sinn, doch die Landwirtschaft – und die Nutzung des Bodens für den Stoffanbau oder für die Zucht und Fütterung jener Tiere, die für Kleidung gebraucht werden – ist ebenso wichtig wie das Wasser, und die negativen Auswirkungen der Industrie haben beide in hohem Maße betroffen.

Jahrzehntelange intensive Landwirtschaft und der verstärkte Einsatz von Pestiziden und Düngemitteln voller Giftstoffe haben die Aufnahmefähigkeit unserer Böden beeinträchtigt und sie trockener, dürrer und weniger fruchtbar gemacht.

Aus diesem Grund befinden wir uns oft in einem sehr unnatürlichen Ungleichgewicht, in dem es gleichzeitig Dürre und Überschwemmungen gibt. Der ausgedörrte Boden ohne Bäume, Wurzeln und einen ganzheitlichen, natürlichen Wechsel ist nicht in der Lage, Nährstoffe und Wasser aufzunehmen, und es rauscht über ihn hinweg, ohne einzuziehen.

In letzter Zeit ist der Aktivismus buchstäblich auf den Boden zurückgekehrt, die Relevanz des Bodens für eine nachhaltige Zukunft bekommt immer mehr Aufmerksamkeit, wobei jetzt weltweit mit einer Rückkehr zur biologisch-dynamischen Landwirtschaft und anderen traditionellen Systemen experimentiert wird. In der Modebranche funktioniert dies durch den Anbau und die Ernte von Biofasern wie Baumwolle, Leinen und Hanf. Diese Gegenbewegung nennt sich »Fibreshed« und wird von zahlreichen Designern und prominenten Persönlichkeiten unterstützt, darunter auch von dem Model Arizona Muse, die sich als Kampagnenleiterin engagiert.

Leder

Leder ist ein umstrittenes und hochgradig umweltschädliches Material und einer der größten Übeltäter, wenn es um die Ausbeutung von Mensch und Umwelt in der Modebranche geht. Jahrelang haben Modemarken die Verwendung von Leder als »Nebenprodukt« der Fleischindustrie gerechtfertigt und sich im Wesentlichen vor ihrer Verantwortung für Landwirtschaft, Abholzung, Schlachtung und all die anderen negativen Aspekte der Viehzucht gedrückt, indem sie die Schuld an der Quelle suchten: dem Lebensmittelsektor. Aber das ist kein genaues Bild der beiden Branchen.

In Brasilien hat die Rinderzucht die Entforstung vorangetrieben und die katastrophalen Brände im Amazonasregenwald ausgelöst, die im Herbst 2019 bekanntlich am schlimmsten waren. Hier ist die Lederindustrie nur ein Nebenprodukt, wobei Leder zwischen 2006 und 2010 ein Viertel des Exportwerts brasilianischer Rinderprodukte ausmachte, so Natalie F. Walker et al. in *From Amazon Pasture to the High Street* (2013).

Wenn wir uns also mit Leder beschäftigen, sollten wir uns zunächst von der Ausrede befreien, Leder sei ein Nebenprodukt. Wie jede andere Ressource wird das Angebot durch unsere Nachfrage bestimmt. Zweifellos gehören die Prozesse rund um die Lederherstellung zu den schädlichsten, sowohl in sozialer Hinsicht – da die in der Lederlieferkette beschäftigten Arbeiter übermäßigen Mengen an Chemikalien ausgesetzt sind, die Nebenwirkungen wie Ausschläge, Verdauungsprobleme und Nierenschäden hervorrufen können – als auch in ökologischer Hinsicht, da ein Großteil der bei der Lederherstellung anfallenden Abfälle die öffentlichen Gewässer mit Chrom, Blei, Arsen und anderen Giftstoffen verseucht.

Das Gerben ist die giftigste Phase der Lederverarbeitung. Heute werden 80–90 % der Lederhäute weltweit mit Chrom gegerbt, einer Lösung aus hochgiftigen Chemikalien, Säuren und Salzen (einschließlich Chromsulfat). In Entwicklungsländern wie Bangladesch, wo die Leder- und Schuhindustrie die zweitgrößte Einnahmequelle ist, sind Gerbereien weitgehend unregulierte Gefahrenzonen, in denen Verstöße gegen die Menschenrechte und Umweltstandards die Regel und nicht die Ausnahme sind.

Eines der größten Probleme in der Lederlieferkette besteht schon vor der Tierzucht: die Schaffung von Weideland, das die globalen Ökosysteme tiefgreifend verändert und den wertvollsten Kohlenstoffspeicher der Erde, unsere Regenwälder, zerstört. Vor der Industrialisierung der Viehwirtschaft ließen sich Viehzüchter und Landwirte auf Flächen nieder, die für ihren Ackerbau oder ihre Viehzucht geeignet waren.

Nirgendwo hat dies erschreckendere Auswirkungen als im Amazonas-Regenwald, in dem etwa 10 % aller Arten leben und der nach Angaben des WWF bis 2030 voraussichtlich zu 27 % abgeholzt sein wird (https://wwf.panda.org/our_work/forests/deforestation_fronts2/deforestation_in_the_amazon/). Während der Amazonas und andere Regenwälder in Madagaskar und Indonesien brennen, müssen wir unsere Gewohnheiten dringender denn je hinterfragen – die Fleischindustrie und die Lederwarenindustrie, die ihre Nebenprodukte verwendet, müssen die volle Verantwortung für die Umweltzerstörung übernehmen, die sie dem Planeten zugefügt haben, und auf eine radikale Umstellung drängen, um ihren Fußabdruck zu verringern.

Ausbeutung von Exoten

Das Argument »Leder als Nebenprodukt« wird noch unhaltbarer, wenn wir uns exotisches Leder anschauen – denn wir essen sicherlich nicht massenweise Eidechsen, Krokodile oder Pythons. PETA (People for the Ethical Treatment of Animals) dokumentiert seit Jahren die Misshandlung von Alligatoren, Krokodilen und anderen Reptilien, die von Luxusgüterherstellern gefühlt bis vorgestern noch als völlig akzeptabel angesehen wurde – und wir sprechen hier von der systematischen und großangelegten Folter wunderschöner Wesen, um Schuhe, Taschen und Gürtel herzustellen.

Obwohl sich die Marken nach jahrzehntelanger Tierquälerei um Rehabilitation bemühen, ist dieser Schritt noch ganz neu und wirkt ziemlich verzweifelt und unaufrichtig. Warum haben sie so lange gebraucht, um zu begreifen, dass der Verkauf von Millionen von Schuhen, Taschen, Gürteln, Geldbörsen und Handytaschen das grausame Abschlachten von Millionen von Tieren bedeutet?

Petrochemische Alternativen

Die nächste Hürde: veganes Leder, auch Kunstleder oder PVC genannt, das natürlich aus Kunststoff besteht. Es ist billig und wird zur Herstellung großer Mengen von Accessoires verwendet, die genauso schnell weggeworfen werden wie Kleidung. Zugegeben, die negativen Auswirkungen der Produktion von echtem Leder auf den Planeten werden zunehmend als viel größer angesehen als die von Nicht-Leder, und beim PVC wurden große Fortschritte gemacht; unterdessen gibt es viel bessere Alternativen. Dennoch ist der Großteil des auf dem Markt befindlichen PVC nach wie vor minderwertig und wird trotz seiner negativen Auswirkungen exzessiv und geradezu skrupellos verwendet.

Die Statistik der MIT-Studie »Sustainable Apparel Materials« von 2015, die besagt, dass wir 150 Milliarden Kleidungsstücke pro Jahr produzieren, berücksichtigt leider keine Accessoires, die wir im selben Maße kaufen und wegwerfen wie billige Kleidung – und leider sind billige Accessoires und Schuhe eher aus billigem Plastik hergestellt.

Nehmen Sie zum Beispiel eine durchschnittliche günstige Tasche: PVC, Metalle, Plastikknöpfe, Polyesterapplikationen, Nylonfutter, Etiketten … gekauft und dann weggeworfen. Jede billige Tasche (und jeder billige Schuh und jedes billige

Haarband) steckt voller Einzelteile, die ebenso schlecht geklebt wie schlecht aufeinander abgestimmt sind, die dafür gemacht sind, schnell kaputtzugehen, aber nicht, um sich auf der Mülldeponie zu zersetzen.

Eine Überlegung, die hier angestellt werden sollte, ist die Idee des Jevons-Paradoxons. Dieser ökonomische Begriff ist wichtig, wenn es darum geht, ob die Nachhaltigkeitsbemühungen einer Marke überhaupt einen Sinn oder eine Wirkung haben. Er wird folgendermaßen definiert: »Wenn der technische Fortschritt die Effizienz der Nutzung einer Ressource erhöht, aber der Verbrauch dieser Ressource steigt.« Das bedeutet, dass ein Unternehmen, das die Technologie oder den »Fortschritt« nutzt, um den ökologischen Fußabdruck eines Produkts zu verbessern, indem es z. B. neues Polyester durch recyceltes Polyester ersetzt, die Auswirkungen dieses Produkts um etwa 30 % verringern kann. Wenn das Unternehmen jedoch unaufhörlich wächst, kann der Verbrauch dieses Produkts um etwa 50 % steigen. Letztendlich werden die von der Marke ergriffenen Nachhaltigkeitsmaßnahmen durch das unaufhörliche Bestreben der Marke, ihre Gewinne zu steigern, zunichte gemacht.

Veganes Leder ist vielleicht doch besser für die Umwelt, aber die Frage, die sich daraus ergibt, geht eher in die Richtung »Würden Sie lieber einem Vergewaltiger oder einem Mörder begegnen?«. Denn in diesem Fall ist besser noch lange nicht gut, und wenn man bedenkt, wie schlecht das Schlechte ist, ist besser definitiv nicht gut genug.

Neuerungen

Die Zukunft des Leders ist bunt. Und möglicherweise auch essbar, wenn wir uns die vorgeschlagenen Zutaten ansehen!

Von der Färbung von Leder mit Rinde, Beeren und anderen Naturfarben über Systeme zur Verarbeitung ohne das gefürchtete Chrom bis hin zu völlig neuen Rohstoffen wie Fischhäuten, Pilzen, Ananas und anderen Früchten – der Wettlauf ist im Gange, diesen Teufelskreis zu durchbrechen und ihn in eine Tugend zu verwandeln.

Fälschung

In einer Lieferkette, in der es keine Transparenz gibt, weiß man nicht, wo Gesetze gebrochen werden; und was gefälschte Taschen und Nachahmungen angeht, wissen wir in etwa dasselbe wie über die meisten echten.

Luxusmarken tun alles, um uns darauf aufmerksam zu machen, dass Nachahmungen aus minderwertigen Materialien und unter ausbeuterischen Bedingungen hergestellt werden und dass die Menschen, die sie verkaufen, oft schutzbedürftige Einwanderer sind, die in der Gewalt krimineller Menschenhändlerbanden sind.

Wenn sich die Marken für Transparenz einsetzen und ihre Lieferketten veröffentlichen würden, sodass wir wirklich sehen könnten, wie unsere Waren hergestellt werden, dann erst wäre es richtig, die Lieferkette von Fälschungen als ein minderwertiges Produktionsmodell darzustellen.

Um die Verwirrung noch zu vergrößern, sind die gefälschten Taschen manchmal tatsächlich echt, Teil einer Überproduktion oder wegen kaum sichtbarer Mängel ausrangiert; und die echten Fälschungen, die Nachahmungen, werden oft in denselben Fabrikkomplexen von denselben Facharbeitern hergestellt, die auch die Designertaschen gefertigt haben. Wenn man bedenkt, dass Luxusdesigner moderne, nicht-lederne Materialien wie PVC und Nylon verwenden und die heutigen Luxusstandards niedriger sind, wird deutlich, dass Original und Fälschung – einst die minderwertige, unbeholfene Nachahmung des einzig Wahren – eigentlich Zwillinge sein könnten, die bei der Geburt getrennt wurden und von denen nur eines mit dem Markenlogo ausgezeichnet wurde.

Abgesehen davon wissen wir, oder vermuten es zumindest, dass die Einnahmen aus gefälschten Waren kriminelle Banden ernähren, dass ihre Wertschöpfungskette mit dem Menschenhandel verbunden ist und dass sie illegal sind. Auch wenn wir mit gefälschten Artikeln überschwemmt werden, sollten wir uns nicht darauf einlassen, aber wenn es darum geht, das Produkt und in vielerlei Hinsicht die Herkunft und die Herstellung zu vergleichen, sind viele der heutigen Fälschungen so gut wie das Original.

Für mich gibt es nichts Besseres als den Adrenalinschub, wenn ich in einem Wohltätigkeitsladen eine neuwertige Designertasche entdecke, was mir wegen des Massenkonsums und schnellen Wegwerfens immer häufiger passiert. Bis zu dem Tag, an dem Mainstream-Luxusmarken mir einen tadellosen Produktstammbaum mit hundertprozentiger Transparenz und Offenlegung der Marke und der Herkunft *aller* Materialien (von Leder bis zu Metallen und allem, was dazwischen liegt) bieten können und wir zu einem Modell zurückkehren, bei dem die Qualität und nicht die Kosten den Vorrang hat, sehe ich keinen Grund, ihre Angebote zu kaufen; ich nenne sie nicht Luxus, und sie verdienen weder ihren hohen Preis noch ihren Ruf.

Als Alternative ziehe ich es vor, in ein handwerklich hergestelltes Produkt zu investieren: etwas, das mit gesünderen Materialien und nach gesünderen Prinzipien hergestellt wurde.

Der Aufstieg und Niedergang einer Gucci-Handtasche

Ich hatte das Glück, zwei Gucci-Taschen von meiner Großmutter zu erben, die beide in den 1940er-Jahren hergestellt wurden. Von meinen Schwiegereltern bekam ich zur Hochzeit dann eine modernere Version. Wenn ich mir alle drei Handtaschen im Detail ansehe, ist es, als wären die Entwicklung der Lederverarbeitung und die Qualitätsansprüche von Luxusgütermarken eingraviert – ein sichtbares Zeichen des Verfalls, das mich immer noch wütend macht.

Eine der älteren Taschen ist eine Clutch, ganz aus Seidensatin, außen schwarz und innen puderrosa. Der Satin ist so üppig, dick und glatt, dass er wie Crème double oder geschmolzene Schokolade aussieht. Die äußere Perlenstickerei ist außergewöhnlich fein und delikat, ein kleiner Kosmos an winzigen schwarzen Glasperlen, die so präzise und fachmännisch von Hand aufgenäht wurden, dass sie auch nach 80 Jahren regelmäßiger Benutzung noch völlig intakt sind. Ich habe sie irgendwann in meinen Dreißigern geschenkt bekommen und trage sie fast jedes Mal, wenn ich zu einer eleganten Veranstaltung gehe, was, da ich in der Modebranche arbeite, gar nicht so selten vorkommt. Im Inneren hat sie neben dem üppigen Satin zwei verstärkte Taschen, eine an jeder Seite, in verschiedenen Formen und Größen: eine für Visitenkarten, eine fürs Puderdöschen. Der Mechanismus des Verschlusses ist immer noch intakt und funktioniert trotz seines Alters perfekt.

Die zweite Tasche von meiner Großmutter ist aus Leder, ebenfalls eine Clutch, aber leider in einem schlechteren Zustand und nicht mehr in Gebrauch, einfach weil sie als Alltagstasche viel häufiger benutzt wurde.

Meine Großmutter hat sie regelmäßig getragen, und auch

ich habe sie in den Neunzigern mindestens fünf oder sechs Jahre lang jeden Tag gebraucht. Irgendwann ging sie zwar kaputt, aber ich verzieh ihr die paar Risse und rangierte sie erst aus, als mein Lieblingslippenstift wegen eines der Risse verloren ging.

Mein Lob gilt der Konstruktion und insbesondere dem Innenleben der Tasche (Gucci-Leute, lesen Sie bitte weiter): Sie hat drei Einsätze, der mittlere davon hauchdünn, und sechs verschiedene Fächer, jedes in unterschiedlicher Form, jedes mit einer anderen Funktion, plus eine kleine Lederschlaufe für Stifte. Es gibt ein Fach für Lippenstift, eines für Gesichtspuder, sogar ein kleineres Fach innerhalb eines größeren. Sie ist unwahrscheinlich großzügig, praktisch und durchdacht gestaltet.

Die dritte Tasche ist eine klassische moderne Gucci-Tasche aus den späten Neunzigern, aber ein absoluter Reinfall im Vergleich zu ihren Vorgängerinnen. Der Schließmechanismus fühlte sich von Anfang an wackelig an, den winzigen, fummeligen Schlüssel zur Sicherung (allerdings so unpraktisch, dass ich ihn für eine nutzlose Dekoration hielt) musste ich wirklich regelmäßig benutzen, weil sich sonst das Schloss bei der geringsten Berührung geöffnet hätte. Das Innere ist herzzerreißend enttäuschend: keine Fächer, nur ein hohler Hohlraum. Nur eine Seitentasche, so groß wie eine Kreditkarte, aber so dünn, dass nicht mehr als ein oder zwei hineinpassen.

Haben Sie auch bemerkt, wie die Qualität stetig abnimmt? Es tut mir richtig weh, dass meine Kinder nie den Unterschied zwischen dem Üppigen und dem, was Üppigkeit nur oberflächlich imitiert, kennen werden. Es tut weh, dass uns ständig eine Lüge verkauft wird: dass man uns sagt, etwas sei exquisit, obwohl es bestenfalls mittelmäßig ist.

Pelz

Jahrtausendelang ermöglichte Pelz das Leben in Teilen der Welt, in denen die menschliche Haut als Schutz vor eisigen Temperaturen nicht ausreichte. Vom Norden Kanadas bis ins sibirische Russland dienten die Felle von Robben, Wölfen und Füchsen als überlebenswichtige Bedeckung.

Ich habe einmal gehört, dass uns die Erfindung der Nadel – und damit das Zusammennähen von Tierhäuten – das Überleben während einer der letzten Eiszeiten gesichert hat. Es klingt plausibel: Stellen Sie sich vor, dass wir vor der Erfindung der Nadel in locker sitzenden Tierhäuten herumliefen und jagten – sehr unpraktisch –, bis die Dinge im wahrsten Sinne des Wortes Form annahmen und die Häute zusammengenäht wurden. Zu der Zeit kamen vermutlich auch Ärmel auf. Die Kleidung wurde kuschelig und warm und ermöglichte freie Bewegung – daher unser Überleben. Darüber hinaus hat der Pelzhandel, zunächst zwischen Russland und Deutschland, die Globalisierung in der ganzen Welt und dann die Öffnung Nordamerikas für die europäische Kolonisierung vorangetrieben.

Der Kampf gegen Echtpelz und zugleich gegen die Tierschutzbewegung wütet unterdessen seit über 30 Jahren. Die Proteste gegen das Tragen von Pelz sind hart umkämpft, mit unzähligen Eimern Kunstblut und nackten Menschen, die ihre Verachtung herausschrien. 1991 lancierte PETA die berühmt-berüchtigte Kampagne »I'd Rather Go Naked Than Wear Fur« (»Lieber nackt als Pelz«). In den unverkennbaren Werbekampagnen haben sich im Laufe der Jahre Dutzende von Prominenten ausgezogen und auf den ikonischen Protestpostern abbilden lassen, von den Go-Go's über Pamela Anderson bis hin zu Khloe Kardashian.

Bis vor Kurzem war Pelz ein stilprägendes Material für Luxusmodehäuser, wobei Stella McCartney mit ihrer bahnbrechenden vegetarischen Marke die abtrünnige Einzelkämpferin war. In den letzten Jahren ist das Pelzverbot jedoch zur allgemein erwarteten Haltung geworden: 2017 kündigte Gucci an, alle Echtpelze aus seinen Kollektionen zu entfernen, ein Jahr später verbot die Stadt Los Angeles ab 2020 den Verkauf und die Herstellung von Pelzen.

Bei der London Fashion Week 2017 trafen die Besucher auf über 250 mit Kunstblut beschmierte Demonstrierende, die drei Tage lang die Eingänge blockierten. Wie der *Guardian* am 16. Februar 2018 berichtete, waren die Proteste eine Reaktion auf eine Erklärung des British Fashion Council: »Der BFC greift nicht in den kreativen Prozess ein und schreibt den Designern nicht vor, welche Materialien sie verwenden sollen.«

Nur ein Jahr später hat der British Fashion Council wegen der immer aggressiveren Demos Echtpelz offiziell von den Laufstegen seiner Modewochen verbannt. Dasselbe gilt für Kunstpelz, der uns stattdessen als ethische Alternative zum unnötigen Schlachten unschuldiger Tiere verkauft wird. Kunstpelz ist definitiv besser für die Tiere und für jene Menschen, die keine toten Tiere tragen wollen. Es ist allerdings hinlänglich bekannt, dass diese Pelze in der Produktions- und Entsorgungsphase fragwürdige und wenig nachhaltige Auswirkungen haben, schließlich sind sie vollständig aus Erdöl hergestellt, dazu oft billig und unethisch produziert (wie die meisten billigen Dinge) und überhaupt nicht biologisch abbaubar, was letztendlich zahlreichen anderen Lebensformen und der Umwelt schadet.

Die Folgen des Pelzes

Echtpelz

- Grausame Behandlung von Tieren
- Auswirkungen der Tierhaltung auf die Umwelt

Kunstpelz

- Rohstofffreisetzung
- Ablagerung von Abfall

Vielleicht entscheiden Sie sich dafür, dass Sie das ungerechtfertigte Töten unschuldiger Lebewesen für die Herstellung eines Luxusprodukts moralisch nicht verkraften können und dass kein Pelz kein Pelz bedeutet – weder echt noch unecht. Andererseits können Sie sich dafür entscheiden, weiterhin Echtpelz zu tragen, aber nach den ethischsten Optionen Ausschau halten.

Echtpelz kaufen

- Achten Sie auf das Wohlergehen der Tiere.
- Wenn Sie wirklich tote Tiere tragen wollen, sollten Sie sich vorher informieren, wie sie gelebt haben. Suchen Sie nach dem absolut Besten, was Sie hinsichtlich Tierschutz für Ihr Geld kaufen können.
- Beziehen Sie Produkte von Unternehmen, die die Tiere zu Lebzeiten gut behandeln und sicherstellen, dass sie einen schmerzfreien Tod erleiden.
- Vergewissern Sie sich, dass der Pelz von Zucht- und auf keinen Fall von exotischen Wildtieren stammt.
- Vergewissern Sie sich, dass Ihr Pelz mit einer »erweiterten Herstellergarantie« ausgestattet ist, d.h., dass der Hersteller gemeinsam mit Ihnen die Verantwortung für

die Pflege und eventuelle Entsorgung des Pelzes übernimmt.

- Suchen Sie nach Pelz, der bloß ein Nebenprodukt ist: Das Tier wurde für andere industrielle Zwecke gezüchtet und getötet, sein Fell ist dabei übrig geblieben. Das heißt, dass Sie mit dem Kauf des Fells nicht die Zucht ankurbeln, sondern lediglich das ganze Tier nutzen. Beispiele hierfür sind Lammfelle und Schneehasen, die etwa in der Schweiz häufig gegessen werden.
- Geben Sie nicht der Versuchung nach, billigen Echtpelz zu kaufen: Tun Sie das wirklich auf keinen Fall, meiden Sie alle pelzigen Bommeln auf Acrylmützen und verdächtig billige Mäntel mit pelzbesetzten Kapuzen. Echtes Fell ist sehr teuer und sollte es auch sein.
- Steigen Sie auf Vintage um: Meiner Meinung nach ist das bei Weitem die beste Option. Aber auch hier würde ich darauf achten, dass Sie nur die beste Qualität kaufen. Ein Pelzmantel sieht nicht nur wunderschön aus, sondern ist auch ein funktionelles Produkt, das mindestens ein Leben lang halten soll, also muss er in gutem Zustand sein und Sie dazu anregen, ihn zu pflegen.
- Investieren Sie in seine Pflege: In der Vergangenheit wurden Pelzmäntel für mehrere Generationen hergestellt und zogen ein ganzes Pflegesystem nach sich. Ich kann mich noch gut daran erinnern, wie ich als Kind in Italien Pelzmäntel zur Aufbewahrung verschickt habe: Sie wurden in ein Geschäft gebracht, um während der heißen Sommermonate sorgfältig in einem kalten Raum gelagert zu werden.

Die Pflege eines Echtpelzes ist heute nicht mehr so einfach, vor allem bei wärmeren Temperaturen, denn es gibt nichts Schlimmeres für einen Pelzmantel, als in einem heißen Schrank vor sich hin zu vegetieren. Und das sollte unbedingt eine Überlegung sein: Sie sollten sich also nur dann einen Pelzmantel kaufen, wenn Sie nicht nur genug Geld haben, sondern auch bereit sind, in eine professionelle Pflege zu investieren.

Kunstpelz kaufen

Kunstpelz ist wesentlich billiger als echter Pelz und wird oft in undurchsichtigen Lieferketten hergestellt, sodass Sie noch wachsamer sein müssen. In gewisser Hinsicht wurde die Echtpelzindustrie nach jahrelangen unerbittlichen Kampagnen von Tierschutzgruppen dazu gezwungen, ihr Verhalten zu verbessern; Kunstpelz hingegen wird weniger genau kontrolliert, und die Herkunft der Rohstoffe ist schwieriger zu ermitteln. Das bedeutet, dass Sie bei den kleineren Details genauer hinschauen müssen, weil es weniger Anhaltspunkte gibt.
Beim Kauf von Kunstpelz gibt es einige Dinge zu beachten.

- Inhaltsstoffe: Am besten ist es, wenn möglich ein Kunstpelzteil aus recyceltem und nicht aus neuem Polyester zu kaufen – wie bei jedem Polyesterteil. Oder recherchieren Sie die besten und innovativsten Alternativen. Das dauert zwar einige Zeit, aber deutlich weniger als die 800 Jahre, die das Kunstfell braucht, um sich zu zersetzen.
- Farbe: Wir wissen, dass Chemikalien wie Azofarbstoffe, die nachweislich mit Krebserkrankungen und Umweltverschmutzung in Verbindung gebracht werden, für die grellen Pink-, Orange-, Limonen- und Neonfarben verwendet

werden, die Sie sowohl im günstigen als auch im Luxussegment finden. Beige ist keineswegs frei von Giftstoffen, es ist nur wahrscheinlicher, dass es frei von Azofarbstoffen ist – und das ist immerhin schon eine giftige Substanz weniger in einer langen Liste von Schadstoffen.

- Qualität: Einen Mantel aus Kunstpelz müssen Sie wirklich gründlich prüfen.
- Wie gut ist er verarbeitet? Drehen Sie ihn auf links und schauen Sie sich an, wie das Futter genäht ist. Das allein sagt schon viel über die Gesamtqualität des Teils aus.
- Vergewissern Sie sich, dass er nicht haart: Schlecht gemachter Kunstpelz fällt aus, wenn Sie daran ziehen, und in manchen Fällen sogar einfach von selbst. Zupfen Sie also am Pelz und prüfen Sie, ob er an Ort und Stelle bleibt.
- Secondhandartikel: Der Kauf aus zweiter Hand funktioniert auch bei Kunstpelzen, es gelten bloß dieselben Regeln wie beim Echtpelz. Achten Sie auf Qualität, kaufen Sie mit Liebe.

Unterm Strich ist ein völliges Umdenken in Bezug auf Pelz längst überfällig, denn angesichts der globalen Erwärmung werden ihn wahrscheinlich nur noch wenige von uns wirklich brauchen.

Die Stoffe zu verstehen, mit denen wir uns umgeben, ist genauso wichtig und nützlich, wie die Zutaten zu kennen, die wir mit unserer Nahrung zu uns nehmen. Es erfordert nur eine ganz neue Art des Lernens, bei der wir gründlich ins Detail gehen müsen, da diese Themen sowohl sehr vielschichtig als auch faszinierend sind.

Wir alle müssen unseren Lebensstil auf den Prüfstand stellen und neue Verhaltensmuster entwickeln, die sinnvolle Folgen haben, eben weil wir sie konsequent umsetzen und uns aktiv für sie einsetzen können und wollen. Wenn wir akzeptieren, dass es in diesen unruhigen Gewässern etwas Geduld und vor allem die Anstrengung braucht, gut informierte Entscheidungen zu treffen, dann kann die Dringlichkeit von Klimaschutzmaßnahmen der Wind in unseren Segeln sein, mit Genauigkeit und Wissen als unseren Masten.

– 6 –

Denim

Denim ist zweifelsohne einer der kultigsten Stoffe, wenn nicht sogar der kultigste Stoff, der je hergestellt wurde. Yves Saint Laurent wünschte sich bekanntlich, er hätte ihn erfunden, und seit Jahrzehnten wird er von jedem einzelnen Designer der Welt auf die eine oder andere Weise verwendet, von Streetwear bis Haute Couture und allem dazwischen.

Das war nicht beabsichtigt: Denim wurde als langlebiges, erschwingliches Gewebe für industrielle Zwecke entwickelt und ursprünglich in der französischen Stadt Nîmes hergestellt, daher auch sein Namensursprung »de Nîmes«, aus Nîmes. Mitte des 19. Jahrhunderts wurde es in den USA populär, wo seine vielseitigen und strapazierfähigen Eigenschaften schnell in Gebrauchs- und Arbeitskleidung Verwendung fanden, und es dauerte nicht lange, bis die heute allgegenwärtigen Jeans mit verstärkten Nieten die Aufmerksamkeit von Levi Strauss & Co. auf sich zogen, die in ihren Fabriken in San Francisco um 1870 mit der Massenproduktion begannen.

Die Geschichte

Das Wort »Jeans« stammt von dem Hafen, von dem aus der Jeansstoff verschifft wurde: Genua in Italien; oder Genes, sein französischer Name – ein weiterer Beweis dafür, dass der geografische Standort unserer Materialien, ihre Herkunft, mit ihrem Schicksal verwoben ist.

Seit seinen bescheidenen Anfängen hat es Denim geschafft, sich von der Nische zum Mainstream durchzuschlagen und sowohl unsere Kultur als auch unsere Geschichte zu durchdringen und zu beeinflussen: eine Leinwand, die zum Stoff so vieler Geschichten geworden ist.

Heutzutage trägt jeder Jeans: Millionäre, einfache Leute, Prominente, Lehrer und Schüler – Jeans sind die sozialen Aufsteiger, die es geschafft haben, alle kulturellen Grenzen zu überwinden, von der Arbeitskleidung bis hin zur Alltagskleidung. Sie sind zweifellos die einhellig bevorzugte Hose geworden, die Uniform der Menschheit, ein Symbol für sozialen und politischen Protest, für Unkonventionalität und Individualismus.

Dieser Aufstieg zum Weltruhm geschah natürlich nicht über Nacht. Der Weg des Denims zum »bösen Buben« der Textilindustrie fiel mit der turbulenten politischen Situation des frühen 20. Jahrhunderts und dem Niedergang der ländlichen Lebensweise zugunsten einer neuen, massenhaft betriebenen Industrialisierung zusammen, die gleichzeitig in allen großen Städten der Welt passierte. Die neue »Arbeiterklasse« wurde geboren und mittelbar ausgebeutet, was weltweit zu Unzufriedenheit führte, von Russland (wo sie schließlich in die Russische Revolution von 1917 mündete) bis nach Europa und in die USA.

Was hat Denim mit all dem zu tun? Er kleidete vor allem die Arbeiter, die die Proteste anheizten; er repräsentierte ihr soziales Ansehen (oder den Mangel daran), ihre Arbeit und ihre Frustration. Vor allem Denim-Latzhosen wurden gleichermaßen von Fabrikarbeitern und Bauern getragen –

ein utilitaristisches Symbol für harte Arbeit und täglichen Kampf.

Während frühe Modetheoretiker die Bewegung von Trends als von der wohlhabenden Elite ausgehend bis hinunter zu den unteren Klassen diskutierten, stellt der bescheidene Aufschwung von Denim den umgekehrten Weg dar: von den Arbeitern zu den Rebellen und schließlich zur High Fashion und den Laufstegen.

Es ist tragisch, wenn man bedenkt, dass diese umgekehrte Entwicklung, die so eng mit dem Beginn der Arbeiterbewegung verbunden ist, bis zum Ende des 20. Jahrhunderts zu einer treibenden Kraft für die Verletzung von Arbeitnehmerrechten und die Gefährdung der Sicherheit der Arbeitnehmer wurde.

Mit der Beat-Generation in den 1950er-Jahren festigte die Jeans ihren Anti-Establishment-Ruf, wie sie von den Helden der Generation, Jack Kerouac und James Dean, getragen wurde – die bevorzugte Alltagskleidung von Künstlern und Dichtern, Landstreichern und Rebellen –, und setzte ihren Aufstieg in der Populärkultur der Sechziger und Siebziger fort, indem sie verziert, angepasst und bestickt wurde, um Frieden und Liebe und alles, was mit Flower Power zu tun hat, zu reflektieren.

Denim war Teil der Punk-Bewegung der späten Siebziger, schwarz bemalt und mit Sicherheitsnadeln übersät (und so manche Menschen lernten tatsächlich nähen, um ihre alten Schlaghosen in Super-Skinnies der Sex-Pistols-Ära zu verwandeln), und er bahnte sich seinen Weg durch die Achtziger, gebleicht, mit Fransen und Nieten besetzt.

Ich wuchs in den frühen Achtzigern auf, als es hieß: Levi's 501 oder sterben. Nick Kamen zog sich aus, um sie in einem Waschsalon zu waschen; wer eine zerrissene Jeans trug, wurde aus Harrods verbannt, und überall verbrachten Teenager Stunden in kalten Bädern, um sie perfekt in Form zu bringen. Bei Künstlern bekam sie Farbspritzer ab, bei Gärtnern Erde im umgekrempelten Saum. Sie wurde nie gebügelt und selten gewaschen, ihre Langlebigkeit lud geradezu dazu ein, an ihr herumzubasteln und sie zu personalisieren.

Die traurige Ironie dabei ist, dass genau dieser Prozess der Abänderung, der als wertvolle Form der Selbstdarstellung anfing, nun zu einem Zeichen für all das geworden ist, was mit der Modeindustrie nicht stimmt: ein Ausdruck nicht des Individualismus, sondern der Geschwindigkeit, der Ungeduld und der Bequemlichkeit gegenüber dem gesunden Menschenverstand. Wir machen uns nicht mehr die Mühe, unsere eigenen Jeans zu verschönern, sondern kaufen lieber ein Paar, das bereits die Vision eines anderen Menschen trägt. Wir haben keine Geduld mehr, das Leben geschehen zu lassen, wir warten nicht mehr darauf, dass es seinen einzigartigen Fingerabdruck hinterlässt, der erst mit der Zeit möglich wird. Heutzutage scheint es, als würden wir lieber jemandem sehr wenig Geld dafür bezahlen, dass er unter geradezu gefährlichen Bedingungen arbeitet und unserer Jeans Persönlichkeit verleiht. »Used-Look-Denim« ist das Symbol der Fast Fashion, ihre perfekteste Visualisierung, die physische Manifestation eines sinnlosen Wettlaufs nach unten, mit all seinen dramatischen sozialen und ökologischen Folgen.

Es zeigt, wie unintelligent und absichtslos das alles geworden ist. Es zeigt, wie wir, nur um genau wie alle anderen auszusehen, Kompromisse in unserer Individualität eingehen und wie wir das Wohlergehen unserer Erde und der Menschen, die unsere Kleidung herstellen, aufs Spiel setzen.

Wie er im Film *RiverBlue* selbst zugibt, war es François Girbaud, der erstmals Chemikalien und andere schärfere Methoden wie Sandstrahlen, Bimssteine und ätzende Säuren einsetzte, um Denim – ein starkes, haltbares und scheinbar unverwüstliches Material, das auf natürliche Weise erst nach Jahren verrotten würde – über Nacht zum Abbild eines nicht wirklich gelebten Lebens zu machen. Damit wurde ein Trend eingeleitet, der schließlich zu grober Umweltzerstörung führte und immer noch für erhebliche Gesundheitsgefahren für die an der Herstellung Beteiligten verantwortlich ist. Wenn es jemals einen »Killer-Look« gegeben hat, dann war es Used-Look-Denim, im wahrsten Sinne des Wortes.

»Wir haben am Anfang einen Fehler gemacht, wir waren verantwortlich. Als wir anfingen, merkten wir nicht, dass das, was wir taten, falsch war … Ich habe versucht, noch verrücktere Dinge zu erfinden, wir haben diese ganze Behandlung, den ganzen Prozess des Auswaschens, zwischen 1972 und 1989 erfunden. Wir machten weiter, benutzten alles, Säure usw. usw. Aber mir war die Bedeutung unserer Arbeit bewusst. Was wir taten, welche Folgen sie hatte. Denn die Verschmutzung der Flüsse etwa, die haben wir erfunden.«
François Girbaud, Designer

Denim hat einen regelrechten Siegeszug angetreten, und künstlich abgenutztes Denim, dieser sinnlose, höchst schädliche Trend, ist seit über 40 Jahren nicht mehr wegzudenken. Und trotz des jüngsten Vorstoßes in Richtung innovativer und nachhaltiger Lösungen ist bei unseren (nicht ganz so blauen) Jeans ein Großteil des Schadens bereits angerichtet worden.

Von allen Methoden, die zur künstlichen Abnutzung von Denim entwickelt wurden, gehört das Sandstrahlen zu den schädlichsten und lebensbedrohlichsten Techniken. Dabei werden abrasive Materialien wie Sandpartikel verwendet, die von den Arbeitern – die in der Regel ungeschützt und dem Sand völlig ausgesetzt sind – mit einer Maschine auf den Denim gestrahlt werden, um das Gewebe aufzuweichen und den charakteristischen dunklen Indigo-Farbstoff aufzuhellen, wodurch die Jeans aussehen, als wären sie geliebt, getragen und unzählige Male gewaschen worden. Diese Technik ist seit über 60 Jahren gängige Praxis in der Denim-Produktion und hat unglaublich viele Menschenleben gefordert, da sie in direktem Zusammenhang mit Silikose, einer tödlichen Atemwegserkrankung, die durch das Einatmen winziger Siliziumdioxidpartikel verursacht wird, steht. Diese Partikel sind für das bloße Auge unsichtbar und beeinträchtigen nach und nach die Lungenkapazität, was zu Kurzatmigkeit führt und das Herz belastet.

Ursprünglich wurde das Sandstrahlen nicht in der Modebranche, sondern im Bergbau eingesetzt. 1966 wurde es von der Europäischen Wirtschaftsgemeinschaft verboten. In der Türkei (einem der größten Denim-Produzenten) trat das Verbot jedoch erst 2009 in Kraft. In vielen anderen Ländern ist das Sandstrahlen immer noch legal und wird (wenn auch nicht so offen) praktiziert. Im Wesentlichen liegt es an den

Marken selbst, dafür zu sorgen, dass diese schädliche Technik in unserer Lieferkette nicht mehr eingesetzt wird, und viele Unternehmen – darunter zahlreiche bekannte Namen aus der Durchschnittsmode ebenso wie aus dem Luxussegment – werden regelmäßig bei Verstößen erwischt.

Auch abgesehen vom Sandstrahlen sind viele der weiterhin angewandten Methoden nicht umweltfreundlich. 2008 habe ich eine Jeansfabrik in Sri Lanka besucht, die dem »Goldstandard« entsprach, also die höchsten Anforderungen erfüllte, und für einige der bekanntesten Denim-Marken der Welt produzierte. Zum Zeitpunkt meines Besuchs war der Used-Look-Denim auf dem Höhepunkt seiner Beliebtheit, und es war quasi unmöglich, normale dunkelblaue Jeans ohne Risse oder Abnutzungserscheinungen zu finden.

Die Atmosphäre in dieser »Goldstandard«-Fabrik war unerträglich: der schwindelerregende Geruch chemischer Dämpfe, die Luftfeuchtigkeit von 98 %, Jeansstaub und menschlicher Schweiß. Obwohl wir als Besucher der Werksbesichtigung (an der auch mehrere Vertreter der Modebranche teilnahmen) Maske trugen, fiel mir auf, dass keiner der Arbeiter eine trug, und auch mit Maske juckte mir innerhalb von 20 Minuten der Hals.

Zwar war die Fabrik mit der neuesten Ausrüstung ausgestattet, doch wenn ein ganzes System darauf ausgerichtet ist, ein sehr widerstandsfähiges Gewebe so schnell wie möglich künstlich abzunutzen, wird der überflüssige Einsatz von Wasser, Chemikalien und Wahnsinn für alle sichtbar. Wie bei vielen Dingen, die »Mode« sind, könnte man darüber lachen, wenn es nicht so tragisch wäre …

Ich sah Reihen von Arbeitern, die die Hintern der von der Decke hängenden, mit Jeans bekleideten Schaufensterpuppen energisch mit Sandpapierbürsten schrubbten; andere, die sorgfältig falsche Falten an Stellen anbrachten, die auf natürliche Weise niemals Falten werfen würden; andere Arbeiter, die rund um die Uhr nass waren, weil sie Materialien von einem ekelhaften Schlammbad zum nächsten transportierten.

Naiverweise hatte ich angenommen, dass dieser Sektor der Industrie weniger verschwenderisch und eher in der Lage wäre, Mängelexemplare, die normalerweise wegen des Markenschutzes sofort aussortiert werden, in die Endlieferung aufzunehmen (oder zu verstecken). Meine Logik sagte mir, dass ein Riss ein Riss ist, und Risse gibt es in allen Formen und Größen. Nie hätte ich mir vorstellen können, dass es Bekleidungsarbeiter gibt, die mit Maßbändern und Lupen bewaffnet ausschließlich damit beschäftigt sind, zu überprüfen, ob alle Unvollkommenheiten perfekt sind, da jede Marke ihre eigenen strengen Regeln dazu hat, welche Art von Beschädigung sie genau wünscht und wo genau sie sein soll. Wenn man sieht, wie sich diese identischen Bearbeitungen bei Millionen von Stücken wiederholen (denn diese Hersteller liefern wöchentlich Millionen von Jeans), wird es wirklich verrückt.

Die Verrücktheit dieses Vorhabens entging den Fabrikarbeitern nicht, akribisch verwerteten sie so viel verschwendetes Material wie möglich für ihren eigenen Gebrauch wieder und hatten eine brillante »Inneneinrichtung« ihres Arbeitsplatzes entwickelt, indem sie aus ausrangierten Jeansresten Werkzeugtaschen, Houssen für Hocker und Nähmaschinen sowie Sitzkissen herstellten. Das Ergebnis war, dass die Gemeinschaftsräume der Fabrik wie ein umgebautes Loft in New York aussahen und auch auf den Seiten eines hochwertigen Einrichtungsmagazins nicht fehl am Platz gewesen wären.

Als Verbraucher sind wir vielleicht immun gegen Überschüsse und Abfälle geworden oder haben uns daran gewöhnt, aber für diejenigen, die sie jeden Tag sehen – für diejenigen, die in Systemen arbeiten (wie z.B. in Bekleidungsfabriken), in denen unechter Abfall absichtlich hergestellt wird und in einem ewigen Kreislauf weggeworfen wird –, ist die körperliche und emotionale Belastung wirklich groß. Für viele Bekleidungsarbeiterinnen, mit denen ich gesprochen habe, ist die Art, wie wir verschwenden, ebenso unverständlich wie abscheulich. Ich sehe es als Schlag ins Gesicht des gesunden Menschenverstandes, als einen Affront gegen die Armut, wenn eine vollkommen intakte Ressource wegen eines hektischen Produktionsrhythmus weggeworfen wird, der absolut niemandem nützt, abgesehen von den wenigen Personen an der Spitze einer sehr giftigen Hierarchie.

Laut der Oxfam-Studie »Reward Work, Not Wealth« vom Januar 2018 verdient der CEO einer großen Modemarke in vier Tagen so viel wie eine Näherin in Bangladesch in ihrem ganzen Leben.

Das Spiel

Ich spiele seit fast zehn Jahren ein Jeans-Spiel mit mir selbst. Ich habe ihm (noch) keinen Namen gegeben, aber es besteht darin, dass ich versuche, die künstlichen Abnutzungserscheinungen an werkseitig zerschlissenen Jeans zu analysieren und mir vorzustellen, was für ein Leben die Träger dieser Jeans gehabt haben müssen, um diese abgewetzten Stellen auf natürliche Weise zu verursachen. Es fing mit einem Sitznachbarn auf einem Flug zurück aus Italien an, in den späten Neunzigern …

Er war das, was wir damals als »metrosexuell« bezeichnet hätten, Deodorant, Aftershave und Parfüm, makellos gestutzter Bart und Koteletten, gepflegte rosige Haut. Sein weißes Hemd war knitterfrei gebügelt, die Designerschuhe poliert, alles war perfekt. Seine ganze Erscheinung schrie förmlich nach Pflege, Sauberkeit und Kontrolle. Und dann waren da seine Jeans.

Nach einer anatomischen Analyse seiner Jeans gemäß meinen Spielregeln kam ich zu dem Schluss, dass er viel Zeit damit verbracht haben musste, seine Oberschenkel mit etwas Rauem abzureiben. Vielleicht war er von einem Hund angefallen worden, der ihn ins rechte Bein gebissen hatte, oder über einen scharfen Gegenstand gestolpert. Jedenfalls konnte er (oder seine Mutter) gut nähen, denn er hatte sich die Mühe gemacht, den Riss zu flicken.

Aber das wichtigste und beunruhigendste Element der nicht authentischen Abnutzung der Jeans waren die unechten Tragefalten, insbesondere in der Leistengegend und in den Kniekehlen – die in der Form nur bei jemandem entstehen konnten, der seine Hose über einen unangemessenen Zeitraum hinweg heruntergelassen hatte. Zum Beispiel 25 Jahre auf der Toilette. Es war etwas widersprüchlich, wenn man bedachte, wie ordentlich und sorgfältig dieser Mensch auf sein Äußeres achtete, und sich dann vorstellte, dass er uns – ganz offen über die Hose, die er trug – mitteilte, dass er an einem so langen und schweren Durchfall gelitten hatte! Seitdem habe ich so manche Used-Look-Jeans gesehen, die die Geschichte exzentrischer Lebensentscheidungen oder schrecklicher Krankheiten erzählt.

Wenn man einen ganzen Haufen künstlich abgenutzter Jeans aus unserer Generation sammelt und sie 10000 Jahre liegen lässt (und der Grund, warum Sie dieses Buch lesen, ist übrigens, dass Sie dazu beitragen wollen, dass die Menschheit in 10000 Jahren noch existiert), würde jeder künftige Anthropologe zu dem Schluss kommen, dass die Menschen an der Wende zum 21. Jahrhundert alle möglichen wirklich seltsamen Dinge taten, je nach Zustand ihrer Jeans: Stundenlanges Herumreiben auf rauen Oberflächen, exzessives Krabbeln, heruntergelassene Hosen, versehentlicher Missbrauch von Säure, regelmäßige Auseinandersetzungen mit wilden Tieren und Nesselfieberschübe, insbesondere an den Schienbeinen und Oberschenkeln.

»Lächerlich« ist vielleicht nicht das richtige Wort, um dieses Phänomen zu beschreiben, aber es ist dennoch all unseren Spott wert, denn bei diesen absurd aussehenden Jeans geht es nicht nur darum, wie viel wir bereit sind, für ihren Besitz zu bezahlen – etwa aus Respekt vor den Menschen, die sie hergestellt haben (billige Jeans = billige Arbeitskräfte), und vor dem ökologischen Fußabdruck, den sie hinterlassen –, sondern auch darum, wie glückselig dumm wir aussehen, wenn wir sie tragen. Lassen Sie mich Ihnen gleich sagen: Es macht keinen Spaß, solche Jeans zu besitzen.

Dennoch steigt die Nachfrage nach Denim jedes Jahr exponentiell: Allein 2017 wurden weltweit über 1,95 Milliarden Paar Jeans produziert. Laut Lyst, der weltweit größten Suchplattform für Mode, sind Jeans mit durchschnittlich 13 Suchanfragen pro Sekunde einer der meistgesuchten Modeartikel der Welt, und jedes Jahr werden weltweit etwa 1240000000 Paar Jeans verkauft. Im Jahr 2019 stieg die Suchanfrage nach »nachhaltigem Denim« um 193 % und wurde damit zu einem der drei wichtigsten Suchbegriffe bei der Suche nach nachhaltiger Mode.

Glücklicherweise führen vorübergehende Trends (zum Zeitpunkt des Verfassens sind dunkelblaue Jeans wieder voll im Trend) und ein gesteigertes Bewusstsein für die negativen Auswirkungen der Modeindustrie zu einer Nachfrage nach verantwortungsvollen Lösungen, und die Denim-Industrie hat schnell reagiert und sich selbst an die Spitze der Debatte über Innovation und Nachhaltigkeit gestellt.

Fortschritt

Die technologischen Fortschritte bei der Herstellung und Bearbeitung von Denim nehmen exponentiell zu, und es gibt mehrere neue Techniken, die als sauberer, umweltfreundlicher und nachhaltiger angepriesen werden. Suchen Sie nach:

- Lasertechnologie (geringerer Arbeitsaufwand und Einsatz von Chemikalien);
- Schaumfärbung (die Farbstoffe werden mit Luft statt Wasser auf die Faser übertragen; weniger schädliche Chemikalien);
- Ozonbehandlung (für einen sanfteren, weniger abrasiven Verblassungseffekt);
- Färben mit Stickstoff (die Oxidation wird verlangsamt, die Faser leichter von Farbstoffen durchdrungen);
- Hydrite-Denim (um 95 % reduzierter Wasserverbrauch)
- OrganIQ-Bleiche (eine Alternative zur Verwendung von Kaliumpermanganat, das früher als sicherer galt, jetzt aber infrage gestellt wird);

- Oberflächenaktivierung (eine ethischere und nachhaltigere Alternative zum Sandstrahlen).

Die Jeansunternehmen, die sich durch positive Neuerungen auszeichnen, wollen auf jeden Fall, dass ihre Kunden das wissen, und sie vermarkten ihre Nachhaltigkeitsbemühungen offensiv auf ihren Produkten. Sie werden jene Marken und Artikel, die sich für bessere Praktiken in der Branche einsetzen, recht leicht erkennen.

Mohsin Sajid, Kreativdirektor von Endrime und der Online-Plattform »Denim History«, ist einer der einflussreichsten Denim-Experten der Welt. Er erzählte mir, dass bei der heutigen Denim-Produktion – vom Baumwollanbau oder der Herstellung von Polyester aus Petrochemikalien über das Weben bis hin zum Nähen und der Endbearbeitung der Kleidungsstücke – bei fast jedem Aspekt riesige Mengen an Wasser und schädlichen oder giftigen Chemikalien verbraucht werden, um den Jeansstoff zu bleichen und zu zersetzen und die Indigofarbe blasser zu machen.

Der Hauptbestandteil des chemischen Indigos, das derzeit weltweit am häufigsten verwendet wird, ist Benzol, ein Rattengift.

Der Fortschritt der letzten Jahre bestand darin, nach Alternativen zu Baumwolle, Polyester und chemischem Indigo zu suchen, um den Wasserverbrauch zu reduzieren oder ihn in einem geschlossenen Kreislauf zu halten, damit er die umliegenden Produktionsgebiete nicht beeinträchtigt. Mohsin schlägt vor, sich mit Folgendem zu beschäftigen:

- COREVA™: Eine neue natürliche Gummifaser, die von der italienischen Denimfabrik Candiani patentiert wurde.

Es handelt sich um eine Bio-Stretch-Faser, die natürlich abbaubar ist und kein Mikroplastik an die Umwelt abgibt – eine Erfindung, die die Welt verändert, wenn sie von allen Jeansherstellern übernommen wird.

- TENCEL™ x Candiani: Ein 2019 von der ITMA für nachhaltige Neuerungen ausgezeichneter Stoff, der aus einer 50/50-Mischung aus TENCEL™ x REFIBRA™ Lyocell und recycelter Baumwolle besteht. Es wird keine neue Baumwolle verwendet, und er gilt als der fortschrittlichste Denim-Stoff, der bisher hergestellt wurde.
- Tinctorium Inc.'s Greener Indigo Solution: Die herkömmliche Indigofärbung erfordert große Mengen schädlicher Chemikalien, um die Verbindungen aufzuspalten und das Pigment in Wasser aufzulösen. Tinctorium hat diesen chemischen Prozess durch Bakterien ersetzt. Die derzeitigen Versuche in größerem Maßstab sehen sehr vielversprechend aus.
- Hanf-Denim: Offenbar experimentieren die meisten Denimfabriken mit Hanf oder mischen ihn bereits unter, da er im Vergleich zu Baumwolle doppelt so viele Fasern pro Landfläche hergibt.

Denim kaufen

- Kaufen Sie recycelt: Achten Sie auf Marken, die recycelte Fasern verwenden, z. B. recycelte Baumwolle oder andere recycelte Endverbraucherabfälle. Wenn Sie 20 % der Baumwolle in Jeans durch recycelte Materialien ersetzen, können Sie in der Produktionsphase bis zu 500 Liter

Wasser pro Kleidungsstück einsparen und gleichzeitig das Abfallproblem angehen.

- Kaufen Sie Vintage: Warum eine neue zerrissene Jeans kaufen, wenn man ein altes Original kaufen kann?
- Upcyceln Sie Ihren alten Jeansstoff: Denim eignet sich für alle Arten von kreativen Umgestaltungen, bevor er zu Abfall wird. Mehr zum Thema Upcycling finden Sie in Kapitel 7, aber hier sind schon einmal ein paar Ideen für den Anfang:
- Ich werde nie verstehen, warum Menschen Jeans-Shorts kaufen (und das gilt auch für meine Töchter). Warum kann man die, die man schon hat, nicht einfach abschneiden?
- Jeans-Hosentaschen können in fast alles verwandelt werden: von den süßesten Handytaschen (zwei Hosentaschen mit einem langen Band zusammennähen – das kann perlenbestickt, mit Pailletten besetzt, gehäkelt, gewebt, gestrickt oder sonst wie individuell gestaltet sein) bis hin zu Adventskalendern.
- Behalten Sie Ihre alte Jeans, um Ihre neue zu flicken.
- Das robuste Material eignet sich auch für den Haushalt: Ich verwende die alten Jeans meiner Kinder, um Silber und Messing zu polieren, und eine Bekannte hat die besten Topflappen überhaupt gemacht, aus zwei aneinandergehäkelten Jeansstücken.

Wie man aus einer alten Jeans einen Rock macht

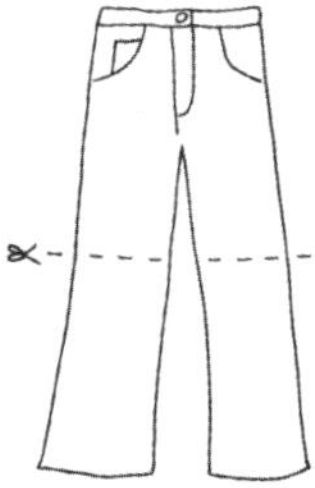

1. Breiten Sie Ihre Jeans flach aus und schneiden Sie die Beine an der Stelle ab, an der der Rock enden soll, mit einigen Zentimetern Zugabe für den Saum.

2. Trennen Sie mit einem Nahttrenner erst die Innennaht der Hosenbeine auf, dann die Schrittnaht: auf der Vorderseite bis kurz unterhalb des Hosenschlitzes, auf der Rückseite bis etwa zur Mitte des Gesäßes.

3. Legen Sie die Jeans mit der Vorderseite zu sich hin und streichen Sie die nicht abgesteppte Schrittnaht glatt, sodass eine Seite mit der anderen überlappt. Stecken Sie die Naht fest und nähen Sie sie dann ab (Sie können die ursprüngliche Nahtlinie als Anhaltspunkt nehmen). Falten Sie die offene Kante der Schrittnaht um, um sie zu versäubern (oder lassen Sie sie offen). Wiederholen Sie diesen Vorgang für die Schrittnaht auf der Rückseite Ihrer Jeans.

4. Füllen Sie die dreieckige Lücke zwischen den Beinen mit einem Stoffrest aus dem unteren Teil der Jeans, den Sie weggeschnitten haben. Sie können dafür auch einen kontrastierenden Stoff wählen. Stecken Sie ein Stück Stoff hinter der Lücke fest und nähen Sie es an beiden Seiten der Schrittnaht an.

5. Schneiden Sie den allfälligen Überschuss am Saum ab und lassen Sie ihn entweder offen oder falten und bügeln Sie ihn nach innen und steppen Sie ihn ab.

Denim pflegen

- Weniger waschen: Wenn Sie eine Jeans nur jedes zehnte Mal waschen statt jedes zweite Mal, reduzieren Sie den Energieverbrauch, die Auswirkungen auf den Klimawandel und den Wasserverbrauch um bis zu 80 %.
- Halten Sie sie im Wechsel: Die meisten Menschen (die es sich leisten können) besitzen mehrere Jeans, und es ist gar nicht so schwierig, sie abwechselnd zu tragen und dazwischen aufzufrischen. Das geht am einfachsten so:
- Reinigen Sie sie mit einem feuchten Schwamm (siehe Kapitel 4);
- Frieren Sie sie zwischen den Waschgängen ein oder dampfreinigen Sie sie (ebenfalls wie in Kapitel 4).

Denim ist aus mehreren Gründen perfekt fürs Upcycling geeignet: nicht nur ist er von Natur aus strapazierfähig und langlebig und dazu noch zeitlos ästhetisch, sondern es gibt auch einfach enorm viel davon auf der Welt. Der neuen Generation von Kreativen ist das nicht entgangen, und so haben sich einige darauf spezialisiert, ihn wieder zum Leben zu erwecken.

Das schauen wir uns im nächsten Kapitel im Detail an, aber lassen Sie uns jetzt dieses Wundermaterial als Erfolgs-

DIY-USED-LOOK

Sie benötigen: eine Schere zum Schneiden, eine Pinzette zum Ausfransen, Nadel und Faden zum Sticken und Nähen, Sandpapier oder eine Käsereibe zum Aufrauen der Textur, Farben und Pinsel für Spritzer und Kritzeleien, einen Schwamm und Bleichmittel für den Stonewash-Effekt der 1980er-Jahre, Flicken (aus gehäkelten, gestrickten oder alten Stoffen), ein wenig Zeit und nicht allzu viel Fantasie. Experimentieren Sie mit einigen oder allen der oben genannten Dinge und sehen Sie, wie kreativ Sie werden können.

geschichte feiern, das Gewebe unserer modernen Gesellschaft – der eine Stoff, der die Macht hatte, zu einer Form des politischen Ausdrucks zu werden und unsere Vorstellungskraft wie kein anderer zu fesseln.

– 7 –

Mein Abfall

Bei Mode, Textilien und Kleidung ist Abfall mein Lieblingsthema: Ich weiß einfach zu viel darüber, als dass es gut für mich wäre. Ich trage ihn, ich arbeite mit ihm, ich halte Vorträge darüber, ich weiß, wo er anfällt und wo er landet, und ich weiß, wie man ihn vermeiden kann. Man nennt mich nicht umsonst die »Königin des Upcyclings«!

Denn die einzige Möglichkeit, die katastrophalen Auswirkungen unserer modernen Wegwerfmentalität aufzuhalten, besteht darin, zu hinterfragen, was überhaupt Müll ist, und über die Langlebigkeit und effiziente Nutzung unserer Kleidung nachzudenken, um ihre Lebensspanne möglichst lang zu halten.

Wir müssen flicken, reparieren und neu tragen, nicht nur als Einzelne, sondern systematisch als Gesellschaft. Die Verantwortung für das Lebensende von Kleidung sollte geteilt werden: Marken sind dafür verantwortlich, langlebige und recycelbare Kleidung zu produzieren; Regierungen sind dafür verantwortlich, angemessene und leicht zugängliche Recycling-Einrichtungen bereitzustellen und in den Innenstädten auch Reparaturateliers als normale Geschäfte zu etablieren. Und die Endverbraucher sind dafür verantwortlich, vernünftig einzukaufen, auf ihre Kleidung zu achten und sich auf Tausch und Verleih einzulassen, um aktiv ein schnelles Entsorgen zu verhindern.

In meiner Kindheit und Jugend und bis vor Kurzem noch war Kleiderspenden eine wohlmeinende, gute Tat. Unerwünschte Kleidung wurde entweder direkt an bedürftige Familien weitergegeben oder in Wohltätigkeitsläden verkauft. Die Menschen spendeten sparsam und sorgfältig, aber in der Gewissheit, dass ihr Überschuss wirklich einem guten Zweck zugute kam. Einer der ersten Wohltätigkeitsläden in Großbritannien wurde bereits 1899 von der Wolverhampton Society for the Blind (heute Beacon Centre for the Blind) eröffnet, während Oxfam, die Organisation zur Bekämpfung der weltweiten Armut, ihren ersten Laden in England im Jahr 1948 eröffnete. Zur Finanzierung ihrer humanitären Maßnahmen verkaufen die Wohltätigkeitsläden die besten Kleidungsstücke zu einem Sonderpreis in ihren Einzelhandelsgeschäften weiter und die »Lumpen« (Kleidungsstücke, die so abgenutzt und kaputt sind, dass sie nicht ins Schaufenster gehören) an Textilhändler, die sie in Entwicklungsländer oder fürs Faser-zu-Faser-Recycling weiterverkaufen.

In den USA, in Großbritannien und in Kanada verkaufen Wohltätigkeitsorganisationen zwischen 10 und 30 % der gespendeten Kleidung in ihren Geschäften, der Rest wird in großen Mengen an Textilsortier- und -recyclingunternehmen verkauft, die wiederum den Großteil exportieren. Wie der *Guardian* 2015 berichtete landen 70 % der gespendeten Kleider in Afrika, sie werden aber auch in andere Länder wie Haiti oder nach Osteuropa geschickt.

Sobald unsere Kleidung in Entwicklungsländer exportiert wird, zerstört sie die lokale Wirtschaft und Infrastruktur und ist mitverantwortlich für den weit verbreiteten Niedergang lokaler Handwerksbetriebe, die mit den niedrigen Preisen nicht konkurrieren können oder mit der Tatsache, dass westliche Kleidung als erstrebenswerter und modischer angesehen wird als lokales Textilhandwerk und traditionelle Kleidung.

In Ghana wird importierte gebrauchte Kleidung als »Obroni Wawu« bezeichnet, was so viel wie »Kleidung des toten weißen Mannes« bedeutet. Liz Ricketts und J. Branson Skinner vom Projekt »Dead White Man's Clothes« (Kleidung des toten weißen Mannes) schätzen, dass jede Woche unglaubliche 15 Millionen Kleidungsstücke auf den Märkten in Accra angeboten werden. »Obwohl fast jeder, der mit Secondhandkleidung handelt, weiß, dass sie von Lebenden gespendet wurde, sind wir der Meinung, dass dieses Konzept der ›Kleidung des toten weißen Mannes‹ die Absurdität der Verschwendung aufzeigt, die wir als Gesellschaft als Nebenprodukt unseres ausbeuterischen Überkonsums und unserer Überproduktion verursachen«, so die Projektgründer (https://deadwhitemansclothes.org/intro).

70 % der an Wohltätigkeitsorganisationen gespendeten Kleidung werden in großen Mengen an Textilsortierungsunternehmen verkauft.

Nach Angaben von Oxfam kostet der Import von Secondhandkleidung die afrikanische Wirtschaft durchschnittlich 42,5 Millionen US-Dollar pro Jahr – eine Summe, die stattdessen in die Erhaltung und Förderung der lokalen Textil- und Handwerksinfrastrukturen investiert werden könnte. David Woode, ein in Ghana geborener und in England lebender Journalist, bezeichnet den Zustrom von Secondhandkleidung als Nachteil für die lokale Industrie: »In Großbritannien gilt maßgefertigte Kleidung als Privatsache der Reichen, aber in Ghana ist sie ein Teil des Lebens. … Es ist nicht zu übersehen, wie Secondhandkleidung die lokale Textilwirtschaft in Ghana beeinträchtigt hat. Aber für Schneider, Näher und Grafiker ist es eine Chance, nicht nur Kleidung zu kreieren, die die Menschen begehren und schätzen, sondern die traditionellen handwerklichen Fertigkeiten, die ihnen von Verwandten und Lehrern vermittelt wurden, zu nutzen und ihre Zukunft abzusichern.«

Die Tatsache, dass unsere billige, unerwünschte und leicht wegzuwerfende Mode die Verwendung schöner einheimischer Stoffe überflüssig macht, ist meiner Meinung nach eine der größten kulturellen Katastrophen, die wir je erlebt haben, vergleichbar mit der Verbrennung von Büchern oder der Zerstörung wertvoller Töpferwaren während der Kulturrevolution in China. Westliche Kleidung mag billiger zu kaufen sein und als trendiger angesehen werden als einheimisches Kunsthandwerk, aber ihre kulturellen und ökologischen Kosten überwiegen bei Weitem jeden echten Nutzen für die einheimischen Verbraucher.

Unser Müll: Endverbraucherabfall

Endverbraucherabfälle sind alle Abfälle, die von uns stammen, von dem Moment an, in dem wir etwas gekauft haben und damit das Geschäft verlassen. Angemessen recycelt (in Textilanlagen entsorgt oder für wohltätige Zwecke gespendet), werden sie wiederverwertet und vor Ort oder in Übersee verkauft. Der verbleibende Rest wird zu minderwertigen Produkten weiterverarbeitet (z.B. zu Füllungen für Matratzen, Tüchern, Teppichunterlagen und Autodämmung).

Alles, was Sie achtlos wegwerfen – und selbst wenn Sie das tun, was Sie für die »gute« Lösung halten, und es zu einem Wohltätigkeitsladen bringen –, hat Folgen. Vielleicht haben Sie es so achtlos gekauft, wie Sie bereit sind, es wegzuwerfen. Aber vielleicht entscheiden Sie sich ja, es zu behalten, nachdem Sie hier mehr über diese Folgen gelesen haben.

Die globalen Zahlen sind ziemlich unangenehm zu lesen (zumal viele von uns eine Mitschuld tragen):

- 53 % von 1000 in Hongkong befragten Personen gaben an, dass sie Kleidung besitzen, an der noch das Preisschild hängt, verglichen mit 51 % auf dem chinesischen Festland, 46 % in Italien, 41 % in Deutschland und 40 % in Taiwan.
- Laut Oxfam werden in Großbritannien pro Minute über 2 Tonnen Kleidung gekauft, und pro Woche landen 11 Millionen Kleidungsstücke auf der Mülldeponie.
- Die New Yorker werfen jedes Jahr 200 Millionen Pfund Kleidung in den Müll. Das entspricht 440 Freiheitsstatuen.

Die Wohltätigkeitsläden sind randvoll, meist mit Kleidung, die von vornherein so billig war, dass es sinnlos erscheint, sie noch weiter zu reduzieren; und diese Lumpen, die ich zuvor erwähnt habe, sind jetzt meistens in genau demselben Zustand wie die Kleidung, die in den Läden landet: billig, ungetragen, ungeliebt, zurückgelassen.

Leider bürden wir das, was wir selbst nicht loswerden können, anderen auf, was aber keine Garantie für korrekte Entsorgungsprozesse ist, da viele der Länder, die unsere Überschüsse aufnehmen, nicht in der Lage sind, die Last zu bewältigen. Die Kleidung wird dann auf lokalen Mülldeponien entsorgt oder landet verstreut auf der Straße – ein beschämendes Bild für ein System, das die Kontrolle verloren hat. Es gibt einfach keinen Platz mehr für all diese unerwünschten Kleidungsstücke, weder in unseren Kleiderschränken noch in unserer Welt. Deshalb müssen wir Kleidung verantwortungsbewusst recyceln und dürfen sie nicht in die Hausmülltonne werfen oder für wohltätige Zwecke spenden, ohne andere Möglichkeiten wie Reparieren, Weiterverkaufen oder Tauschen in Betracht zu ziehen.

Aussortieren

Die Entscheidung, wo Kleidung landet, ist genauso wichtig wie das Wissen, woher sie kommt. Halten Sie also hier einen Moment inne und machen Sie einen Rundgang durch Ihren Kleiderschrank. Schauen Sie sich Ihre Kleider an, vor allem die, die Sie vernachlässigt haben und die bereits für die Mülltonne vorgesehen sind. Während Sie Ihre Kleider, Hemden, Hosen und Röcke durchgehen, fragen Sie sich:

- Liebe ich das Teil noch?
  - Passt es mir gut? Ist es zu sehr »letzte Saison«?
- Ist es in einem guten Zustand? Wenn ja:
  - Könnte ich es weiterverkaufen?
- Könnte ich es an ein Obdachlosenheim oder eine Wohltätigkeitsorganisation spenden? Fragen Sie nach, ob das Heim vor Ort das Teil überhaupt gebrauchen könnte, bevor Sie es spenden.

- Könnte ich es einer Freundin oder Nachbarin schenken? Ich lege häufig ausrangierte Kleidung vor die Tür, damit sich Freunde, Nachbarn und Passanten bedienen können.

- Ist das Teil kaputt oder beschädigt? Wenn ja:
  - Könnte ich es reparieren, anpassen, umändern, statt es wegzuwerfen?
  - Kann ich das selbst machen oder kenne ich jemanden, der es kann?
  - Könnte es in einen ganz anderen Gegenstand umgearbeitet werden?

Was passiert, wenn ich meine Kleidung wegwerfe?

Um das Haltbarkeitsdatum von Kleidung zu bestimmen, müssen wir wissen, aus welchen Materialien sie hergestellt ist, ob sie aus natürlichen Fasern besteht, die sich schneller abbauen, oder aus Synthetik, die uns noch alle überleben wird.

Wie lange dauert es ungefähr, bis Kleidung auf einer Mülldeponie abgebaut ist?

Übrigens haben auch die Biodegradation und die Kompostierung von Stoffen ihre toxischen Auswirkungen, denn alle Kleidungsstücke, die auf der Mülldeponie landen, setzen bei ihrer Zersetzung Methangas frei – den berüchtigten Kuhfurz, der der gefürchtete Verursacher der Erderwärmung ist. Auch wenn sie aus natürlichen und biologisch abbaubaren Materialien hergestellt sind, werden die meisten Kleidungsstücke in der Regel mit Polyestergarn genäht und enthalten alle möglichen Zusatzstoffe wie synthetische Etiketten, Kunststoffknöpfe und -reißverschlüsse; Elemente, die aus Metallen hergestellt werden, die oftmals unethisch abgebaut werden und voller Giftstoffe sind.

Viskose-T-Shirt
1–6 Wochen

Leinenhemd
2 Wochen

Wollpullover
1–5 Jahre

Polyesterkleid
mindestens
200 Jahre

Lycra-Sport-
bekleidung
20–200 Jahre

So ist es beispielsweise angesichts der Behandlung moderner Materialien ein völliger Irrglaube, davon auszugehen, Wolle sei biologisch abbaubar und zersetze sich innerhalb weniger

Wochen. Würde man ein Schaf scheren und die Wolle auf den Komposthaufen legen, würde sie sich zusammen mit allen anderen organischen Stoffen, die wir als biologisch abbaubar verstehen, zersetzen. Aufgrund des hohen Stickstoffgehalts der Tierhaare würden sogar nützliche Nährstoffe für den Boden zurückbleiben. Aber Textilwolle – gereinigt und gewaschen, kardiert und gesponnen, gefärbt und gewebt und dann mit allem Möglichen veredelt, von Antistatika bis hin zu Flammschutzmitteln – ist alles andere als kompostierbar. Und in ihrem giftigen Zustand setzt Wolle nach der Entsorgung zudem noch Methangas in den Boden frei.

Biologisch abbaubar ist auf jeden Fall besser als nicht biologisch abbaubar; allerdings sollte die Kleidung so konzipiert sein, dass sie getragen und nicht vergraben oder verbrannt wird.

Jeansjacke
10–12 Monate

Seidenunterhemd
1–3 Jahre

Nylonstrumpfhose
30–40 Jahre

Baumwollsocken
1 Woche–5 Monate

Deren Müll: Vorverbraucherabfall

Zu den Vorverbraucherabfällen gehören alle Materialien, die bei der Herstellung von Kleidung in der gesamten Lieferkette übrig bleiben – vom Garnspinnen bis zum Nähen. Vorverbraucherabfall wird in zwei Kategorien unterteilt:

- Stoffabfälle: alles von Verschnitt aus der Zuschnittabteilung bis hin zu beschädigten Stoffrollen, Rollenenden und anderen Vorproduktionsresten;
- Bekleidungsabfälle: z.B. tote Bestände (d.h. nicht verkaufte Kleidungsstücke), beschädigte Auflagen (Kleidungsstücke, die auf der Produktionsebene als fehlerhaft angesehen werden) und stornierte Bestellungen (Marken bestellen immer 10 % mehr, falls der Artikel erfolgreich ist und der Lagerbestand schnell wieder aufgefüllt werden muss), vollständig oder teilweise genähte Kleidungsstücke und andere Überschüsse nach der Produktion.

Schätzungen zufolge verschwendet eine einzige Textilfabrik 5–25 % ihrer gesamten Jahresproduktion an Textilien vor dem Verbrauch, während die Hersteller im Durchschnitt allein etwa 15 % der Produktionsabfälle verschwenden.

Das Problem der Wegwerfbarkeit und der Verschwendung wird die kommenden Generationen prägen, denn sie werden letztlich die Verantwortung dafür tragen, das Chaos zu beseitigen, das wir in wenigen zerstörerischen, blinden Jahrzehnten angerichtet haben, in denen wir systematisch und linear zu viel von allem produziert haben, ohne die Auswirkungen des menschenzentrierten, naturverachtenden, ungebremsten Wachstums zu berücksichtigen.

Es ist erstaunlich – ich zitiere Christina Dean, Gründerin und Geschäftsführerin von Redress, einer Wohltätigkeitsorganisation in Hongkong, die sich mit Bekleidungsabfällen und großflächigen Rückgewinnungsmöglichkeiten beschäftigt:

> *»75 % der Bekleidungseinkäufe werden zu reduzierten Preisen getätigt, ein Wettlauf nach unten, bei dem immer niedrigere Preise zum Tragen kommen und die Verbraucher süchtig machen nach dem Billigsten. Einige traditionelle Einzelhändler haben inzwischen mehr Discount- als Vollpreisläden. Aber wenn der Reiz des vergünstigten Einkaufens den Verbraucher nicht zum Kauf verführt, müssen Marken und Einzelhändler ihre ›toten Bestände‹ loswerden. Rabatte werden aber niemals dafür sorgen, dass alle Artikel verkauft werden. Einzelhandelsflächen, Lagerflächen und sogar erstklassige Werbeflächen auf Websites sind nicht unbegrenzt, was bedeutet, dass man unverkäufliche Artikel loswerden muss. Aber wo?«*

Das derzeitige System könnte undurchsichtiger nicht sein und nicht schlechter funktionieren, und obwohl wir gerade erst anfangen zu verstehen, was mit unseren ausrangierten Kleidungsstücken geschieht (dank der erhöhten Berichterstattung in den letzten Jahren, die auf das wachsende Interesse am Thema zurückzuführen ist), wissen wir immer noch sehr wenig darüber, was an der Quelle, in der Mode-Lieferkette, während der verschiedenen Produktionsphasen weggeworfen wird.

Was wir wissen, ist, dass wie bei fast allen anderen Aspekten der Modeproduktion der Effizienz, dem gesunden

Menschenverstand und den Ressourcen, ob natürlich oder künstlich, wenig Beachtung geschenkt wird.

In vielen Fällen verlangen die gesetzlichen Bestimmungen der großen Marken, dass ein Kleidungsstück im Interesse des Markenschutzes vernichtet werden muss, wenn die Auflage nicht stimmt oder der Stoff beschädigt ist: Dies kann durch Zerschneiden und anschließende Entsorgung durch Verbrennung oder Deponierung geschehen.

Im Juli 2018 gab Burberry bekannt, dass es im Namen des »Markenschutzes« Kleidungsstücke und Accessoires im Wert von 50 Millionen US-Dollar verbrannt hatte – eine Aussage, die Medien und Verbraucher gleichermaßen empörte. Es dauerte fast einen ganzen Monat, bis sich die Aufregung legte. Im Zuge dieses Skandals war es interessant zu beobachten, wie das Thema zum ersten Mal an die Öffentlichkeit gelangte, obwohl es in Wirklichkeit ein offenes Geheimnis und eine gängige Praxis in der Modeindustrie ist.

Es gab schon vorher Skandale, bei denen H&M Kleidung verbrannte, Nike ungetragene Turnschuhe zerschnitt und Cartier unverkaufte Uhren vernichtete, aber die Burberry-Affäre war das erste Mal, dass die Verbraucher und die Medien wirklich Notiz davon nahmen und die Tragweite verstanden, wenn auch mit viel Unglauben.

Denn alle großen Marken verbrennen: Sie verbrennen Muster, die sie nicht einlagern können; ihre Fabriken verbrennen Millionen von Metern Stoff aus vergangenen Saisons, die Logos oder erkennbare Muster aufweisen; ihre Hersteller verbrennen beschädigte Auflagen; und ihre Einzelhändler verbrennen unverkaufte Bestände und Retouren.

Man muss kein mathematisches Genie sein, um sich das auszurechnen: Wir produzieren jedes Jahr etwa 150 Milliarden Kleidungsstücke (Schuhe und Accessoires nicht mitgezählt), und es gibt etwa 8 Milliarden Menschen. Zwangsläufig wird ein großer Teil der Kleidung nie den Kunden erreichen, da sie unsinnigerweise für die Entsorgung bestimmt ist.

Was ich aus der Burberry-Verbrennungsgeschichte gelernt habe, ist, dass sie mehr Empörung bei den Verbrauchern auslöste als der Einsturz des Rana-Plaza-Fabrikgebäudes und dass Menschen, die sich nicht mit der Notlage der Arbeiter und ihren potenziell tödlichen Arbeitsbedingungen identifizieren konnten, es völlig inakzeptabel und respektlos fanden, dass Marken dieselben Produkte, die sie mit ihrem hart verdienten Geld kaufen, so achtlos wegwerfen. Die Dinge, die wir auswählen und schätzen, haben für die Marken, die sie herstellen, überhaupt keinen Wert.

Recycling-Möglichkeiten

Mechanisches Recycling

Das derzeitige Abfallproblem ist eine direkte Folge der Massenproduktion und des übermäßigen Verbrauchs und somit ein relativ modernes Phänomen. In der nicht allzu fernen Vergangenheit wurden Mühlen und Fabriken viel effektiver betrieben, und die Wiederverwendung von Altbeständen und Reststoffen (sowie das mechanische Recycling von Reststücken und Abfällen aus der Zuschnittabteilung) war Teil des Alltags.

Einzelfasermaterialien wie Wolle und Baumwolle wurden in großem Umfang recycelt und als Garne einem neuen Leben zugeführt, wobei ihre Qualität leicht beeinträchtigt wurde, aber überall dort, wo es eine Textilproduktion gab, waren Recyclinganlagen weit verbreitet.

Downcycling ist in der Textilindustrie immer noch vergleichsweise weit verbreitet. Darunter verstehen wir das Zerkleinern und Wiederaufbereiten von Verschnitt und Produktionsabfällen zur Herstellung von Feuchttüchern, Matratzenfüllungen, Autodämmstoffen, minderwertigen Garnen und anderen Textilien. Es ist eine praktikable, nachhaltige Alternative zur Deponierung und Verbrennung.

Allerdings ist es in der heutigen Welt nicht so einfach, Fasern in der hohen Qualität, die wir für die Herstellung weiterer Modeartikel benötigen, wiederzugewinnen. Dazu ist das mechanische Recycling, einst ein florierender, effizienter Industriezweig, der parallel zu den meisten Mode- und Textilherstellern existierte, fast verschwunden – ein weiteres Opfer von Geschwindigkeit und Bequemlichkeit.

Der Grund, warum wir nicht mehr so viel recyceln können wie früher, ist simpel: Wir haben die Bekleidungsmaterialien in unserem Bemühen, sie billiger zu machen, verkompliziert und damit ihre Wiederverwertbarkeit erheblich erschwert. Hundertprozentige Wolle und hundertprozentige Baumwolle, ja, sogar hundertprozentiges Polyester, sind immer seltener zu finden; unsere Pullover bestehen häufig aus 80 % Acryl und 20 % Wolle, unsere Jeans aus 97 % Baumwolle und 3 % Elastan, und unsere T-Shirts sind zunehmend aus Baumwolle mit einem Schuss Polyester. Diese Mischfasern, die die teureren reinen Materialien imitieren sollen, sind Materialien, für die wir (noch) keine Trennungs- und Recyclingstechnologie haben.

Chemisches Recycling

»Das Potenzial für die Kreislaufwirtschaft in der Bekleidungsindustrie, bei der die Rohstoffe in einem kontinuierlichen Kreislauf gehalten werden, ist durchaus vorhanden, doch die Hindernisse, die dem entgegenstehen, sind eine Herausforderung«, meint Cyndi Rhoades (https://circularlondon.org/fashion/), Gründerin von Worn Again Technologies, einer Pionierorganisation, die seit acht Jahren an dem Konzept des chemischen Recyclings arbeitet und gerade die erste britische Anlage dafür eröffnet hat, in der Polyester und Baumwolle zu Zellulose verarbeitet werden.

Während beim mechanischen Recycling die Fasern zerkleinert und neu versponnen werden, ist das chemische Recycling ein komplexerer Prozess, der noch in den Kinderschuhen steckt. Polyester etwa wird in Polymere und Monomere zerlegt. Das bedeutet, dass die Moleküle, die sich zu Kunststofffasern verbunden haben, aufgespalten und von Verunreinigungen befreit werden können, um sie wieder aufzubauen und zu neuen Materialien zu verarbeiten.

Theoretisch könnte dieser Kreislaufprozess gemischte Fasern in gleichwertige Rohstoffe zurückverwandeln, die für die Herstellung von Kleidung wiederverwendet werden können, und zwar für immer und ewig.

Wir wissen, dass wir Polyester recyceln können, indem wir es verbrennen, denn das ist alles, was man mit Plastik machen kann. Wir wissen, dass wir einzelne Fasern durch effektives mechanisches Recycling zurückgewinnen können; das chemische Recycling stellt die letzte Grenze dar – die Möglichkeit, dass wir eines Tages in der Lage sein werden, alle Fasern (reine oder gemischte) effektiv in jedes beliebige Garn zu recyceln und unsere ungetragenen Kleidungsstücke als Rohmaterial für den Kreislauf zu verwenden. Und alles wird wieder gut sein.

Nur leider nicht ganz. Im Moment ist dies eine Theorie

und noch keine Praxis, und wir produzieren immer noch wie verrückt und in rauen Mengen. Was machen wir also in der Zwischenzeit mit all dem Zeug? Ich hoffe, bezweifle aber irgendwie, dass Marken die Mülldeponien nach Material durchforsten, sobald sie die Technologie für richtiges Recycling haben. Wäre es nicht sinnvoller, die Produktion jetzt zu verlangsamen, während wir in die Kreislaufwirtschaft investieren, anstatt weiter für die Entsorgung zu produzieren? Auch Sie als Verbraucher haben es in der Hand, die Industrie zu bremsen, indem Sie wohlüberlegte Entscheidungen treffen, hinsichtlich Kleiderpflege und Kaufimpuls etwa.

Wir sind noch weit davon entfernt, effiziente und saubere chemische Recyclingsysteme einzuführen, die ausrangierte Textilien in wiederverwendbare Fasern umwandeln. Wir machen zwar Fortschritte, aber langsame, verglichen mit der Produktionsgeschwindigkeit. Darüber hinaus sollten Recycling- und Kreislauftechnologien nur als letzte Lösung betrachtet werden, wobei die Priorität darin besteht, eine angemessene Menge gut gemachter, ökologisch gestalteter, vollständig recycelbarer Kleidung zu produzieren, die von Menschen mit gut bezahlten Arbeitsplätzen aus umweltfreundlichen Materialien hergestellt wird, und nicht als Ausrede, um so weiterzumachen wie bisher.

Denn selbst wenn wir in der Lage sind, in einem funktionierenden Kreislaufsystem vollständig zu recyceln, bleibt die Tatsache bestehen, dass jedes System, das auf der Produktion übermäßiger Mengen basiert, immer noch eine unglaublich hohe Umweltbelastung darstellt.

Noch ein letzter Hinweis: Kreislauf bedeutet vollständiger Kreislauf, von der Faser zurück zur Faser, und die Möglichkeit, diesen Prozess bis ins Unendliche zu wiederholen. Vintage tragen, Secondhand kaufen, tauschen, mieten, upcyclen – nichts davon ist zirkulär. Es geht um Langlebigkeit, Effizienz und Pflege, was ebenso wichtig (wenn nicht sogar wichtiger) ist, weil wir als Verbraucher hier wirklich einen großen Einfluss haben können.

Gute Gründe fürs Upcycling

Upcycling ist eine kreative Designlösung für eine ökologische Herausforderung, die Ästhetik, Technik, Problemlösung, Kreativität, Effizienz und gesunden Menschenverstand umfasst.

Es liegt eine gewisse Poesie darin, dem Unerwünschten ein neues Leben zu geben, und Upcycling als Designprozess hat seine eigene visuelle Handschrift, seine eigenen Werte und seine eigenen einzigartigen Methoden. Es ist vielleicht nicht jedermanns Sache, aber diejenigen, die es lieben, können süchtig danach werden. Es fördert die Zeit – das am meisten unterschätzte Wort in der modernen Modegeschichte – und die Geduld, die zusammen mit der Zeit Teil eines alten Modelexikons ist. Es ermutigt zu einer Entdeckungsreise, bei der die Quellen der Modeverschwendung aufgespürt, Materialien »gerettet« und durch den intelligenten Einsatz von Design und Fähigkeiten wieder in das System eingebracht werden. (Man kann es auch so lesen: Finden Sie den Müll, packen Sie ihn in den Kofferraum Ihres Lieferwagens und nähen Sie in Ihrem Atelier etwas Erstaunliches daraus.)

Upcycling mag ein neuer Begriff sein, erstmals 1994 von Reiner Pilz geprägt: »Recycling, ich nenne es Downcycling. Sie zertrümmern Ziegel, sie zertrümmern alles. Was wir brauchen, ist Upcycling – wo alte Produkte mehr Wert bekommen, nicht weniger« (https://www.commonobjective.co/article/the-creativity-of-upcycling-design-solution-for-the-planet). Der Name mag also neu sein, aber da wir seit Jahrtausenden in allen Formen des Handwerks, der Kunst und des Designs upcyceln, ist das Konzept in unserer DNA verankert. Ich erinnere Sie an Boro, Quilten und Kintsugi.

Es ist jedoch oft schwierig, den Unterschied zwischen Recycling und Upcycling zu verstehen, zumal wir heute Fasern auf so viele Arten und aus so vielen Quellen recyceln (die Umwandlung einer weggeworfenen Wasserflasche in Pelzpolyestergarn oder die Umwandlung von Fischernetzen in Stoffe erhöht ihre Eigenschaften und ihren Wert, statt sie zu verringern). Aber meiner Meinung nach liegt der Unterschied zwischen den beiden nicht nur in der Qualität der Fasern, sondern in der Art und Weise, wie sie verarbeitet werden.

Upcycling bedeutet für mich die Rückgewinnung von Materialien ohne weitere chemische oder mechanische Prozesse.

Während also beim Recycling Fasern wieder zu Fasern werden, wird beim Upcycling aus Stoffen (oder Kleidung) neue Kleidung hergestellt.

Obwohl Upcycling an immer mehr Hochschulen gelehrt wird, ist es noch kein fester Bestandteil des Lehrplans, und obwohl die Studierenden zunehmend abfallsparende Zuschnitttechniken lernen, achten sie nicht so sehr auf Überschüsse und ihre Verwendung, wie es der Fall sein könnte. Von Beginn ihres Studiums an sollten Mode- und Textilstudierende (sowie alle Studierende, die irgendeine Art von Artikel herstellen) lernen, wie man Abfälle während ihrer gesamten Entstehung minimiert und sie als Ressource schätzt.

In der Industrie könnten wir neue Stellen schaffen, wie z. B. »Abfallingenieure« in den Beschaffungs- und Produktionsabteilungen von Marken und Herstellern, deren Aufgabe es sein sollte, zu wissen, wo die Überschüsse gelagert werden, ob es sich um tote Lagerbestände, beschädigte Stoffe, unverkaufte Kleidungsstücke oder Fehlproduktionen handelt; sie sollten wissen, welche Arten von Abfällen wiederverwendbar sind und wie sie sie ihren Kunden zur Wiedereingliederung in ihre Kollektionen anbieten können.

In den Fabriken sollte es Upcycling-Einrichtungen geben, die aus allem, was als unbrauchbar gilt, neue Dinge herstellen (wie jene in der Jeansfabrik in Sri Lanka), und die Bekleidungsarbeiter sollten im Auseinander- und Zusammenbauen unterrichtet werden, um Abfall zu vermeiden und ihre Fähigkeiten zu verbessern.

Genau wie die wiederverwendeten Materialien ist auch dies nichts Neues – das Wissen ist vorhanden, es wurde schon oft gemacht, ob aus Armut und Not (es gibt Geschichten von Frauen, die während des Krieges Textilfabriken durchkämmten, um Stoffreste für neue Kleidung zu sammeln) oder von der Modeindustrie, um die Effizienz zu maximieren. Die Couture recycelt immer bzw. regelmäßig, da ihre kostbaren Stoffreste zu teuer sind, um sie zu verschwenden. Und heutzutage wird Upcycling zunehmend von Designpionieren genutzt, die darin einen kreativen und praktischen Weg sehen, sich gegen Massenproduktion und -konsum zu stellen.

Abfall ist ein Designfehler, aber auch eine Designressource. Wir müssen eine Rundumvision entwickeln, bei der jedes Teil von allem, was hergestellt wird, wiederverwendbar, anpassbar oder recycelbar ist. Es gibt bereits genug Kunststoffe und Textilien, die unsere Umwelt verschmutzen, und wir brauchen jetzt eine Idee für einen geschlossenen Kreislauf für eine aufgeschlossene Zukunft. Während wir also darauf warten, dass uns die Technologie rettet, könnten wir derweil einfach auf Upcycling umsteigen. Das ist aktuell eine der besten Möglichkeiten, um immer noch wunderbare Kleidung herzustellen und gleichzeitig die Modeindustrie zu bremsen. Da die Ressourcen immer knapper und teurer werden, das Problem der Mode- und Textilabfälle immer offensichtlicher wird und ein weltweiter Ruf nach Markentransparenz ertönt (die es endlich ermöglichen wird, detailliert zu erfassen, wo, wann und wie viel Abfall an jedem Punkt der Lieferkette anfällt), haben wir es hier mit einer praktikablen Alternative zu tun: einer Alternative, die neue Kompetenzen und Arbeitsplätze schaffen und uns zu einer effizienten Industrie führen wird, in der man sich um Überschüsse kümmert, lange bevor sie zu Abfall werden.

Upcycling-Designer

Als ich mit diesem Buch anfing, schwor ich mir, keine Designer namentlich zu erwähnen. Der Grund dafür ist, dass die Lebensspanne eines jungen Designers heutzutage sehr kurz sein kann, und ich wollte nicht das Risiko eingehen, jemanden zu nennen, der bei Drucklegung schon kein Geschäft mehr haben würde. Meine Marke wurde in so vielen Publikationen erwähnt, immer im Präsens, sodass viele wunderbare Bücher seit unserer Schließung 2014 völlig veraltet sind. Dennoch ist es meine Aufgabe, aufstrebende Talente zu unterstützen (und kaum etwas hat mich in meiner Karriere so stolz gemacht, wie von einigen von ihnen »Fashion Mum« genannt zu werden), und ich habe so viel Respekt vor einigen der Pioniere in meiner Community, dass ich zumindest einige nenne, von denen ich denke, dass sie in Erinnerung bleiben werden. Es sind Menschen, die versucht haben, auf ihrem Weg etwas zu verändern, und die von ihren Nachfolgern nicht vergessen werden.

Einige dieser Designer kenne ich schon seit den Estethica-Tagen der London Fashion Week, viele sind Teil der Fashion-Open-Studio-Initiative von Fashion Revolution, die von der langjährigen Modejournalistin Tamsin Blanchard kuratiert wird. Sie alle haben zeitlos gültige Geschichten zu erzählen. Schauen Sie sie sich an, unterstützen Sie sie; sie verdienen Ihre volle Aufmerksamkeit.

- Christopher Raeburn: Der ursprünglichste Pionier der heutigen Upcycling-Generation. Er hat die natürliche Verwertung aller Abfälle in seine Abläufe aufgenommen.
- Duran Lantink: Er stellt die unverkauften Teile verschiedener Designer einander als ikonoklastische Stücke gegenüber und somit den »Markenschutz« infrage. Upcycling betreibt er als mögliche Lösung für das Überschussproblem.
- Priya Ahluwalia: Sie integriert Secondhand- und andere gebrauchte Teile in ihre Sportkollektion.
- Kevin Germanier: Er kleidet Top-Promis wie Lady Gaga, Taylor Swift und Kristen Stewart ein, mit upgecycelten Jeans und unverkäuflichen Stoffen, die er mit kaputten, aussortierten Perlen verziert.
- Helen Kirkum: Sie macht Couture aus alten Turnschuhen.

Und es gibt noch viele weitere auf der Welt: Angus Tsui in Hongkong, Doodlage und Iro Iro in Indien, das brillante Soup Archive in Berlin und viele, viele mehr (eine ausführlichere Liste finden Sie im Anhang).

Besonders hervorheben möchte ich Bethany Williams, die ich sehr schätze. Für ihre wunderschönen Kollektionen verwendet Bethany bestehende Materialien, vor allem Denim, oder neue, nachhaltig hergestellte Stoffe, wobei sie traditionelle Verfahren wie Handweberei und -strickerei bevorzugt. Was sie jedoch einzigartig macht, sind ihre Kooperationen: In jeder Saison lässt sie sich von einer lokalen Wohltätigkeitsorganisation inspirieren (z.B. der Quaker Mobile Library, der Comunità San Patrignano in Italien oder dem Magpie Project in Großbritannien) und spendet einen beträchtlichen Prozentsatz ihres Gewinns an diese, sobald ihre Kleidung verkauft ist. Bethany ist liebenswürdig, und diese Haltung ist ein wesentlicher Bestandteil der Wahrnehmung ihrer Marke.

Im Luxussegment der Branche fehlt es nämlich völlig an Freundlichkeit; das gesamte System ist auf Exklusivität aufgebaut, und aus diesem Grund regen Bethanys Entwürfe und das von ihr eingeführte System zu einem anderen Denken an. Ihre Kleidung mag so teuer sein wie die eines Luxuslabels, aber ihr Konzept, etwas zurückzugeben, ist die Antithese zu dem, was Luxus heute ist.

Bethanys Preise sind beeindruckend: Sie kam 2019 in die engere Auswahl für den LVMH-Preis und wurde nur wenige Monate später bei den British Fashion Awards mit dem Emerging Menswear Designer ausgezeichnet. Interessanterweise (und als Zeichen der sich ändernden Zeiten) wäre sie noch vor ein paar Jahren nicht einmal in Betracht gezogen oder in ihren kreativen Bemühungen ernst genommen worden, da sie als »zu klein« und »nicht in großem Maße umsetzbar« angesehen worden wäre – als »irrelevant«, um genau zu sein.

Auf die Größe kommt es aber wirklich an, und im Zeitalter des Anthropozäns müssen wir aufhören zu glauben, dass größer besser ist, denn wir können fast schon das Gegenteil beweisen: Klein, überschaubar und verantwortungsvoll ist mehr als genug. Wenn wir wieder einmal einen Blick auf die Natur werfen, sehen wir, dass erfolgreiche Systeme nicht ausgeweitet werden, um die Oberhand zu gewinnen, sondern nachgemacht werden, um ihre positive Wirkung zu maximieren. Das Schlüsselwort ist hier »Fülle«, nicht »Wachstum«.

Modeabfälle können um- und neugestaltet werden, und was heute ein massives Problem darstellt, könnte zu einer wertvollen Ressource werden. Solange Kleidung hergestellt wird, wird es Stoffabfälle geben, und solange wir Kleidung tragen, werden wir eine Spur unserer unerwünschten Sachen hinterlassen. Was wir jetzt brauchen, sind mehr Investitionen in kreative und technologische Designlösungen, in Fähigkeiten und Techniken zur Abfallvermeidung und in systemische Recycling-Neuerungen bei der Herstellung und Entsorgung von Kleidung.

Wie können wir upcyclen?

Einige Materialien und Kleidungsstücke eignen sich besser fürs Upcycling als andere. Wie Sie im sechsten Kapitel gesehen haben, ist Jeansstoff besonders dankbar und kann zu fast allem zerschnitten, umgewandelt und neu zusammengesetzt werden. Fürs DIY-Upcycling zu Hause können bestimmte Kleidungsstücke wie etwa Herrenhemden sowohl auf ganz einfache als auch ziemlich ausgeklügelte Weise wiederverwendet werden, je nachdem, ob Sie selbst Hand anlegen oder das Projekt jemand anderem anvertrauen.

Neue Nachtwäsche

Um die Lebensdauer der alten, abgetragenen Hemden meines Mannes zu verlängern, trage ich sie am liebsten einfach als Nachtwäsche weiter. Meistens sind es die Kragen und Manschetten, die sich zuerst auflösen, also schneide ich sie ab, und schon habe ich ein neues Baumwollnachthemd. Apropos Nachtwäsche: Letzte Woche habe ich etwas ganz und gar Undenkbares getan. Ich habe ein schwarzes, langärmeliges Kleid aus Baumwoll- und Viskosejersey von DKNY, gute Qualität, weich und bequem, das ich aber kaum je getragen habe (zu warm für den Sommer, nicht warm genug für den Winter). Plötzlich kam mir der Gedanke, dass es herrlich wäre, darin zu schlafen, also schnitt ich die Ärmel ab und voilà! Aus den Ärmeln habe ich Brillenputztücher gemacht.

Alte Hemden

Aus zwei alten Hemden mache ich auch gern einen Rock, ganz ohne etwas nähen zu müssen. Einfach ein Hemd an das andere knöpfen, die Ärmel um die Taille binden und fertig ist der Rock: 2 Hemden = 1 Rock!

Wenn Sie gut nähen können oder jemanden kennen, der

es kann, können Sie aus alten Hemden auch Kissenbezüge machen oder süße Patchwork-Babybettbezüge. Bei meiner Marke haben wir daraus unsere Kleidersäcke gemacht, um Plastik zu vermeiden.

Alte T-Shirts
T-Shirts eignen sich auch ideal für einfaches, kreatives Upcycling zu Hause, und oft braucht man nur Schere, Nadel und Faden. Man kann die T-Shirts zuschneiden, sie in Westen und Crop Tops verwandeln, sie mit Gummiband oder Bändern versehen, um mit der Form zu spielen, oder sie verlängern, indem man zwei oder drei Teile grob zusammennäht.

YouTube und Online-Blogs sind die besten Inspirationsquellen für DIY-Upcycling. Mit einfachen Suchanfragen wie »T-Shirt aufpeppen« oder »Fünf Ideen, um ein Hemd umzugestalten« werden Sie rasend schnell fündig.

Lieber behalten

Als bekennende Kleiderhorterin entrümpele ich äußerst ungern. Dabei bin ich beim Aufbewahren alles andere als sorgfältig, sondern eher chaotisch und ziemlich unordentlich. Aber glauben Sie mir, Instandhaltung ist nicht nur etwas für

Ordnungsliebende und Organisierte; sie kann zu jedem Lebensstil passen, man muss nur einen Weg finden, der für einen selbst funktioniert.

Einmal im Jahr (definitiv nicht öfter) räume ich meine Kleidung komplett um. Meistens geschieht das im späten Frühjahr, bevor die Motten die Oberhand gewinnen und wenn ich Lust auf meine alten und neuen Sommeroutfits bekomme. Beim Sortieren entdecke ich unweigerlich einige Sachen, die ich schon zu lange nicht mehr getragen habe, an denen ich aber immer noch hänge. Die packe ich in eine große Tüte und verstecke sie auf dem Dachboden (als ich noch keinen Dachboden hatte, bewahrte ich sie unter meinem Bett in einem hübschen Vintage-Koffer auf). Alle paar Jahre krame ich sie wieder hervor, und es ist ein Gefühl, als würde sich ein alter, sehr geliebter Freund melden, mit dem ich lange nicht mehr gesprochen habe. Dieses Jahr habe ich einen unglaublichen Midirock aus Shantung-Seide wiederentdeckt (warum hatte ich ihn überhaupt weggeräumt?) und trage ihn seither ständig und überall. Haben Sie einen Lagerraum? Wenn ja, kann ich Ihnen diese Methode wirklich empfehlen – sie funktioniert bei mir jedes Mal. Sie könnten es sogar noch spezieller machen und einen ganzen Look zur Seite legen, wie in einer Zeitkapsel. In zehn Jahren, wenn die nachfolgende Generation Altes wieder hervorkramt, haben Sie dann das Originalteil.

Ein neues Mindset

Um das System zu ändern, müssen wir die Kultur ändern, von der es lebt, und die Rolle unserer vorhandenen Kleidung und Gegenstände zu überdenken, könnte der Weg sein, um von einer Kultur des Überschusses zu einer der Fülle überzugehen. In Zeiten schwindender Ressourcen ist jede Art der Wiederverwendung bereits vorhandener Materialien sowohl wirtschaftlich als auch ökologisch sinnvoll.

Inzwischen wissen Sie, dass wir nicht nur zu viele Kleidungsstücke produzieren, sondern auch zu viele Kleidungsabfälle, und wenn wir nicht schnell und radikal handeln, sind wir am Ende. Sie wissen, dass Sie nur dann etwas kaufen sollten, wenn Sie es lieben oder brauchen, und dass Sie, wenn Sie es lieben, bereit sein sollten, es zu reparieren; und wenn Sie es nicht lieben, sollten Sie einen verantwortungsvollen Weg finden, es wegzugeben. Sie wissen, dass die Marken die Krise erkannt haben und etwas getan werden muss, um sie abzuwenden, und dass die Technologie uns – hoffentlich und vielleicht – retten wird. Sie wissen, dass wir keine Zeit zu verlieren haben.

Müll kann von vornherein vermieden werden, wenn wir von vornherein anders denken. Denn das nachhaltigste Kleidungsstück ist das, das man bereits besitzt.

– 8 –

Technisches vor dem Kauf

Ich habe es bereits gesagt: Wenn wir unsere kaputte Kleidung flicken, müssen wir auch die kaputten Systeme reparieren, die sie hergestellt haben. Und bei diesen Systemen, die unseren Konsum bestimmen, haben wir, die Kunden, eine immense Überzeugungskraft, denn die Marken sind wirklich sehr daran interessiert, wie wir bei ihnen einkaufen.

Wenn das Flicken ein revolutionärer Akt ist, dann ist das Verständnis für die Funktionsweisen der Modeindustrie, für ihre Defizite und Verbesserungsmöglichkeiten ein Akt verantwortungsbewusster Bürgerschaft. Das ist etwas, was wir alle tun können, um unseren Status quo zu ändern und die volle Verantwortung für unsere Kaufentscheidungen zu übernehmen.

Wir haben im fünften Kapitel ausführlich gesehen, wie es unsere Kleiderpflege beeinflussen kann, wenn wir die Eigenschaften der diversen Stoffe kennen. Für unsere Kaufentscheidungen ist genau dieses Wissen sogar noch nützlicher. Es ist wichtig, auf unsere Sachen zu achten und sie zu reparieren, um ihre Lebensdauer zu erhöhen und ihren Effekt auf die Umwelt durch bessere Pflege zu verringern. Aber auch das Bewusstsein für die Zusammensetzung der Stoffe, die Arbeitsbedingungen und die Nebenwirkungen einer beschleunigten Entsorgung ist wichtig und hat das Potenzial, unser Kaufverhalten hin zu einem verantwortungsvolleren zu verändern.

Glücklicherweise hat es sich bewährt, mit dem Geldbeutel abzustimmen, und die moderne Technologie erleichtert den Prozess der Entscheidungsfindung radikal. Zwar fördert sie sicherlich den zügellosen Konsum, da der Kaufakt noch nie so einfach war, doch kann sie uns trotzdem dazu bringen, Alternativen auszuprobieren, anders zu kaufen und unserem Drang nach bewussterem Konsum nachzugeben.

Ich sage immer, dass »bewusst« das Gegenteil von »katatonisch« ist und Aktion statt Untätigkeit impliziert: Mithilfe neuer Technologien, die uns jetzt zur Verfügung stehen, können wir einfacher denn je neue Wege ausprobieren.

Kulturell und historisch gesehen gab es schon immer eine enge Verbindung zwischen Kleidung und Technik, da Textilien seit jeher an der Spitze des Fortschritts standen: Die Erfindung des Webstuhls oder die Identifikation natürlich vorkommender chemischer Verbindungen, die der Farbstofffixierung dienen, sind Aussagen einer Industrie, die schon immer zukunftsorientiert war. Wie wir bei der Baumwolle gesehen haben, verdankt die Industrielle Revolution ihre Anfänge dem Textilsektor.

Textilien sind so untrennbar mit der Technik verbunden, dass wir Jacquard (ein System von Lochkarten, die mit Webstühlen verwendet wurden, um die Herstellung von mehrlagigen Textilien wie Brokat zu vereinfachen) als einen Vorläufer des Computers betrachten können. Passenderweise hat Google kürzlich angekündigt, dass seine erste digitale Plattform für intelligente Kleidung genau so heißen wird.

Es gibt nur wenige Branchen, die von den jüngsten technologischen Fortschritten wie Online-Shopping und Social Media mehr profitiert haben als die Modebranche. Das ist in unserer Kulturlandschaft allgegenwärtig: Billige Kleidung und massenproduzierte Luxusprodukte sind nicht mehr einfach nur erhältlich; sie sind uns in jeder Sekunde vor Augen, wohin wir auch schauen und scrollen. Wir sind übersättigt, und immer mehr Menschen fangen an, darauf zu reagieren.

Die Rolle der Technologie bei der Neudefinition unserer Konsumgewohnheiten ist von entscheidender Bedeutung, wenn wir lernen, wie wir Innovationen nutzen können, um uns wieder an unsere Werte zu binden, anstatt uns von ihnen zu entfremden.

Vermietung und Weiterverkauf

»Es ist gemietet …
Wie Netflix, nur für Handtaschen.«
Jennifer Hudson, Sex and the City (2008)

Betrachten wir den Modekonsum in seinem grundlegendsten Sinne: Kaufen, Tragen und Wegwerfen von Kleidung – das übergreifende Konsummuster, das wir am besten kennen. Aber langsam verändert es sich. Der Aufstieg des Zweitmarktes und der Sharing Economy steckt im Modekontext noch in den Kinderschuhen, und die neuen Konsumformen sind auch nicht für jeden geeignet. Aber ihre Fähigkeit, die Mode zu verändern, liegt in unserer Fähigkeit, uns selektiv mit denjenigen zu beschäftigen, die zu unserem Lebensstil passen.

Der Kleiderverleih mag ein später Einstieg in die Sharing Economy sein, aber er erfreut sich weltweit wachsender Beliebtheit: Von Rent the Runway in den USA bis hin zu YCloset in China verbreitet sich das Konzept rasant. Vorläufer waren Carsharing-Apps, House-Sharing-Apps (Airbnb) und natürlich der inzwischen obsolete Pionier: der Videoverleih Blockbuster (Ruhe in Frieden).

Der Erfolg des Mietens ist teilweise darauf zurückzuführen, dass es so ähnlich ist wie das private Ausleihen unter Gleichaltrigen. Früher war es die einfache Frage an die Freundin: »Kann ich mir dein Designerteil für diese Hochzeit ausleihen, zu der ich eingeladen bin? Ich bringe es dir auch gereinigt und wie neu zurück«, heute ist es eher ein »App herunterladen, bestätigen und auf die Lieferung warten«.

Ich persönlich bin immer noch nicht davon überzeugt, dass das Mieten aus ökologischer Sicht eine saubere Alternative darstellt, denn ich befürchte, dass ein hoch entwickeltes Mietsystem enorme Mengen an Transport und chemischer Reinigung mit sich bringt (es beinhaltet auch ein gewisses Maß an Kauf, da die Vermieter ihre Waren ähnlich wie Einzelhändler einkaufen müssen, schließlich wollen die Kunden immer noch die neuesten saisonalen Trends haben). Ich bin jedoch davon überzeugt, dass sich die Art und Weise, wie wir Eigentum wahrnehmen, verändert, und das macht es für mich zu einem interessanten Phänomen.

Da das Interesse am Mieten und der Aufstieg des Zweitmarktes (der zehnmal schneller wächst als die Mainstream-Mode und nach Meinung vieler die Fast Fashion ziemlich bald überholen wird) mit dem Aufwachsen einer Generation zusammenfällt, für die Kleidung keinerlei emotionale Bindung darstellt, ist Wegwerfbarkeit das Gebot der Stunde.

Die Jugendlichen sortieren nicht mehr einfach nur aus, sondern verkaufen ihre kaum getragenen Kleidungsstücke zunehmend auf Kleiderkreisel, eBay usw. weiter und setzen damit einen steten Kreislauf der Wiederverwendung und des erneuten Tragens in Gang, der sich daraus speist, dass sie es für wirklich uncool halten, ihre Kleidung mehr als ein oder zwei Mal zu tragen (und zu teilen). Es ist ermutigend, dass sie nicht nur ihre alte Kleidung verkaufen, sondern mit demselben Enthusiasmus auch die bereits geliebten Sachen anderer kaufen, um sie dann später selbst wieder weiterzuverkaufen. Kleidung hat ihren Reiz verloren, sodass es einfacher ist, sie für eine kurze Zeit zu tragen und bald wieder loszuwerden.

So rührt der Anstieg gemieteter Kleidung eher von einer schwächeren oder mangelnden Bindung an unser Eigentum her und weniger von der ökologischen Notwendigkeit, unsere Konsumgewohnheiten zu verbessern. Das ist nicht unbedingt etwas Schlechtes – manchmal sind Dinge, die sich spontan ergeben, haltbarer als vorgeschriebene.

Wenn ich mit meiner Tochter im Teenageralter spreche, bekomme ich immer Einblick in das, was tatsächlich passiert. Sie geht auf eine staatliche Schule im Süden Londons, und so habe ich ein ausgewogenes Bild der Hoffnungen und Gewohnheiten ihrer Altersgenossen. Auch sie hat festgestellt, dass sich ihre Freunde seit den jüngsten Klimastreiks und der »Fridays For Future«-Bewegung – von jungen Menschen getragen, die eine Zukunft für sich einfordern – zunehmend mit der Umweltkrise befassen. Viele besorgte Schüler reagieren mit Ernährungsumstellung, immer mehr werden vegan; aber die meisten von ihnen erkennen (noch) nicht, dass Mode ebenso wie Fleisch und Milchprodukte eine direkte Auswirkung auf Mensch und Erde hat. Sie wissen nicht, dass die Haut nach dem Magen jenes Organ ist, das die meisten Schadstoffe aufnimmt, und dass Pestizide, die in Lebensmitteln gefährlich sind, auch in unserer Kleidung gefährlich sind.

Möglicherweise engagieren sich ihre modernen Helden – Instagrammer, Popstars und YouTuber – nicht glaubwürdig genug, es entsteht kein Gruppenzwang darin, Kleidung als mögliche Veränderungsmaschinerie zu sehen. Allzu oft engagieren sich Influencer für eine wohltätige Sache, nur um dann ihre Prinzipien aufzugeben, sobald der nächste Post fällig ist. Bei einer Generation, die von Authentizität besessen ist, führt das natürlich zu schwerer aufzunehmenden und vor allem widersprüchlichen Botschaften.

Mir fällt auf, dass Kleidung beim Ändern von Verhaltensmustern immer zweitrangig ist. Wir wissen, dass wir weniger Fleisch essen, weniger fliegen und weniger Auto fahren müssen – aber Mode wird immer noch zu wenig als Treiber der Erderwärmung verstanden.

TIY (Try-it-yourself) – Selbstversuch

Die Technik erleichtert Transaktionen und eröffnet ungeahnte Möglichkeiten, den Zweitmarkt zu globalisieren, und es sieht unterdessen wirklich so aus, als stünde eine neue Ära der Mode am Horizont. Während bis vor Kurzem noch das Tauschen, Reparieren und Kaufen von Secondhandkleidung eine eher umständliche Angelegenheit war, gibt es jetzt überall Apps und Online-Plattformen dafür. Ihre Garderobe maximal zu nutzen und überflüssige Käufe zu minimieren ist so einfach wie nie – ein Klick genügt.

Das ist natürlich absolut genial und ein echter Umbruch für diese Branche. Wir dürfen jedoch nicht glauben, dass der Zweitmarkt allein das Problem lösen wird. Das wird er nicht, es sei denn, er geht mit einer fundamentalen Systemänderung einher. Etwas, das man eine Minute lang getragen hat, weiterzuverkaufen, um Platz für den Kauf von Neuware zu schaffen, ist keine Lösung. Die nach wie vor beste Option, um die Massenproduktion zu bremsen, ist behalten und flicken. Wenn wir weniger kaufen, werden die Marken dazu gezwungen sein, weniger zu produzieren – so einfach ist das.

Der beste Ort, um damit anzufangen, ist Ihr eigener Kleiderschrank. So wie Sie mit Ihren Outfits herumexperimentieren und sie neu stylen, so können Sie auch einfach schauen, was Sie eigentlich alles dahaben und was Sie tun können, damit Ihnen oder anderen Ihre Kleidung so lange wie möglich nützt.

Sie könnten damit anfangen, den CO_2-Fußabdruck Ihrer Kleidung zu messen (dafür gibt es eine App) und zu sehen, wie gut Sie abschneiden; und Sie können damit weitermachen und überprüfen, wie transparent Ihre Lieblingsmarken tatsächlich sind (auch dafür gibt es eine App). Dann könnten Sie Ihre Kleidung kategorisieren (ja, auch dafür gibt es eine App). Finden Sie diese Apps und probieren Sie sie aus. Es gibt einige wirklich tolle, versprochen.

Experimentieren Sie mit Ihren Sachen, machen Sie etwas Neues. Erneuern Sie sie, frischen Sie sie auf, geben Sie ihnen eine Chance, verschenken Sie sie, aber denken Sie daran, dass sie dauerhaft sind, dass ihre Materialien dauerhaft sind und dass wir nichts von dem, was wir wegwerfen, je wirklich loswerden. Es verstopft dann bloß die Erde statt den Kleiderschrank. Je mehr gebrauchte Sachen wir konsumieren, desto weniger neue müssen wir kaufen; und je weniger Kleidung wir kaufen, desto wahrscheinlicher ist es, dass wir verantwortungsvoll, sorgfältig und bewusst einkaufen statt aus einer Laune heraus.

Meine Cousins und Cousinen und ich haben fast ein halbes Jahrhundert lang Kleidung geteilt und in einem schier endlosen Kreislauf weitergegeben. Ich stamme aus einer Generation, in der das Weitergeben nicht auf einkommensschwache Familien beschränkt war, sondern bei den meisten Usus war, außer bei jenen mit mehr Geld als Verstand.

Die Regeln waren ganz einfach und klar: Während man aufwuchs, gehörten einem die Sachen nicht wirklich, sondern waren nur dazu da, getragen zu werden, bis sie nicht mehr passten. Dann wurden sie an den zweiten in der Reihe weitergegeben, und dann an den dritten, vierten, fünften usw. In meiner Familie war ich nach zwei Brüdern das letzte Kind, aber die vierte in der Reihe, die die Kleidung meiner Cousinen erbte. Wir trugen alle dieselben Kittelkleider, dieselben Schuhe, dasselbe Kommunionskleid und sogar denselben Schlafanzug.

Als Erwachsene geben meine Cousinen und ich immer noch regelmäßig Kleidung weiter, und ich würde sagen, dass ein gutes Viertel meines Kleiderschranks (und auch Teile der Schränke meiner Töchter) Sachen aus diesem Lebensabschnitt stammt. Oftmals wissen wir nicht einmal mehr, von wem sie sind, nur, dass wir sie alle irgendwann einmal getragen haben, und wir erinnern uns an die Geschichten, die jede von uns in ihnen erlebt hat.

Diese reiche Kultur des innerfamiliären Recyclings ist fast für immer verloren, überholt von erinnerungsloser Kleidung – Kleidung, die komplett gleich ist und diese Art von Liebe und Aufmerksamkeit überhaupt nicht verdient hat. Ich kaufe all meine Kleidungsstücke immer noch mit Blick auf meine Cousins und Cousinen sowie auf verschiedene andere

Menschen, von denen ich weiß, dass sie sie irgendwann lieben werden, nachdem ich sie geliebt habe.

Mithilfe der Technik können Sie nun ein solches System zwischen Ihnen und Ihren Freunden, Ihrer Familie und Ihrem erweiterten Bekanntenkreis aufbauen: Jede weiß, was die andere in ihrem Kleiderschrank hat, und jede kann damit interagieren.

Zurück zur Mülldeponie

Wo immer Technik den Lebensstandard verbessern und Probleme lösen kann, birgt sie natürlich auch die Gefahr, etwas zu zerstören. Und die wird nur immer größer, wenn die Zukunft der Industrie und die Rolle der Technologie in ihr weiterhin auf exponentielles Wachstum, mehr Produkte, mehr Verkäufe, einfachere und schnellere Einkäufe ausgerichtet bleiben.

Nehmen wir zum Beispiel die Online-Retouren. Früher (bzw. vor dem Online-Shopping) konnten Sie einen gekauften, aber nicht getragenen Artikel ins Geschäft vor Ort (oder wo auch immer Sie ihn gekauft hatten) zurückbringen, und er wurde fraglos wieder in das Sortiment aufgenommen, sofern keine Schäden oder offensichtlichen Gebrauchsspuren vorhanden waren. Man musste ihn persönlich zurückbringen und dem Personal die Quittung zeigen, aber im Großen und Ganzen genügte ein rasches Dampfreinigen und ein neues Preisschild, und schon war das Kleidungsstück wieder im Umlauf.

Im heutigen Zeitalter des Anthropozäns und um der Bequemlichkeit willen erfolgt die Rückgabe ähnlich wie der Kauf blind und unpersönlich, vor allem bei großen Online-Händlern.

Ja, das Internet hat die Rückgabe noch einfacher gemacht. Ja, man muss den Artikel nur noch in die Plastiktüte stecken (in der er geliefert wird). Ja, man kann ihn tatsächlich tragen und trotzdem zurückschicken. Ja, Sie können vier Größen bestellen und nach dem Anprobieren entscheiden, welche am besten passt, und den Rest zurückschicken. Ja, aus den Augen, aus dem Sinn.

Eine Umfrage aus dem Jahr 2018 ergab, dass etwa jeder zehnte Brite Kleidung online kauft, Bilder davon in den sozialen Medien postet und die Artikel dann gegen Erstattung des Kaufpreises zurückschickt.

Verzeihen Sie mir, dass ich hier einen neuen Schluss erzähle, aber dieser Weihnachtsmann-Mythos, dass wir Artikel einfach nach Belieben zurückschicken können, ist Quatsch. Rücksendungen sind ein massives Problem, weil sie in den meisten Fällen nicht weiterverkauft werden. Es mag schockieren, aber die meisten zurückgeschickten Online-Einkäufe enden als Abfall.

Der Grund dafür ist einfach: Riesige Online-Händler, die von riesigen Lagern aus operieren, haben nicht die Kapazität, Rücksendungen zu prüfen und wieder in das Hauptsystem einzubringen, sodass sie separat gelagert werden und nicht sozusagen wieder in die Auslage kommen. Finanziell rentiert es sich nicht, jemanden dafür zu bezahlen, Retouren auszupacken, auf Mängel zu prüfen, gegebenenfalls zu reparieren, neu zu verpacken und die Bestandsnummern zu aktualisieren.

Während die Retouren im Niemandsland schlummern, vergeht die Zeit, und die einzigartige geplante Obsoleszenz der Mode bewirkt, dass sie rasend schnell aus der Saison kommen. Dann werden sie entweder rabattiert an Drittabwickler und Wiederverkäufer verkauft, die sie Hunderte von Kilometern weit transportieren (oft in halb vollen Lastwagen, was eine unnötig negative Auswirkung auf die ohnehin schon übermäßige Umweltbelastung hat), oder sie werden auf einer Mülldeponie oder in einer Verbrennungsanlage vernichtet, immer der schnellste Weg, um wertlosen Überschuss loszuwerden. Viele Einzelhändler geben zwar zu, dass sie mindestens 25 % ihrer Rücksendungen aktiv wegwerfen, doch fehlt ihnen oft der Überblick über den Rest, sodass niemand weiß, was da wirklich vor sich geht.

In diesem Fall hilft die Technik nicht, sondern verschlimmert das Problem, indem sie ein unberechenbares, undurchsichtiges Labyrinth schafft, in dem unsere Retouren schlicht und einfach verloren gehen. Ein riesiger Glitch in einem scheinbar effizienten System.

Wenn es aber wirklich auf Effizienz und Qualität ausgerichtet wäre, hätten Rücksendungen einen Wert und würden als weitere monetarisierbare Ressource betrachtet. Es sollte ein System innerhalb des Systems geben, um sie in den Laden zurückzubringen statt direkt auf die Mülldeponie. Es sollte Personal eingestellt werden, das regelmäßig und von innen heraus eingreift, repariert und wieder verfügbar macht.

Aktuell gibt es einige wenige Beispiele für Unternehmen, die Reparaturen und Änderungen im Auftrag von Modemarken anbieten. Trove, dessen Mission lautet: »Wir arbeiten mit denjenigen zusammen, die den Wert des Wiederverkaufs erkennen und dazu bereit sind«, holt für Patagonia, Eileen Fisher und eine Handvoll aufgeklärter Labels (vor allem im Bereich Denim), die hausinterne Reparatur- und Nachsorgearbeiten anbieten, retournierte Artikel zurück, aber das ist leider keineswegs der Normalzustand. Wenn Modemarken den wahren Wert ihres Angebots verstehen würden, würden sie sich sicherlich bemühen, diesen voll auszuschöpfen.

Natürlich ist es eine Herausforderung, etwas so Langsames und Individuelles wie das Flicken in eine so gigantische und schnelle Struktur wie die globale Modeindustrie zu integrieren. Es wird nicht einfach sein, Überschuss und Überflüssiges einzusammeln, bevor sie entsorgt werden, und sie dann als etwas Wertvolles wieder in das System einzuspeisen, das es zuvor abgelehnt hat. Es ist wie gegen den Strom schwimmen.

Ich stelle mir Folgendes vor: Reparatureinrichtungen neben großen Kaufhäusern, die sich der individuellen Anpassung zurückgegebener Waren widmen; neue Berufsbilder wie Abfallingenieur, Retourenfachperson oder Zurückgewinnungsmanager, die innerhalb der Fabriken für die Wiederverwendung von Überschüssigem verantwortlich sind; Schulungsmöglichkeiten für neue Kompetenzen; ein harmonisches Nebeneinanderleben der unterschiedlichsten Menschen. Vor allem aber stelle ich mir schöne, einzigartige Produkte vor, die vor der Zerstörung gerettet und wieder zum Leben erweckt werden. Ich sehe auch etwas, das ich jeden Tag sehe, aber kaum je wahrnehme: Ich sehe die Natur inmitten von Wolkenkratzern, einen Computer, der neben einer Schale mit reifem Obst steht, meine Katze, die auf der Motorhaube schläft. So leben wir Menschen: zwischen den Dingen, die wir von der Natur geerbt haben, und jenen, die wir selbst gemacht haben. Wir können das eine nicht ohne das andere haben.

Kulturelle Aneignung vs. kulturelle Anerkennung

So wie übermäßiger Konsum Belastungen nach sich zieht (etwa Retouren), so bringen auch Sichtbarkeit und erleichterte Verfügbarkeit ihre Schwierigkeiten mit sich. Wir haben im dritten Kapitel gesehen, wie die wunderbare Welt des Internets die Herstellung und das Erlernen neuer und alter Handwerkstechniken erleichtert und belebt, und wir wissen, dass die rasche Verbreitung von Plattformen, die sich direkt an die Verbraucher richten, Sichtbarkeit und Handel für Kunsthandwerkergemeinschaften auf der ganzen Welt erhöht.

Die Kehrseite ist jedoch, dass es immer einfacher geworden ist, andere Kulturen zu kopieren, zu missbrauchen und zu missachten, ihre Traditionen für einen kommerziellen Gewinn zu entlehnen, von dem nicht sie profitieren. Genauso wird es für Endverbraucher immer schwieriger, den Unterschied zwischen Wertschätzung und Aneignung zu verstehen.

»Der Begriff ›kulturelle Aneignung‹ mag überstrapaziert sein, aber nur, weil die negative Machtdynamik, die er beschreibt, allzu häufig vorkommt. Es geht um Macht, und sie findet immer in einem Rahmen von Unterdrückung und Kolonialismus statt. Es handelt sich um ein zweischneidiges Schwert der kulturellen Auslöschung und des kulturellen Diebstahls. Es ist nicht nur der Diebstahl, es ist die Heuchelei. Es geht nicht um ›Kulturpolizei‹ oder ›man darf nichts mehr sagen‹, wie es die konservative Rhetorik vorgibt. Doch selbst in den eklatantesten Fällen müssen wir die Gelegenheit zum Gespräch nutzen, statt einfach mit dem Finger auf andere zu zeigen.«
Céline Semaan, Gründerin der Slow Factory

Glücklicherweise sorgen das Internet und die sozialen Medien für mehr Skrupel und erleichtern die Überwachung der Branche. Ein Beispiel dafür ist der Instagram-Account »Diet Prada«, der 2014 von zwei Branchenkollegen mit viel Sinn für Humor ins Leben gerufen wurde. Der Account, der inzwischen mehr als 1,8 Millionen Follower hat, begann mit dem Vergleich zwischen der Laufstegshow eines Designers und der eines anderen, um das Ende der Originalität in der Mode aufzuzeigen und zu mokieren und um uns alle aufzufordern, die Sache etwas weniger ernst zu nehmen. Aber da die Laufstege Kulturen auf der ganzen Welt kopiert und angegriffen haben, ist der Account mittlerweile dazu übergegangen, dieses Verhalten genau der Gemeinschaft vor Augen zu führen, die Designer und Marken zur Verantwortung zieht.

Es ist das eine, ein Teil direkt von der Gemeinschaft zu kaufen, die es hergestellt hat und die davon profitiert. Aber es ist etwas ganz anderes, eine Designerkopie dieses Teils zu kaufen, ohne zu schauen, ob die Menschen, die es inspiriert haben, etwas von seinem Gewinn abbekommen. Die Grenze zwischen kultureller Wertschätzung und ihrem Gegenteil, der kulturellen Aneignung, ist leider fließend.

In *Who Owns Culture* definiert die Juristin Susan Scafidi kulturelle Aneignung als »unerlaubte Verwendung von geistigem Eigentum, traditionellem Wissen, kulturellen Ausdrucksformen oder Artefakte aus der Kultur eines anderen«. Das klingt banal und ist im Zeitalter der massenhaft produzierten »türkischen« Teppiche bei Ikea und der »Azteken«-Prints bei Urban Outfitters hinlänglich bekannt. Doch die Anwendung von Scafidis Definition im Zusammenhang mit alltäglichen Designentscheidungen ist ein kompliziertes Unterfangen.

Muss man bei der Einholung von Genehmigungen jedes

Mitglied der jeweiligen Kultur um Erlaubnis bitten, oder reicht eine Autoritätsperson? Scafidi hat den »3-S-Test« entwickelt, um Designern und Geschäftsleuten gleichermaßen zu helfen, kulturelle Zweckentfremdung zu vermeiden:

- Source (Quelle): War die Quelle an der Produktion und Erstellung des Objekts beteiligt? Hat sie Ihnen ihre Zustimmung erteilt? Wenn eine Marke zum Beispiel einen türkischen Teppich verkauft, wurde dieser in der Türkei oder in Honduras hergestellt?
- Similarity (Ähnlichkeit): Wie ähnlich ist der Gegenstand jenem, von dem er inspiriert wurde? Erinnert er zum Beispiel nur vage an die Inspirationsquelle, oder ist er eine vollständige Kopie?
- Significance (Bedeutung): Welche Bedeutung hat der Gegenstand oder das Zeichen für die Kultur? Ist er beispielsweise heilig, ist er Teil einer religiösen Zeremonie usw.?

Who Owns Culture erschien vor über 15 Jahren, und dennoch hat sich unsere Neigung zum kulturellen Diebstahl kaum verringert. Wieder einmal sind wir mit der Tatsache konfrontiert, dass unser begrenztes Verständnis unseren Bequemlichkeiten Vorschub geleistet hat; dass wir lieber das niedliche Oberteil mit dem mexikanisch inspirierten Aufdruck kaufen, ohne uns die Mühe zu machen, zu hinterfragen, ob diese Symbole privat oder religiös sind oder ob sie überhaupt korrekt dargestellt werden.

Einige von Ihnen halten das vielleicht für kleinlich, ja sogar für etwas übertrieben – bis Sie den Spieß umdrehen und es von einem egoistischen Standpunkt aus betrachten: Stellen Sie sich vor, *Ihr* Familienfotoalbum (oder Ihr Geheimrezept) wird von einem Unternehmen »ausgeliehen«, massenhaft hergestellt, verpackt und gewinnbringend verkauft, ohne Ihre ausdrückliche Zustimmung und ohne dass Sie einen Anteil an diesem Gewinn erhalten. Oder gehen Sie noch einen Schritt weiter: Stellen Sie sich vor, die Vorfahren des fraglichen Unternehmens hätten für diese Fotos Ihre eigenen Vorfahren getötet, verstümmelt und gedemütigt und benutzten nun Ihre Familiengeschichte, um ihre eigene Identität zu bereichern, strahlten dabei vor Stolz und verdienten eine Menge Geld, von dem Sie nichts bekämen.

In Zukunft – und die Zukunft beginnt jetzt – sollten wir alle dafür sorgen, dass so etwas nicht mehr vorkommt, und verlangen, dass derjenige, der etwas nutzen will, das ihm nicht gehört, zuerst fragt und die Einnahmen anschließend gleichmäßig verteilt.

Carry Somers, die Mitbegründerin von Fashion Revolution, vertritt einen klaren Standpunkt zu diesem Thema – ihre mehrfach ausgezeichnete Fair-Trade-Marke Pachacuti arbeitet seit Ende der Achtziger mit indigenen Panamahut-Webern in Ecuador zusammen: »Erklärungen für Argumente der kulturellen Aneignung drehen sich allzu oft ausschließlich um Macht und das Ungleichgewicht dieser Macht. Das übliche Argument lautet, dass es sich um eine dominante/koloniale/weiße/westliche/kapitalistische Ausbeutung einer weniger privilegierten/unterworfenen/randständigen/besiegten/stimmlosen Kultur handelt. Macht ist zwar wichtig, aber es geht nicht nur um Macht, und dieses Narrativ muss umgeschrieben werden. Kulturelle Anleihen können positiv sein, nicht nur problematisch, und Mode, Musik, Kunst und andere kulturelle Ausdrucksformen wären ohne sie viel ärmer … Um diese Diskussion voranzutreiben, müssen wir neue Wege finden, um die Quelle der »Inspiration« zu würdigen und sie in die Designpraxis zu integrieren. Das mexikanische Parlament diskutiert derzeit ein neues Gesetz zum Schutz des Wissens, der Kultur und der Identität der Indigenen und afro-mexikanischen Völker und Gemeinschaften. Das neue Gesetz wird die kollektiven Eigentumsrechte an ihren kulturellen Ausdrucksformen anerkennen und Dritte bestrafen, die Elemente ihrer Kultur oder Identität ohne die entsprechende Zustimmung nutzen, vermarkten oder ausbeuten. Die Hoffnung ist, dass das als Vorbild für andere Länder dienen wird. In der Zwischenzeit, bis sich die Kultur der Branche ändert und Gesetze zum Schutz der Gemeinschaften in Kraft treten, können wir alle als Weltbürger verantwortungsvollere Modeentscheidungen treffen und Marken unterstützen, die direkt mit diesen Gemeinschaften zusammenarbeiten und ihnen den Respekt und die Entlohnung zukommen lassen, die sie verdienen.«

Es geht wie immer darum, ein Gleichgewicht zu finden, und das ist die schwierigste aller Aufgaben. Wie bei der #MeToo-Bewegung stellt sich die Frage, wo das weniger folgenreiche »sexy Geplänkel« aufhört und wo unangemessenes Verhalten und sexuelle Gewalt beginnen. Und sollten wir diesem Geplänkel nicht entschlossen Einhalt gebieten, jetzt, da wir wissen, dass die Kultur, die es zulässt, auch den darauffolgenden Missbrauch begünstigt? Denn auch wenn eine Angewohnheit »weniger schlimm« als »schrecklich« ist, sollte sie doch im Keim erstickt werden. Obwohl ich also nicht vorschlage, dass Sie jedes Mal Ihren Anwalt mitnehmen sollten, wenn Sie etwas Handwerkliches oder Ethnisches einkaufen, ermutige ich jeden, dieses komplizierte Thema ernst zu nehmen, auch wenn es bedeutet, dass Sie unbekannte Begriffe googeln oder Ihr Geschichtsverständnis überdenken müssen.

Beim kreativen Umgang mit Ihrer Kleidung geht es nicht nur darum, wie Sie Ihren Look gestalten, sondern auch um Ihre Glaubenssätze. Elegant und schick zu sein, hat nicht nur mit Schnitt und Silhouette zu tun, sondern auch damit, mutig genug zu sein, um mit neuen Denkweisen zu experimentieren, den Mut zu haben, neue Dinge auszuprobieren, und das Vertrauen zu haben, dass sie zu einem passen.

Und man muss sich nicht für Mode interessieren, um es zu versuchen. Man könnte sich genauso gut für Menschenrechte oder Umweltschutz einsetzen, denn es geht nicht nur um unser Aussehen, sondern auch um die Art und Weise, wie wir uns kleiden: Ob eintönig oder aufregend, Kleidung müssen wir alle kaufen, und sobald wir sie haben, sind wir für sie verantwortlich. Zu wissen, woher ihre Rohstoffe stammen, zu wissen, wo, von wem und unter welchen Bedingungen sie hergestellt wurde, sie zu pflegen, um ihre Langlebigkeit zu maximieren, und eine Strategie für ihr Dasein zu haben, wenn Sie sie nicht mehr lieben, mag mühsam erscheinen, ist aber notwendig.

Ich bin sicher, dass Sie das auch schon in anderen Bereichen Ihres Lebens getan haben. Sie haben die Lebensmittel, die Sie essen, schon einmal infrage gestellt, und Sie haben sich so über etwas geärgert, dass Sie es nicht mehr gekauft haben, sei es dauerhaft oder vorübergehend (und wahrscheinlich haben Sie Ihren Unmut auch getwittert und sich die Zeit genommen, nach ähnlichen Erfahrungsberichten zu googeln). Sie prüfen die Inhaltsstoffe, vergleichen die Preise und lesen die Bewertungen. Machen Sie dasselbe mit Ihrer Kleidung.

Treffen Sie fundierte Entscheidungen und gehen Sie verantwortungsvoll mit dem System um, das Sie verbessern wollen. Wir gehen mit gutem Beispiel voran – wir machen die Trends.

Sehen wir es doch so: Verantwortungsbewusstes Kaufen ist in; neu zu kaufen ist out; gebraucht zu kaufen ist cool – und zu behalten ist die ultimative Belohnung.

– 9 –

Transparenz liegt im Trend

Sie sollten inzwischen keinen Zweifel mehr daran haben, dass das Modesystem im tiefsten Innern kaputt ist, mit so zahlreichen Rissen wie die unaufhaltsamen Mottenlöcher in einem Wollpullover. Bleiben diese Löcher unbeachtet, werden sie immer größer und schwerer zu flicken. Einige werden grob geflickt – ein Provisorium, um weitere Schäden zu vermeiden –, in den meisten Fällen aber werden sie kaputt belassen, obwohl wir uns den entstandenen Schaden schon denken können.

Um etwas Zerbrochenes zu reparieren, müssen Sie es zunächst untersuchen (Welche Art von Schaden ist entstanden?); es diagnostizieren und stabilisieren (den Bruch überprüfen und weitere Schäden verhindern, bevor er repariert werden kann), sich für die richtigen Werkzeuge und Techniken entscheiden (Wollfaden oder Baumwolle? Große oder dünne Nadel? Stopfen oder etwas aufnähen?) und mit Geduld und Weitblick vorgehen (es wird Zeit brauchen, aber Stich für Stich werden Sie den Schaden überarbeiten, die gebrochenen Fäden verbinden und das Problem lösen).

Die Mode flicken und einen Pullover flicken folgt einem ähnlichen Ablauf, und so können wir diese Fragen auch zur Mode-Lieferkette stellen:

- Wo liegt der Schaden? Lokalisieren Sie ihn innerhalb der Lieferkette. Liegt er in der Herstellungsphase oder davor?

- Diagnostizieren und stabilisieren Sie den Schaden: Ist es ein soziales oder ökologisches Problem? Welche Maßnahmen müssen ergriffen werden?
- Wählen Sie die richtigen Instrumente: Ist es die Gesetzgebung oder der Fortschritt, der das Problem verbessern wird?
- Gehen Sie mit Geduld und Weitblick vor: Es wird seine Zeit dauern, aber die Politik, Marken, Regierungen und Institutionen werden den Schaden beheben und das Problem lösen.

Die Sorge um unsere Kleidung ist nicht von den Auswirkungen der Mode auf die Menschenrechte zu trennen – beide sind völlig miteinander verwoben. Denn wenn wir die Menschen, die unsere Kleidung herstellen, wirklich wertschätzen, wollen wir auch ihre Arbeit und Mühe, ihre Fähigkeiten und ihr Handwerk sowie ihr Arbeitsumfeld respektieren und sicherstellen, dass wir mit unseren Einkäufen allen Beschäftigten in der Lieferkette ein menschenwürdiges Leben garantieren.

Preis vor Herkunft

Es liegt in der Natur des Menschen, dass er wissen will, woher die Dinge kommen. Im Laufe der Geschichte, insbesondere während der Industrialisierung, waren mündlich überlieferte Informationen über unsere Kleidung, Lebensmittel und Alltagsgegenstände leicht verfügbar. Noch bis vor wenigen Generationen war es normal, beim Kauf die Herkunft des Stoffes zu kennen. Oft gab es kaum Zweifel am Hersteller, einfach weil die Industrie selbst viel näher am Wohnort angesiedelt war und, noch wichtiger, weil Herkunft und Herstellung eines Kleidungsstücks die Qualität und das Prestige bestimmten, sodass es auch fürs soziale Ansehen relevant war, die Herkunft seiner Kleidung zu kennen.

Damals hatten wir auch ein besseres Verständnis für die Geografie der Textilindustrie und nutzten diese Karte instinktiv, um den Wert eines Stoffes auf den ersten Blick zu schätzen oder zu mindern. Die weichsten Wollstoffe kamen aus Italien, die reinste Seide aus China oder Indien, Kaschmir wurde in der Mongolei geschoren und gesponnen, das frischeste Leinen wurde in Frankreich angebaut. Die klassische Schneiderei war ausschließlich britisch; ihr italienisches Gegenstück mochte zwar ebenso schöne Nähte aufweisen, aber die lästige Angewohnheit der Italiener, Form und Schnitt entsprechend den aktuellen Trends zu erneuern, ließ sie wie einen Emporkömmling aussehen. Ich erinnere mich noch gut daran, wie ich in den Siebzigern in London war und es unverschämt komisch fand, dass Männer in Anzügen immer noch die engen Hosen aus den Fünfzigern trugen, während die Herrenschneiderei in Italien bereits dem aktuellen Stil der Schlaghose gefolgt war.

Die USA waren für ihre Freizeitkleidung bekannt: Turnschuhe, Jeans und T-Shirts. Warum sollte man Jeans oder Turnschuhe kaufen, die nicht in den USA hergestellt wurden? Sie wären nicht »echt« oder »original« gewesen, und man würde ja auch keinen Schottenrock auf Hawaii oder eine Lederhose bei Harrods kaufen.

Der gesamte Charakter der Sachen, die wir kauften, hing von den Materialien ab, aus denen sie hergestellt wurden, und von dem Ort, an dem sie genäht wurden, wobei die Region ein zuverlässiger Maßstab und eine Garantie für Qualität,

Stil und Authentizität war. Natürlich kam die Abkehr von einem tieferen Produktverständnis nicht von ungefähr, sondern fiel mit dem Aufkommen der Offshore-Produktion und der Geburt der Marke zusammen. In ihrem 1999 erschienenen Buch *No Logo* zitiert Naomi Klein den CEO von Nike, Phil Knight: »Jahrelang dachten wir, wir seien ein produktionsorientiertes Unternehmen, d.h., wir legten unser ganzes Augenmerk auf die Entwicklung und Herstellung des Produkts. Aber jetzt haben wir verstanden, dass das Wichtigste, was wir tun, die Vermarktung des Produkts ist. Wir sind dazu übergegangen, zu sagen, dass Nike ein Marketing-Unternehmen ist, mit dem Produkt als unserem wichtigsten Marketinginstrument.«

Es war dieses Konzept, das uns vom Zeitalter der Herkunft zum Zeitalter der Markenidentität geführt hat. Statt auf Qualität und Herstellung, statt auf das Produkt selbst, konzentrierten sich die Marken auf die inneren Werte, das Lebensgefühl, das sie mit dem Produkt verkaufen. Heute kauft man Nike-Turnschuhe, um cool auszusehen, und einen Gillette-Rasierer, um ein »echter Mann« zu sein. Diese Trennung von Mensch und Produkt ist eine treibende Kraft hinter der weit verbreiteten Gleichgültigkeit gegenüber den Menschenrechtsverletzungen in der Modebranche. Es fällt uns leichter, die Augen vor den menschlichen Kosten unserer Sachen zu verschließen, weil wir ganz einfach nicht wirklich verstehen, welche Arbeit sie erfordern. Bronwyn Seier, Content-Managerin bei Fashion Revolution und Absolventin des renommierten Masterstudiengangs »Fashion Futures« am London College of Fashion, schrieb im *Sophomore Magazine*: »Ich war in der Highschool, als Forever 21 sein erstes Geschäft in meiner Heimatstadt eröffnete. Ich erinnere mich, dass ich am Eröffnungstag ungläubig fünf oder sechs Sachen für weniger als hundert Dollar gekauft habe. Ich erinnere mich auch daran, dass ich mir sagte, dass wahrscheinlich alles so billig war, weil es von Robotern hergestellt wurde oder so. Seitdem habe ich gelernt, dass die Modebranche nach wie vor die für Menschen arbeitsintensivste Industrie ist, weil Roboter mit weichen Materialien nicht so viel anfangen können wie mit der Montage von Hondas oder iPhones. Nachdem ich während meines Studiums unglaublich viele Reverskragen, verdeckte Knopfleisten und aufgesetzte Taschen genäht habe, kann ich mich nicht länger vor der Frage nach den wahren Kosten der Fast Fashion drücken. Ich weiß, wie viel Zeit es braucht, einen Kragen zu nähen oder eine Jacke zu säumen.«

Ich habe darüber geschrieben, dass Pflegehinweisetiketten unvollständige Geschichten erzählen, die auf halber Strecke zwischen »Es war einmal« und »Und wenn sie nicht gestorben sind« stehen bleiben. Und wenn es um die tatsächliche Herkunft unserer Kleidung geht, um die Herkunft der Rohstoffe, aus denen sie hergestellt wurde, und um die vielen Prozesse, die zu ihrer Herstellung durchgeführt werden, sind Etiketten eine noch weniger zuverlässige Informationsquelle.

In einer derart deregulierten Branche wie der Modebranche gibt es im Grunde keine gesetzlichen Verpflichtungen für die Angabe von Inhaltsstoffen, Herkunft, Arbeitsverfahren und Haltbarkeitsdaten. Das macht es so unmöglich, das Gesamtbild zu verstehen. Wir wissen vielleicht, dass ein Kleidungsstück aus Polyester hergestellt und (zumindest teilweise) in Malaysia genäht wurde, aber wir können mit dieser Information allein nicht den genauen Ort ausfindig machen, an dem das Polyester gewonnen oder hergestellt wurde. Wir können auch nicht garantieren, dass die Information »Made in …« die ganze Geschichte wiedergibt, da Kleidungsstücke in dem einem Betrieb zugeschnitten, aber an einem ganz anderen Ort zusammengesetzt und genäht werden könnten.

Dieser Mangel an Transparenz und die daraus resultierende Unmöglichkeit, die Herkunft eines Kleidungsstücks und seiner Rohstoffe zurückzuverfolgen, führen zu allerlei Unklarheiten.

»Transparenz allein wird die Probleme der Branche nicht lösen, aber sie bietet einen wichtigen Einblick in die Bedingungen, unter denen unsere Kleidung hergestellt wird. Am wichtigsten ist, was jede Einzelne von uns mit den Informationen macht, die von großen Marken und Einzelhändlern offengelegt werden. Nur wenn wir Zugang zu den Informationen haben, können wir Marken und Einzelhändler, Regierungen und Lieferanten zur Verantwortung ziehen. Wir sehen Transparenz als den ersten Schritt zu einem umfassenderen Systemwandel hin zu einer sichereren, gerechteren und saubereren globalen Kleidungsindustrie.«
Sarah Ditty, Verantwortliche der Fashion-Revolution-Richtlinien

Das Modepanorama hat sich in den letzten 40 Jahren dramatisch und mit zunehmender Geschwindigkeit verändert und ist nicht mehr von dem eher lokalisierten System zu unterscheiden, das vor der Globalisierung existiert hat. Wie wir am Anfang gesehen haben, besaßen viele Modemarken vor der Verlagerung nach China und in andere weitgehend unregulierte Länder ihre eigenen Fabriken und Hersteller oder verließen sich auf die lokale Infrastruktur. Als jedoch die Nähkenntnisse und -fähigkeiten in den von China betriebenen Fabriken zunahmen, dauerte es nicht lange, bis die Modebranche das enorme Potenzial erkannte, das eine ausgebeutete, nicht gewerkschaftlich organisierte Belegschaft und der fehlende Umweltschutz für Dinge wie Umsätze und Gewinnmargen haben würde.

Die gegenwärtige Modeindustrie ist auf Geheimhaltung aufgebaut, ihre Lieferkette ist in jeder Phase des Herstellungsprozesses getrennt, wobei Marken und ihre Produzenten oft allein und fragmentiert agieren – gefangen in einem Arrangement, in dem Unsichtbarkeit die Regeln bestimmt, was zu grober Ineffizienz, Undurchsichtigkeit und einem System führt, in dem Menschenrechtsverletzungen und Umweltverstöße verborgen und gerechtfertigt werden.

Die Funktionsweise der Lieferkette ist ein perfekter Spiegel der Kultur, von der diese Branche lebt: verschlossene Türen, Elitedenken, Machtungleichgewicht und Ausgrenzung praktisch aller Menschen mit Ausnahme der wenigen Gesalbten. Diese Attribute zeigen sich überall, von der Art, wie sich die Modebranche in der Werbung und in den sozialen Medien präsentiert, bis hin zu der Art und Weise, wie sie ihre Arbeiter behandelt, von den Näherinnen bis zu den Praktikanten.

Die Modeindustrie unterstützt Ausbeutung und missbräuchliches Verhalten; sie hat sie als Teil ihres Images verankert, und selbst in den flachsten Hierarchien regiert die Macht. Andere so zu behandeln, wie man selbst nicht behandelt werden möchte, ist ein täglicher Zeitvertreib. Genau deshalb ist Transparenz einer der größten Störfaktoren für den Fortschritt, denn sie stellt so ziemlich alles infrage, wofür diese Branche steht. Transparenz bringt Sichtbarkeit und Verantwortlichkeit, und gerade jetzt brauchen wir eine Modeindustrie, die ihr eigenes Innenleben besser versteht und die Menschen respektiert, die in ihrer Wertschöpfungskette arbeiten. Wir brauchen eine klare, ununterbrochene Sichtlinie vom Ursprung des Produkts bis zu seiner Entsorgung, um Würde, Selbstbestimmung und Gerechtigkeit für die Menschen zu fördern, die unsere Kleidung herstellen, und um die Umwelt zu schützen, die wir alle teilen.

Auch wenn wir die Art, wie unsere Kleidung hergestellt wurde, nicht rückgängig machen können, sollten wir uns doch ihrer sozialen Auswirkungen bewusst sein und darüber nachdenken, wie wenig – oder wie viel – wir wirklich wissen. Schauen Sie mal kurz auf und fragen Sie sich: Was trage ich? Ähnlich wie bei der Meditation (nur ohne sich auf Ihr Inneres zu konzentrieren) werfen Sie einen Blick auf Ihre zweite Haut, die Kleidung, die Sie tragen, und stellen Sie sich ein paar Fragen:

- Was trage ich jetzt gerade?
- Weiß ich, wer es gemacht hat?

- Habe ich das Etikett gelesen, bevor ich das Teil gekauft habe?
- Habe ich jemals die Etiketts gelesen?
- Weiß ich noch, wo ich es gekauft habe?
- Weiß ich, wo es produziert wurde?
- Liebe ich das Teil genug, um es zu flicken oder reparieren zu lassen, wenn es kaputtgeht?
- Habe ich eine Idee, was ich am Ende seines Lebens damit mache?

Die Ausbeutung in der Modeindustrie wird unter dem Blickwinkel der Unzumutbarkeit noch erniedrigender. Wenn ein Kleidungsstück unter Bedingungen der Zwangsarbeit oder illegaler Niedriglöhne hergestellt wurde, ist das an sich schon eine Tragödie. Aber dass das hergestellte Teil auch in einen Kreislauf der Missachtung gerät, gekauft wird, um nach zweimaligem Tragen weggeworfen zu werden, wirft die Frage nach dem »Warum« auf: Warum werden Menschen ausgebeutet, um Müll zu produzieren?

Als ich 2017 den Conscious Award bei den Elle Style Awards bekam, sagte ich etwas, das inzwischen immer wieder zitiert wird: »Es reicht nicht aus, bei den Artikeln, die wir kaufen, auf Qualität zu achten. Wir müssen auch darauf bestehen, dass das Leben der Menschen, die sie herstellen, Qualität hat.«

Der Aufbau der Lieferkette

In der Praxis ist Transparenz nur der erste Schritt auf dem Weg zu einer verantwortungsbewussten Industrie, denn

Transparenz ist an sich keine Gewähr für vorbildliches Verhalten. Schließlich ist sie nur eine Form der Bestandsaufnahme und wirft in vielen Fällen mehr Fragen auf, als sie beantwortet. Immerhin liefert sie uns aber vergleichbare Informationen und zwingt vor allem die Marken dazu, für ihr Handeln Rechenschaft abzulegen. Entscheidend ist auch, dass es die Arbeit der Gewerkschaften, NGOs und Menschenrechtsorganisationen erleichtert und die Verbraucher ermutigt, wachsam zu sein, immer wieder Fragen zu stellen und zu überprüfen, ob sie den Antworten, die sie erhalten, tatsächlich vertrauen.

Da die Modeindustrie viele andere Branchen berührt, von der Landwirtschaft bis hin zur Kommunikation, ist ihre Wertschöpfungskette weder geradlinig noch leicht zu lokalisieren. Hinzu kommen die globalen Routen, die für die Modeherstellung relevant sind, und Sie werden sehen, dass jede Art von genauer Kartierung sowohl kompliziert als auch teuer ist.

Vereinfacht gesagt ist die Lieferkette in drei Ebenen unterteilt: Die erste Ebene ist der Ort, an dem die Produkte hergestellt werden, kann aber auch die Etikettierung und Verpackung umfassen. Auf der zweiten Ebene befinden sich die Mühlen und die Nassverarbeitung, wo die Stoffe gewebt und/oder gefärbt werden. Die dritte Ebene betrifft die Rohstoffe, d.h. die Baumwoll- oder Schafzucht oder die Wälder, aus denen die Viskose gewonnen wird.

Fertiges Produkt	1. Ebene	2. Ebene	3. Ebene
z.B. ein Hemd	Zuschneiden, nähen, stutzen Das Produkt wird zugeschnitten, genäht, etikettiert und verpackt.	Mühlen, Nassverarbeitung Garne werden zu Stoffen gewebt/gestrickt, der Stoff wird gefärbt und veredelt.	Rohstoffe Schafzucht zur Wollgewinnung / Baumwollanbau / Baumbepflanzung zur Viskosegewinnung

Marken besitzen nur noch selten eigene Produktionsstätten und geben ihre Waren eher in Auftrag. Dieses neue System hat wiederum den Aufstieg von Zwischenhändlern begünstigt und einen undurchsichtigen Vorhang zwischen Marke und Lieferant gehängt. Dort kann alles Mögliche passieren, von Kinderarbeit bis hin zu illegaler Abfallentsorgung, und es geht auch alles Mögliche verloren, z.B. die Garantie, dass die Produkte dort hergestellt werden, wo sie angeblich hergestellt werden.

Unerlaubte Subunternehmen kommen ins Spiel, wenn eine Fabrik mit Aufträgen überlastet ist und einige davon an eine andere Fabrik weitergibt, ohne ihren Kunden (die Marke) zu informieren. Oder es kann vorkommen, dass eine Marke den Preis für ein Produkt so weit gesenkt hat, dass der Fabrikbesitzer beschließt, es nur noch an eine billigere Fabrik weiterzugeben, wiederum ohne die Marke darüber zu informieren.

Ich möchte noch einmal auf Naomi Kleins Untersuchung über den Aufstieg der Markenidentität zurückkommen. In den 1990er-Jahren, als die Unternehmen in den Mythos ihrer Marke investierten, gaben sie die Verantwortung für ihre Produkte auf. In *No Logo* heißt es von Walter Landor, Präsident einer Agentur für Markenentwicklung: »Produkte werden in der Fabrik hergestellt, aber Marken werden im Kopf gemacht.« Aber die Unternehmen haben nicht nur im übertragenen Sinne das Produkt aufgegeben, sie haben ihre Fabriken ganz und gar verleugnet. Klein schreibt: »Wenn der eigentliche Herstellungsprozess so abgewertet wird, ist es nur logisch, dass die Menschen, die die Arbeit der Produktion verrichten, wie Abfall behandelt werden – das, was zurückbleibt.«

Bekleidungsunternehmen stellen keine Kleidung mehr her, sie verkaufen sie. Und genau hier beginnt die Notwendigkeit von Transparenz.

Wirtschaftsprüfungen

Wirtschaftsprüfungen sind Systeme, die eingeführt werden, um die Arbeitspraktiken von Auftragnehmern und Zulieferern zu bewerten und die Einhaltung von Qualitäts-, Sozial-, Umwelt- und Sicherheitsvorschriften zu gewährleisten. Diese Audits sind lediglich eine Art Diagnose, und wenn sie nicht mit einer Liste von »Empfehlungen« verbunden sind, ist es ein bisschen so, als würde man zum Arzt gehen, um eine Diagnose zu erhalten, ohne ein Rezept oder irgendeine Art von Nachsorge zu bekommen. Da Prüfungen durchgeführt werden, um eine Marke oder einen Hersteller zu akkreditieren oder zu zertifizieren, fehlt es ihnen allzu oft an Sorgfalt, Maßnahmen und Korrekturmöglichkeiten.

In den meisten Fällen hemmt die Wirtschaftsprüfung die vollständige Transparenz, trägt wenig zur Verbesserung der Arbeitsbedingungen bei und ist bestenfalls ein Diagnose-, aber sicher kein Heilmittel. Auditsysteme haben sich nicht nur in vielen Fällen als fehlerhaft erwiesen, sondern werden weithin als strategischer Pakt zwischen Einzelhändlern und Produzenten angesehen, um die Verantwortung an Dritte zu delegieren – in diesem Fall an die Wirtschaftsprüfer, die ohnehin nicht einmal rechtlich rechenschaftspflichtig sind.

Von allen Normen zur Akkreditierung von Arbeitsplätzen ist die SA8000 (Social Accountability International) die angesehenste und am häufigsten verwendete Norm zur Zertifizierung von Organisationen, die sich nachweislich für eine faire Arbeitnehmerbehandlung einsetzen. Bei der Umweltverträglichkeit gibt es mehrere Gesichtspunkte zu berücksichtigen. Einige der wichtigsten Organisationen, die spezifische Zertifizierungen anbieten, sind Global Organic Textile Standard (GOTS), Global Recycle Standard und Oeko-Tex Standard 100.

Die einzige Prüfung, die heutzutage eine sinnvolle Wirkung hat, ist jene, die auf die korrekte Anwendung dieser weltweit anerkannten Standards hinarbeitet. Es gibt Listen, die von Organisationen wie CO (Common Objective) online zur Verfügung gestellt werden.

Die Wirtschaftsprüfung erstellt eine Momentaufnahme, erfasst einen »Tag im Leben« einer Fabrik, ohne wirkliche Garantie, dass sie den Rest des Jahres über vorbildlich agiert. Darum sind regelmäßige und am besten unangekündigte Audits die einzige Möglichkeit, eine wirklich gründliche Kontrolle durchzuführen. Leider werden die Zulieferer oft vor einem Audit gewarnt, sodass sie genügend Zeit haben, sich vorzubereiten und schlechte Usancen zu verbergen, wie es der Fall der Flüchtlingskinder zeigte, die illegal in der Türkei arbeiteten und in Nebenräumen versteckt oder aufgefordert wurden, das Gelände vorübergehend zu verlassen, um nicht erwischt zu werden.

Ich habe diesbezüglich persönliche Erfahrungen gemacht. Zwischen 2008 und 2011 arbeiteten mein Mann und ich mit einem führenden Supermarkt zusammen, um die erste upgecycelte Online-Kollektion zu entwerfen, die vollständig aus Resten und Überschüssen aus den Fabriken in Sri Lanka hergestellt wurde. Bei einem Besuch wurde uns eine der größten Fabriken und vor allem das Lager gezeigt, in dem alle veralteten und übrig gebliebenen Waren gelagert wurden: ein riesiger Raum, in dem Tausende und Abertausende von Stoffrollen aufbewahrt wurden, die zuvor ausrangiert worden waren und aus denen wir unsere Auswahl trafen.

Zur Feier der Kollektionseinführung 2010 fuhr ich noch einmal nach Sri Lanka, begleitet von einem Journalisten des *Daily Telegraph*, der eine Reportage über die Entstehung des Projekts schrieb. Ich kehrte in dieselbe Mühle zurück und fragte, ob ich dem Journalisten das Lagerhaus zeigen könne, nur um zu erfahren, dass es nicht existiere.

Einige Jahre später waren wir als Berater für eine große Neutragen-Kollektion einer bekannten Kette tätig und besuchten einen ihrer Hauptlieferanten in der Region Anatolien, um die Kollektion vorzuentwerfen. Der Fabrikbesitzer war darüber informiert, dass wir nach Überschüssen und Abfällen suchten, und entfernte sie noch vor unserer Ankunft; und obwohl die Fabrik in vollem Produktionsbetrieb war, war sie komplett aufgeräumt, ohne das geringste Anzeichen von Abfall. Auf unsere Frage nach dem Verbleib der Reststücke oder der überschüssigen Rollen wurde uns gesagt, in der Fabrik falle überhaupt kein Abfall an.

Die Kosten der Undurchsichtigkeit

»Wenn wir es nicht sehen, können wir es auch nicht reparieren.« Dies ist eines unserer wichtigsten Mottos seit der Gründung von Fashion Revolution. Wenn es einer Branche an Transparenz mangelt, können schlechte Dinge passieren.

Die Fassade der Modeindustrie stürzte am frühen Morgen des 24. April 2013 ein, zusammen mit der Fabrikanlage Rana Plaza in Dhaka, Bangladesch. 1138 Menschen, darunter vorwiegend junge Frauen, kamen dabei ums Leben, über 2500 wurden verletzt.

Die Katastrophe – die bisher schlimmste in der Modeindustrie – war keineswegs die erste und wird leider auch nicht die letzte sein, aber ihr Ausmaß und die grausamen Bilder, die im Internet und in den Nachrichten verbreitet wurden, waren ein Wendepunkt, ein Moment der Abrechnung, und das Blatt hat sich seitdem (wenn auch langsam) gewendet.

Die Rana-Plaza-Fabrikanlage war ein riesiges Gebäude, in dem Kleidung für einige der bekanntesten Marken der Welt hergestellt wurde. Den Großteil davon würden wir als Fast Fashion bezeichnen, aber einige waren auch Premium- oder Luxus-Namen. Aufgrund des damals üblichen Mangels an Transparenz und Rechenschaftspflicht war schnell klar, dass es lange dauern würde, die Verantwortlichen zu ermitteln, denn es war fast unmöglich, mit Sicherheit zu wissen, welche Marken die Anlage benutzt hatten.

Innerhalb der Branche wird gemunkelt, dass die CEOs und

CFOs von Markenunternehmen ihre eigenen Beschaffungsabteilungen anriefen, um herauszufinden, ob Rana Plaza tatsächlich einer ihrer Zulieferer war, und oftmals konnten diese Informationen wegen eines undurchsichtigen Netzes von Unteraufträgen und chaotischen Beschaffungspraktiken nicht zurückverfolgt werden. Es dauerte Wochen, um festzustellen, wer dort produzierte und wer nicht, und der Großteil der Detektivarbeit wurde von Aktivistenorganisationen vor Ort geleistet, die in den Trümmern nach belastenden Etiketten suchten.

Die Clean Clothes Campaign, eine weltweit tätige NGO, die sich für die Rechte von Arbeitnehmern in der Bekleidungsindustrie einsetzt, und ihr britischer Partner Labour Behind the Label haben schließlich 29 globale Marken identifiziert, die in letzter Zeit oder aktuell Aufträge an mindestens eine der fünf Bekleidungsfabriken im Rana-Plaza-Gebäude vergeben hatten. Die Liste lässt fast keinen westlichen Verbraucher unberührt (oder unbekleidet). Doch nur die wenigen Marken, die einen gewissen Einblick in ihre Lieferkette hatten, waren in der Lage, die volle Verantwortung zu übernehmen, einen Wiedergutmachungsprozess einzuleiten und sofortige Schritte zur Entschädigung zu unternehmen. Die meisten Marken, die im Rana-Plaza-Komplex produzierten, hatten absolut keine Ahnung, dass sie die Anlage als Zulieferer genutzt hatten.

Primark war die erste Marke, die ihre Hand hob und sich zur Fabrik als Zulieferer bekannte und den Familien eine kurzfristige Entschädigung anbot. Monate nach der Tragödie und nach einem von der Internationalen Arbeitsorganisation (ILO) einberufenen Treffen, bei dem die Marken, die in Rana Plaza produzierten, einer eingehenden Prüfung unterzogen wurden, schlossen sich einige andere Marken der Entschädigung der Opferangehörigen an. Es dauerte lange, bis man sich ein vollständiges Bild machen konnte, und noch länger, bis man sich auf eine angemessene Entschädigung geeinigt hatte. Nur sieben der 29 Marken, die vor Ort produzierten, unterzeichneten den von der ILO unterstützten Entschädigungsfonds Rana Plaza Donors Trust Fund. Benetton brauchte ein Jahr, um dem Druck nachzugeben, nachdem mehr als eine Million Menschen eine entsprechende Petition unterschrieben hatten. Sie zahlten nur 740000 Pfund.

Die Arbeitnehmer

Es ist schwer, sich mit den Lebensumständen eines Bekleidungsarbeiters in Bangladesch zu identifizieren und sich in ihn hineinzuversetzen: lange Arbeitszeiten, Sechs-Tage-Wochen, heiße und beengte Arbeitsbedingungen mit schlechter Luftzirkulation, niedrige Löhne, sehr wenige Pausen und häufige Misshandlungen. Aber es ist noch schwieriger, sich in die Lage dieser Arbeiterinnen und Arbeiter am 24. April 2013 hineinzuversetzen, denn sie wussten genau, dass sich eine potenzielle Katastrophe anbahnte, und dennoch wurde ihnen gesagt, dass die Produktion weitergehen müsse.

Das ist das Ungeheuerlichste an der ganzen Tragödie: Viele Arbeiter hatten die Risse in den Wänden schon Tage vor dem eigentlichen Einsturz gesehen und ihre Vorgesetzten alarmiert. Natürlich wurden sie nicht ernst genommen, vielleicht nicht einmal gehört, und trotz einer Evakuierung am Tag vor dem Einsturz mussten sie am nächsten, verhängnisvollen Tag wieder zur Arbeit gehen, trotz der Risse, trotz der Angst.

Stellen Sie sich vor, wie es sich angefühlt haben muss, unter Zwang zu arbeiten und gleichzeitig um sein Leben zu fürchten, nicht zu wissen, ob man am Ende des Tages zu Hause bei seiner Familie sein würde; die Empörung zu spüren, in einem sichtlich verfallenden Gebäude eingesperrt zu sein, nur um ein paar Millionen T-Shirts und den Gewinn des Besitzers zu sichern. Aber diese T-Shirts wurden zu dieser Zeit und unter diesen Umständen von Bekleidungsarbeitern produziert, etikettiert und verpackt, die völlig zu Recht Panik hatten. Und diese T-Shirts wurden höchstwahrscheinlich in die Läden geliefert – und wir haben sie gekauft. Diese T-Shirts, die in Terror, Demütigung und Halbgefangenschaft hergestellt wurden, sind der Grund, warum sich alles ändern muss: All unsere Kleidung sollte würdevoll und verantwortungsbewusst hergestellt werden. Die Geschichte von Rana Plaza fühlt sich, so wie ich sie erzählt habe, vielleicht weit weg an, aber das sollte sie nicht: Wir alle besitzen Kleidungsstücke, die unter Ausbeutung hergestellt wurden.

Uns schaden nicht nur die Chemikalien und Giftstoffe, die Umwelt und Kleidung zugleich belasten, nein, es sind der Mangel an Würde, die Chemie, die beim Nähen einer Sache weitergegeben wird, der Zustand der nähenden Hände, die sich für unseren Körper und unsere Seele genauso giftig anfühlen sollten.

Nazma Akter, eine Gewerkschafterin aus Bangladesch, ehemalige Bekleidungsarbeiterin und Gründerin der AWAJ Foundation, schrieb im *Fashion Transparency Index 2019* von Fashion Revolution: »Jede große multinationale Modemarke und jeder Einzelhändler muss für Transparenz sorgen, damit die Arbeitnehmer verstehen, was die Marken, deren Kleidung sie herstellen, zur Wahrung der Arbeitnehmerrechte tun. Für mich bedeutet Transparenz auch, dass die Marken bereit sind, für ihre Geschäftspraktiken zur Rechenschaft gezogen zu werden. Meine Organisation nutzt die von den großen Modemarken offengelegten Informationen auf verschiedene Weise. Zum Beispiel teilen wir die Informationen mit den Arbeitnehmern, damit sie für sich bessere Arbeitsbedingungen aushandeln und auch ihre Kollegen und Vorgesetzten miteinbeziehen können. Wir nutzen die Transparenzinformationen auch, um uns ein Bild von den Arbeitsstandards der Marken zu machen. Wir wünschen uns, dass mehr Marken und Einzelhändler Informationen weitergeben, die für die Gewerkschaften und die Beschäftigten in der Bekleidungsindustrie hilfreich sind, z.B. Lieferantenlisten, Auditberichte und Aktivitäten zur Förderung der Vereinigungsfreiheit und des sozialen Austauschs.«

Und so wurde Fashion Revolution geboren …

In den Tagen direkt nach dem Einsturz von Rana Plaza waren die Erschütterung innerhalb der »Öko-Mode«-Gemeinschaft und der Schock unter Außenstehenden spürbar. Der Brand in der Tazreen-Fabrik (bei dem 2012 117 Menschen ums Leben kamen und 200 weitere verletzt wurden) war allen noch frisch im Gedächtnis, auch wenn er in der öffentlichen Meinung kaum Beachtung fand.

Die Tragödie von Rana Plaza war vorhersehbar und hätte vermieden werden können, was sie noch ergreifender und empörender macht; und für diejenigen von uns, die sich unermüdlich für bessere Standards in der Mode-Lieferkette eingesetzt hatten, fühlte es sich wie eine erschreckende Manifestation genau der Gründe an, die hinter unserem Engagement standen. Es war der schlimmste »Ich hab's ja gesagt«-Moment, den man sich nur vorstellen konnte.

Fashion Revolution wurde zufällig und ziemlich spontan kurz danach geboren. Damals hatte ich noch meine eigene Marke und arbeitete außerdem mit dem British Fashion Council als Kuratorin von Estethica zusammen, dem Bereich für nachhaltige Mode auf der London Fashion Week, den mein Mann Filippo Ricci und ich 2006 mitbegründet hatten.

Carry Somers, die damals mit ihrer Panamahut-Marke Pachacuti eine unserer Estethica-Mitstreiterinnen war, rief mich an, nachdem sie in der Badewanne einen Geistesblitz gehabt hatte. Sie hinterließ eine Nachricht auf meinem Telefon und fragte mich, ob ich daran interessiert wäre, mit ihr zusammen einen »Fashion Revolution Day« zu veranstalten, um die Arbeiterinnen in der Bekleidungsindustrie zu feiern und diesen Tag zu einem jährlichen Ereignis zu machen, und zwar am 24. April, zum Gedenken an die Menschen, die beim Einsturz des Rana Plaza ihr Leben verloren hatten.

Ich war sofort Feuer und Flamme, und obwohl ich keine Strategin bin, hatte ich die Vision, die Kreativität, die Erfahrung und die Kontakte, um mindestens etwas Größeres auf die Beine zu stellen als nur eine jährliche Gedenkveranstaltung. Es folgte unser phänomenales Gründungsteam, handverlesen aus einer Gemeinschaft, die sich in Großbritannien zum Teil dank Estethica (sowie anderer Pionierorganisationen wie dem Ethical Fashion Forum von Tamsin Lejeune, das jetzt Common Objective heißt, und dem Centre for Sustainable Fashion am London College of Fashion, das von der phänomenalen Dilys Williams geleitet wird) schon gut etabliert hatte … und der Rest ist, wie man sagt, Geschichte.

Innerhalb kürzester Zeit bekamen wir Anfragen von Interessierten aus aller Welt, die unsere winzige Twitter-Präsenz bemerkt hatten und sich beteiligen wollten. Und Monate später begrüßten wir Fashion Revolution Australien, Deutschland, Brasilien und zunehmend auch andere in unserer wachsenden Familie.

Wenn ich auf die Anfänge zurückblicke, kann ich ehrlich sagen, dass weder Carry noch ich uns vorstellen konnten, dass wir zu dem heranwachsen würden, was jetzt (zum Zeitpunkt des Schreibens) die größte Modeaktivismus-Bewegung der Welt ist – vor allem, weil uns die Kampagnenarbeit nicht im Blut liegt und wir uns die Dinge im Laufe der Zeit einfach aus den Fingern gesogen haben. Ich glaube immer noch, dass das einer der Hauptgründe für unseren Erfolg ist: unsere Spontaneität und Regelbrüche; unsere Fähigkeit, als Individuen zu denken und nicht als starre Organisation; die einfachen Fragen, die wir stellten, und die Art, wie wir sie stellten; unsere Pro-Mode- und nicht Anti-Mode-Haltung; unser (damals) respektloser Ansatz hinsichtlich Markenbildung und visueller Kommunikation, der eher feierlich und ansprechend war, als Untergang, Düsternis und Zerstörung zu verkünden. Als wir am 24. April 2014, also genau ein Jahr nach der Rana-Plaza-Katastrophe, offiziell an die Öffentlichkeit traten, waren wir bereits eine feste Größe, mit der man rechnen musste. Der Einsturz von Rana Plaza hatte allen gezeigt, dass unsere unstillbare Gier nach (billiger oder teurer) Kleidung, unsere Ungeduld und die völlige Missachtung von Menschenleben das Tragen von Kleidung verwandelt hatte: nicht länger eine Notwendigkeit, sondern stattdessen ein tödlicher Zeitvertreib.

Eine weitere deutliche Erinnerung daran, dass sich unser unermesslicher Appetit auf erschwingliche Mode, auf Quantität statt Qualität, auf Dinge, die wir kaufen und oft gar nicht brauchen, vom Elend anderer Menschen speist.

Die Argumente für Transparenz liegen auf der Hand: Hätten die Marken, die ihre Produkte von Rana Plaza bezogen, ihre Fabriklisten veröffentlicht, hätten sie selbst gewusst, wo sie überhaupt produzierten, und hätten sie diese Informationen öffentlich zugänglich gemacht, wären der Prozess der Schuldzuweisung und die anschließende Forderung nach Entschädigung wesentlich schneller verlaufen.

Die Folgen des Einsturzes von Rana Plaza waren auf der ganzen Welt zu spüren – für die meisten Verbraucher war es das erste Mal, dass sie sich Gedanken darüber machten, wie viel billige Kleidung eigentlich kostet.

Andere Modedesaster

Der Rana-Plaza-Kollaps in Dhaka, Bangladesch, war die mit Abstand schlimmste Katastrophe in der Modeindustrie, aber es war nicht die erste und wird auch nicht die letzte sein.

Die Triangle Shirtwaist Company

Dieser Fabrikbrand in New York brach am 25. März 1911 aus und kostete 145 Menschen das Leben. Es heißt, das Feuer sei in einem Lumpensack ausgebrochen. Die Fabrikarbeiterinnen waren zumeist jugendliche Immigrantinnen, die kein Englisch sprachen und 12 Stunden am Tag für 15 Dollar pro Woche arbeiteten. Da es keine Sprinkleranlage gab, die Eingänge blockiert und die Aufzüge kaputt waren, verbrannten viele Arbeiterinnen oder sprangen in ihrer Verzweiflung aus den Fenstern.

Brand in der Kleiderfabrik Tazreen

Dieses Feuer brach am 24. November 2012 im Bezirk Ashulia am Rande von Dhaka, Bangladesch, aus und forderte 117 Todesopfer und über 200 Verletzte. Obwohl unklar ist, wie das Feuer ausbrach, wurden der Eigentümer und mehrere Manager wegen fahrlässiger Tötung angeklagt. Die Räume wurden von der Außenwelt abgeschnitten, als es in den mit Garn und Stoffen zugestellten Korridoren zu brennen anfing, und Berichten zufolge waren die Notausgänge sogar abgesperrt.

Brand in der Kleiderfabrik Karatschi

Die Fabrik Ali Enterprises ging am 11. September 2012 in Flammen auf, wobei 250 Menschen getötet und 55 schwer verletzt wurden. Viele Arbeiter waren im Gebäude eingeschlossen, hinter vergitterten Fenstern und abgesperrten Ausgangstüren. Das Gebäude verfügte weder über Feuerlöschgeräte noch über Feueralarm oder Notausgänge.

Brand in der Taschenfabrik Delhi
Am 8. Dezember 2019 brach in einer Schulranzenfabrik in Delhi ein Feuer aus. Obwohl es mitten in der Nacht war, schliefen über 100 Arbeiterinnen, vorwiegend Migrant:innen, auf dem Boden. Es starben 43 Menschen, der jüngste war 13.

Kulturwandel

Wenn es stimmt, dass Mode ein Ausdruck dessen ist, wer wir sind und in welcher Kultur wir leben, dann müssen wir auf die tiefgreifenden moralischen Fragen reagieren, die unsere Zeit bestimmen: verschmutzungsbedingte Klimaerwärmung, Ungleichheit der Geschlechter, Diversität und Menschenrechte.

Transparenz ist nicht einfach nur ein System für die gemeinsame Datennutzung von Daten, nein, es ist ein Anfang, um die Branche auf links zu drehen und auf den Kopf zu stellen, ein radikaler Wandel in der Kultur und in unseren Verhaltensmustern. Diese ganze Branche lebt von der Geheimhaltung. Sie aufzubrechen, damit jeder daran teilhaben kann, um Debatten und konstruktive Kritik zu fördern, die Verbraucher in die Lage zu versetzen, Besseres zu fordern und die Marken zur Einhaltung zu zwingen, ist durch und durch revolutionär.

Es bedeutet, den Fokus vom Produkt zurück auf die Menschen zu lenken, und es wird den Verbrauchern letztlich helfen, Entscheidungen zu treffen, die auf Werten und nicht nur auf Instagram-Sichtbarkeit beruhen. Es geht um den Schutz der Menschen, die die Branche ausmachen, und um den Schutz ihres Arbeits- und Lebensumfelds, was sich letztlich positiv auf uns alle auswirken wird. Es geht darum, zu verstehen, wie sehr wir als Verbraucher bereit sind, Kompromisse einzugehen, um etwas zu besitzen: Sind wir wirklich gewillt, weiterhin Abholzung, Verschmutzung und Ausbeutung zu ignorieren?

Im Unwissen ist es immer einfacher, keine Fragen zu stellen. In einem transparenten System hingegen, in dem die Sichtbarkeit selbstverständlich inkludiert ist, können besorgte Verbraucher aktiv daran mitwirken, dass genaue Informationen weitergegeben, verglichen und verstanden werden. In einem radikal transparenten System wird »Greenwashing« der Vergangenheit angehören, da wir alle über genügend Informationen verfügen werden, um unsere eigenen fundierten Entscheidungen zu treffen.

Greenwashing: »Wenn ein Unternehmen irreführende oder falsche Behauptungen tätigt, um zu suggerieren, es engagiere sich deutlich mehr für die Umwelt, als es tatsächlich der Fall ist.«
Emily Chan, Vogue

Natürlich ist es schwierig, dass Transparenz und öffentliche Rechenschaftspflicht auf Selbstauskunft beruhen. Allerdings können Selbstauskünfte im Rahmen einer Kultur der Wachsamkeit überprüft werden, und Transparenz bietet den Ausgangspunkt dafür, jene Fragen zu stellen, die unbeantwortet geblieben sind. So werden die Marken für die Bereitstellung dieser Informationen verantwortlich gemacht, und die Verbraucher haben die Möglichkeit, deren Behauptungen zu akzeptieren oder zurückzuweisen.

Transparenz und öffentliche Bekanntmachungen messen die zur Verfügung gestellten Informationen, nicht die Leistung. Eine Marke, die keine öffentlichen Bekanntmachungen vornimmt, ist nicht zwangsläufig eine Marke, die in Bezug auf soziale und ökologische Praktiken nicht aktiv ist; es bedeutet vielleicht einfach, dass sie dies für sich behält. Sie reden vielleicht viel darüber, verhindern aber aktiv, dass ihre Kunden sich engagieren und sie hinterfragen. Das ist sehr typisch für die Modeindustrie: exklusiv, schwer fassbar, versteckt. Transparenz reißt diese Wand ein, sodass es Ihr Recht ist, Rechenschaft zu verlangen und zu sehen, wie sich diese im Laufe der Zeit entwickelt.

Nicht alle Marken werden ehrlich sein, und nicht alle Verbraucher interessieren sich dafür. Das macht aber nichts, denn die Menschen, die wirklich interessiert sind, werden in der Lage sein, mehr zu erfahren und danach zu handeln. Und das ist auf jeden Fall besser, als gar keine Ahnung zu haben! Vor allem aber können die Verbraucher die Marken hinsichtlich sozialer und ökologischer Leistung vergleichen, was einen gesünderen Wettbewerb fördert (statt einen nur auf Gewinn basierenden) Wir wollen, dass die Marken darum wetteifern, wer am meisten Gutes tut, und nicht darum, wer die meisten Waren verkauft.

Kulturelle Veränderungen geschehen nicht über Nacht, und auch das System wird sich nicht von jetzt auf gleich verbessern. Genau deshalb müssen wir diesen ersten Schritt dringend in Angriff nehmen, denn die Zeit ist nicht auf unserer Seite. Die Transparenz wird diesen Prozess beschleunigen, wenn wir sie dezidiert einführen und gleichzeitig andere notwendige Verbesserungen – von der Mikro- bis zur Makroebene – in Angriff nehmen. Doch zunächst müssen wir die Art von Kultur fördern, die diese neuen Einstellungen begünstigen wird: eine Kultur, die Verantwortungsbewusstsein, Genauigkeit, Fülle, Qualität und Respekt großschreibt.

Die Modeindustrie hat die Pflicht, eine Führungsrolle einzunehmen; und ihr Potenzial, es besser zu machen – und andere dazu zu inspirieren, es ihr gleichzutun –, ist enorm. Die Zeit drängt, und wir müssen schnell handeln. Vor allem aber müssen wir als Ganzes handeln, denn wir alle haben eine Rolle zu spielen.

– 10 –

Und jetzt alle zusammen

Wir haben gesehen, wie negativ es sich auf die Erde auswirkt, dass wir Dinge nicht mehr behalten wollen. Wir wissen, dass wir nicht weiterhin billige Kleidung kaufen können, nur um sie dann wegzuwerfen; dass wir nicht länger ignorieren können, welche Rolle wir zu spielen haben.

Wir müssen unbedingt aufhören, unsere Kleidung als Wegwerfartikel zu betrachten. Wenn nur jeder wüsste, wie viel Zeit und Energie in die Herstellung von Kleidung fließt, könnten wir diesen ungesunden Kreislauf des endlosen und manchmal unnötigen Kaufens verlangsamen. Wir müssen Wege finden, um uns von unserer Sucht zu befreien, die Wegwerfkultur umkehren und neue Kauf- und Pflegeformen für unsere Kleidung finden.

Die durchschnittliche Lebensdauer eines modernen Kleidungsstücks beträgt nur 3,3 Jahre. Somit ist es eine zweifellos großartige Investition, Flicken und Selbermachen zu lernen oder jene ins Boot zu holen, die es schon können. Alles, was es erfordert, ist ein bisschen Ihrer Zeit: Ihre Zeit zum Reparieren, Recyceln, Umfunktionieren, Neuerfinden, Zurückgewinnen, Retten und Wiedertragen. Wir müssen kein Teil des Problems sein, sondern können alle mit Begeisterung und Kreativität Teil der Lösung werden.

Vielleicht wissen Sie jetzt mehr als vorher. Und vielleicht werden Sie sich nach der Lektüre dieses Buches dazu entschließen, einige meiner Vorschläge aufzugreifen und in die Praxis umzusetzen; hoffentlich habe ich zumindest in einigen von Ihnen die innere Aktivistin geweckt. Kleine Taten eines Einzelnen können zu einem mächtigen Aktionsinstrument werden, wenn sie von Millionen nachgemacht werden. Natürlich liegt die größte Verantwortung für den Wandel bei höheren Mächten wie Marken, Unternehmen und Regierungen, aber dennoch ist die Macht des Einzelnen ausschlaggebend.

Das Wichtigste, was wir jetzt tun können, ist, gemeinsam zu handeln und die Stimme zu erheben: in der Familie, im Freundeskreis, bei den Kollegen, in der Schule, am Arbeitsplatz, in der Kirche, im Fitnessstudio, auf dem Wochenmarkt. Es gibt keinen besseren Zeitpunkt als jetzt, um auf Veränderungen zu drängen, und es gibt keinen besseren Ort als Ihren Kleiderschrank, um damit anzufangen. Sie können Monat für Monat einige einfache Rituale in Ihr Alltagsleben einbauen und sich virtuell oder in echt mit anderen austauschen, die dasselbe tun.

Januar
Ein Vorsatz für das neue Jahr

> *»Wir bekommen nur dann Veränderungen, wenn wir sie fordern. Und wenn Sie bei einer Marke, die Sie unterstützen, keinen glaubwürdigen Wandel sehen, nehmen Sie Ihr Geld und geben Sie es jemandem, der Ihre Prioritäten berücksichtigt und dazu beiträgt, die Branche zum Besseren zu verändern.«*
> *Aja Barber, Schriftstellerin und Stilberaterin*

Der Januar ist schon ein komischer Monat: Einerseits sollen wir Neujahrsvorsätze fassen, bei denen es fast immer um Disziplin geht, wie z.B. ins Fitnessstudio zu gehen, auf Alkohol zu verzichten, sich vegan zu ernähren oder eine Auszeit von den sozialen Medien zu nehmen. Andererseits werden wir ermutigt, so ziemlich alles zu kaufen, was uns im Januar im Ausverkauf begegnet.

Ich wehre mich sowohl gegen die einschränkenden Neujahrsvorsätze als auch gegen die völlige Verschwendung im Winterschlussverkauf, und zwar aus Prinzip. Jeden Januar sagt man uns, dass wir uns neu erfinden sollen, und das ärgert mich wirklich. Marketingbotschaften sagen uns, wir sollten abnehmen, der Schlussverkauf fordert uns auf, unsere Kleiderschränke aufzufüllen, und ein neuer Terminplaner ermutigt uns, all diese konkreten Ziele aufzuschreiben und sie schnell umzusetzen.

Aber was wäre, wenn wir uns im Januar nicht sagen, dass wir eine ganz neue Person werden müssen, sondern uns einfach damit beschäftigen, uns so zu mögen, wie wir sind? Das Selbstwertgefühl ist eng mit unserem Hang zum Überkonsum verbunden, und zwar auf so vielen verschiedenen Ebenen. Wie wäre es also, wenn unser Mantra im Januar statt »Neues Jahr, neues Ich« ein Mantra der Zufriedenheit wäre?

Mein Trick, um der Versuchung zu widerstehen, ist ganz einfach: Ich nutze den Winterschlussverkauf, statt mich von ihm ausnutzen zu lassen. Also kaufe ich nur, was ich wirklich brauche; ich kaufe sparsam und nicht hemmungslos; und ich kaufe besser, weil ich mir dank des günstigeren Preises bessere Qualität leisten kann, und Qualität bedeutet Langlebigkeit. Ich kaufe ausschließlich das, was ich brauche: Ich gehe nicht in den Laden, um ein Paar Turnschuhe zu kaufen, und komme mit einem geblümten Kleid wieder raus.

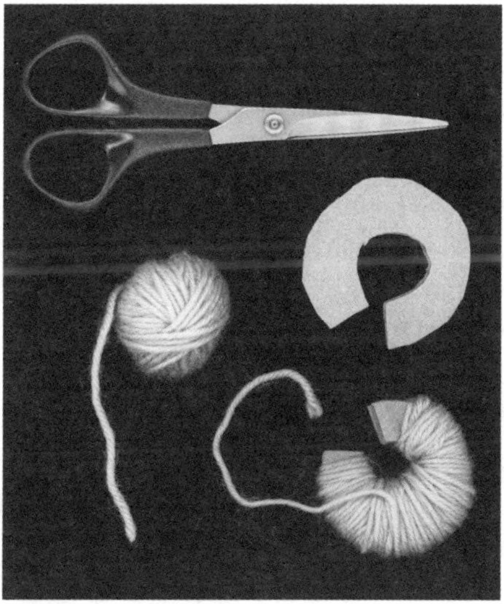

Februar
Karneval

> *»Es ist uninteressant, perfekt auszusehen. Du willst, dass deine Kleidung etwas über dich aussagt, darüber, wer du wirklich bist.«*
> *Emma Watson, Schauspielerin und Aktivistin, Teen Vogue, 2009*

In vielen Ländern steht der Februar ganz im Zeichen des Karnevals (etwa in Italien, in vielen anderen europäischen Ländern und natürlich in Brasilien). Ähnlich wie Halloween hat sich auch der Karneval von einem Fest der Kreativität zu einem Fest des Massenkonsums entwickelt. Millionen billiger Plastikkleider werden gekauft und weggeworfen, nachdem sie kaum einmal getragen wurden. Das Ergebnis? Endlose *Frozen*-Kostüme, Tausende *Fluch der Karibik*-Schwerter und -Hüte aus Kunststoff, zahllose *Spider-Man*-Kostüme – und der Großteil davon wurde in völliger Not und aus miserablen Materialien hergestellt. Sobald der Karneval vorbei ist, finden Sie all diese Sachen auf der Mülldeponie in Ihrer Nähe wieder.

Verschwendung und Einfallslosigkeit gehen hierbei Hand in Hand, denn es sieht alles so gleich aus, als würde sich niemand Mühe geben (was auch der Fall ist, es sei denn, man versteht es als Mühe, ein fertiges Kostüm zu kaufen).

Veranstalten Sie lieber eine Verkleidungsparty. Laden Sie alle Ihre Freunde zu einem chaotischen Bastelnachmittag ein, bei dem Sie aus Resten und ungeliebten Sachen, aus allem, was sich findet, Kostüme machen. Wenn Sie Kinder haben, vermitteln Sie ihnen den Wert und Sinn dahinter, Kleidung als eine Form der Selbstdarstellung zu verstehen; ermutigen

Sie sie, ihrer Fantasie freien Lauf zu lassen und ihre eigenen, einzigartigen Karnevalsfiguren zu schaffen.

Die Party und der Bastelnachmittag eignen sich übrigens genauso gut für einen Haufen Erwachsener, die beim nächsten Kostümfest Eindruck schinden wollen.

Ich durfte mich schon über so manchen Preis für meine Tätigkeiten in der Modebranche freuen (etwa den Observer Ethical Award 2010 und den Elle Style Awards Conscious Award 2017), aber am meisten habe ich mich immer gefreut, wenn meine Kinder mit einem Preis für eine wild zusammengebastelte Verkleidung heimkamen.

Mein bei Weitem erfolgreichstes Kostüm war Slinky Malinki, und die einfachste Verkleidung, die ich mir je ausgedacht habe. Alles, was man dazu braucht, sind schwarze Strumpfhosen, ein schwarzer Pullover, eine schwarze Boa (alternativ ein schwarzer Schal oder eine Krawatte) und ein Haarreif mit Ohren (den man auch selbst machen kann: einfach zwei Kartondreiecke auf einen alten Haarreif kleben). Dazu noch aufgemalte Schnurrhaare und ein rosa Dreieck auf der Nasenspitze – fertig! Selbst wenn Sie keine Federboa oder keinen Schal greifbar haben, können Sie einfach mehrere schwarze Bommeln basteln und aneinanderbinden, um einen ähnlichen Effekt zu erzielen. Okay, es sieht vielleicht mehr nach Pudel als nach Katze aus, aber wer wird das schon merken?

März
Der Monat der Frauen

> *»Mode ist Teil unserer Haut, und sie ist eine politische, soziale, wirtschaftliche und kulturelle Stimme für uns.«*
> *Dominique Drakeford, Schriftstellerin und Aktivistin*

Wegen der breiten Anerkennung des Internationalen Frauentags am 8. März wird der ganze Monat allgemein als »Frauenmonat« angesehen.

Feministische und geschlechtsspezifische Fragen sind untrennbar mit der Modebranche verbunden, einer Branche, die von Perfektion statt Realismus und Idealisierung statt Vielfalt lebt und in der Frauenrechte auf jeder Stufe der Wertschöpfungskette verletzt werden, von der Fabrikhalle bis zur Laufstegshow. Lassen Sie uns also den März zum Monat der Akzeptanz, des Respekts und der Reparatur machen und unsere Kleidung – und unsere Nähutensilien – als Werkzeug nutzen, um eine klare Botschaft zu senden: *Wir stehen zusammen.* Es muss wirklich kein großer, aufsehenerregender, schwesterlicher Moment sein; es kann so still und einfach sein, wie einer Strickgruppe beizutreten, einem Herzensmenschen ein Teil aus Ihrem Kleiderschrank zu schenken, das er immer schon beäugt hat, oder endlich Ihrer Tochter die zu klein gewordenen Designerkleider aus den Achtzigern und Neunzigern zu vererben, die sie schon seit ihrem sechsten Lebensjahr haben wollte.

Ich hatte mal eine orangefarbene Cordhose, die ich in den Neunzigern in einem Vintage-Laden in Rom gekauft hatte und die für mich, meine beste Freundin, ihre andere beste

Freundin und dann meine Tochter zur Lieblingsumstandshose wurde. Wir alle haben die eine oder andere Spur hinterlassen: ein weißer Farbspritzer, ein neuer Knopf, ein mit rotem Garn gestopfter Riss. Ich finde es wunderschön, daran zu denken, dass in dieser Hose fünf Babys herangewachsen sind – ein Stück Stoff, fünf Schwangerschaften, fünf Frauen, für die der Anblick dieser Hose für immer mit ihren intimsten Erinnerungen verbunden sein wird. Ich frage mich, wer sie als Nächstes tragen wird. Schenken wir unseren Freundinnen nicht nur einen Blumenstrauß, sondern auch unsere Kleider.

April
Fashion Revolution Week

> *»Wenn du etwas nicht magst, ändere es. Wenn du es nicht ändern kannst, ändere deine Einstellung.«*
> *Maya Angelou, Dichterin und Bürgerrechtsaktivistin*

In der Woche um den 24. April findet die Fashion Revolution Week statt. Die Mitbegründung dieser Bewegung ist zweifelsohne mein größter beruflicher Erfolg, und ich kann immer noch nicht glauben, wie viele Menschen jedes Jahr an der Fashion Revolution Week teilnehmen, seit wir sie 2014 ins Leben gerufen haben.

Die Fashion Revolution Week ist ebenso besinnlich wie lösungsorientiert und visionär. Jedes Jahr am 24. April gedenken wir der Opfer der Rana-Plaza-Katastrophe und denken darüber nach, was sich seither in der Branche verändert hat und welche Arbeit noch zu tun ist. Während der gesamten Woche gibt es weltweit zahllose Veranstaltungen und Einzelpersonen, die gemeinsam für eine faire Modeindustrie eintreten.

Wer hat meine Kleidung gemacht? Fragen Sie jede Marke, bei der Sie dieses Jahr ein Kleidungsstück gekauft haben, danach. Ob Sie Ihre Stimme in den sozialen Medien, in einer E-Mail oder einem Brief erheben, die Fashion Revolution Week ist der richtige Zeitpunkt, um mehr Transparenz in der Branche zu fordern.

- Vereinigen Sie sich: Der Erfolg der Fashion Revolution Week als Impulsgeber für die Branche beruht auf ihrem kollektiven Appell. Wir wissen, dass Veränderungen nicht im stillen Kämmerlein stattfinden, und deshalb müssen wir die Menschen mitnehmen, wenn wir uns aktiv engagieren.
- Was steckt in meiner Kleidung? Das Wissen um die Zusammensetzung von Stoffen kann unsere Kauf- und Pflegegewohnheiten nachhaltig verändern. Bitten Sie die Marken, bei denen Sie kaufen, um eine vollständige Offenlegung ihrer Richtlinien für eingeschränkt nutzbare Substanzen, die Verwendung von Chemikalien und die Rückverfolgbarkeit aller Materialien.
- Erzählen Sie Ihre Kleidungsliebesgeschichte: Wie Sie wissen, glaube ich, dass Kleidung Geschichten erzählt – wie ein persönliches Tagebuch, nur weniger geheim. Teilen Sie diese Geschichten mit Ihren Freunden, Followern und mit einer globalen Gemeinschaft, die wie Sie darauf brennt, etwas zu verändern.

Weitere Informationen zur Fashion Revolution Week finden Sie unter: fashionrevolution.org.

Mai
Sommer-Tauschparty

> *»Mode sollte niemals zahm sein. Sie sollte provozieren, nach spektakulären Neuerungen und Ausdruck streben: Der modische Moment sollte magisch sein. Mode ist Risiko, und das sollte sie auch sein.«*
> *Dr. Mathilda Tham, Professorin für Design und Zukunftsforschung*

Der Mai ist der perfekte Monat, um Ihren Kleiderschrank auszumisten und mit dem Wechsel von Winter auf Sommer (oder Sommer auf Winter für jene auf der Südhalbkugel) neu zu sortieren. Veranstalten Sie eine Tauschparty, bei der Sie und Ihre Freunde und Bekannten neue Sachen für Ihre Garderobe finden, ohne etwas kaufen zu müssen.

So organisieren Sie eine Tauschparty bei sich zu Hause:

- Laden Sie Ihre Freunde, Familie, Nachbarn und Kollegen ein.
- Legen Sie einige Grundregeln fest. Ich schlage vor, dass jeder drei sehr geliebte, aber nicht mehr gewollte Kleidungsstücke mitbringt. Sie können natürlich auch weniger strenge emotionale Vorgaben machen und einfach drei Teile in gutem Zustand verlangen.
- Sobald alle Gäste da sind, hängen Sie die Kleidung nach Größe und/oder Farbe sortiert auf. (Für Fortgeschrittene: Warum nicht nach der Stoffzusammensetzung aufhängen? Legen Sie alle Kleidungsstücke aus 100 % Baumwolle, 100 % Polyamid, 100 % Wolle usw. auf die eine

Seite und alle Mischgewebe auf die andere. Das ist eine großartige Möglichkeit, alle neuen Erkenntnisse aus dem siebten Kapitel zu visualisieren – Sie werden eindrücklich sehen, wie all diese Kleidungsstücke niemals recycelt werden können, weil sie als Mischgewebe nicht recycelbar sind. Ein toller Gesprächsanlass!)

- Richten Sie einen Anprobebereich mit Spiegeln und Vorhängen oder Paravents ein.
- Jeder sollte drei Kleidungsstücke tauschen dürfen; am Ende sollten alle ihre ungetauschten Teile wieder mitnehmen, damit Sie nicht nachher ungewollte Kleidung im Haus haben.

Bei Kleidertauschbörsen wollen wir den Umgang mit unserer Kleidung auf eine Art und Weise neu gestalten, bei der es nicht um Konsum geht. Man kann sie aber auch prima als Gelegenheit nutzen, um mit engen Freunden über Kleidergewohnheiten zu sprechen. Leihen Sie ihnen dieses Buch aus, fordern Sie sie auf, von ihren Schwierigkeiten und Lösungsansätzen bezüglich Kleidung zu erzählen.

Wenn es Ihnen Spaß gemacht hat, unter Freunden Kleidung zu tauschen, können Sie es auch in einem größeren Rahmen versuchen: an Ihrem Arbeitsplatz, in der Schule Ihrer Kinder, in der Kirche oder Bibliothek.

Es funktioniert wie eine Tauschbörse zu Hause, Sie brauchen bloß einige Freunde oder Freiwillige, die Ihnen helfen, den größeren Raum und den größeren Zustrom von Kleidung zu verwalten. Um mehr Leute für die Tauschbörse zu gewinnen, werben Sie am besten in den sozialen Medien dafür oder drucken Flyer und Plakate. Gestalten Sie Ihre Tauschbörse noch zweckmäßiger, indem Sie Flickstationen für beschädigte oder unvollkommene Teile einrichten oder örtliche Schneider:innen einladen, ihre Dienste anzubieten.

Juni
Hochzeitssaison

> *»Eleganz ist Verweigerung.«*
> *Coco Chanel, Modeschöpferin*

Im Juni beginnt auf der Nordhalbkugel die Hochzeitssaison, die den Verbrauch von Einwegkleidung stark ansteigen lässt. 2019 ergab eine Studie für Oxfam, dass die britische Bevölkerung in einem Jahr über 50 Millionen Einweg-Outfits für die Sommerzeit kauft. Davon entfallen 9,9 Millionen Outfits auf die Hochzeitssaison: Teile, die nur einmal getragen werden. Da der Druck, gut auszusehen, aber auch jedes Mal etwas anderes zu tragen, sowohl den Geldbeutel als auch die Umwelt belastet, ist Mieten oder Teilen eine echte Lösung.

- Kaufen Sie Secondhand: Suchen Sie sich ein so einzigartiges Teil aus, dass man Sie mit Komplimenten überhäufen wird, und vermeiden Sie gleichzeit den peinlichen Moment, im gleichen Kleid wie ein anderer Gast aufzutauchen. Bei Hochzeiten geht es schließlich um die ewige Liebe, und ein Kleid zu tragen, das nie wieder getragen wird, wirkt wie Heuchelei.
- Mieten Sie Ihr Abendkleid: Heutzutage schießen Kleiderverleihe wie Pilze aus dem Boden, von großen Portalen wie YCloset in China und Rent the Runway in den USA bis hin zu kleineren Start-ups wie My Wardrobe in Großbritannien. Online werden Sie schnell fündig.

- Teilen Sie Ihr Kleid mit anderen: Wenn Sie zu mehreren Hochzeiten eingeladen sind, geht es Ihren Freunden und Ihrer Familie wahrscheinlich genauso. Warum also nicht die Garderobe mit anderen teilen? Im Jugendalter leihen sich Schwestern, Cousinen und Freundinnen häufig und gern ihre Kleidung, da wäre es doch schade, es als Erwachsene nicht so zu halten. Wir sollten ganz ungeachtet des Alters und Anlasses unsere Kleiderschränke füreinander öffnen und Outfits untereinander tauschen. Was mir gehört, gehört auch euch, meine lieben Freunde.

Dieselbe Oxfam-Studie hat ergeben, dass Festivals weitere 7,4 Millionen Einweg-Outfits verursachen. Da Musikfestivals zu Schaufenstern für Stil und Modetrends geworden sind, ist die Versuchung groß, ein Boho-Kleid oder einen Cowboyhut zu kaufen – Sachen, die vielleicht nicht Ihrem Stil entsprechen, sich für den Anlass aber passend anfühlen. Dabei sind doch Musikfestivals, die oft eine gewisse New-Age-Energie versprühen, eigentlich Orte der Akzeptanz. Also sollten wir dafür genau die Kleider tragen, die wir am meisten lieben – Kleider, die uns am besten repräsentieren, Kleider, die wir bereits besitzen.

Juli
Bikinikörper

> *»Kaufen Sie weniger, wählen Sie mit Bedacht und behalten Sie es lange.«*
> *Vivienne Westwood, Modedesignerin*

Hüten Sie sich vor Ihrem Bikini – er könnte unauslöschlichere Spuren hinterlassen als nur Bräunungsstreifen. Bikinis und

Badeanzüge bestehen aus synthetischen Fasern wie Nylon und Polyester, hochgradig kontaminierenden Materialien, die katastrophal negative Auswirkungen auf alle Lebewesen haben, insbesondere auf jene im Meer. Wenn wir weiterhin für jeden Urlaub einen billigen Bikini kaufen und ihn danach wegwerfen, tragen wir zur Verschmutzung genau jener Gewässer bei, in denen wir schwimmen.

Ich will damit nicht sagen, dass wir alle in Bio-Baumwolle baden sollten, aber es gibt weitaus bessere Alternativen als den durchschnittlichen Billig-Bikini: Sie können nach recyceltem Polyester und Nylon Ausschau halten (siehe auch Kapitel 5, und achten Sie auf Econyl, das aus recyceltem Nylon hergestellt wird), oder Sie kaufen einen oder zwei Badeanzüge, die Sie richtig pflegen und für sämtliche Urlaube behalten.

- Gut pflegen: Ihre Bademode zu pflegen, ist nicht aufwendiger, als Ihr Haar zu waschen, aber genauso wichtig für ihren Erhalt. Es genügt, sie nach jedem Gebrauch mit warmem Wasser auszuspülen (egal ob Sie im Meer oder im Schwimmbad waren). Ich füge einen winzigen Tropfen Handwaschmittel hinzu, Shampoo geht aber auch. Und ich trage meine Bikinis jahrein, jahraus.
- Gut kaufen: Die Investition in einen gut geschnittenen, gut verarbeiteten Badeanzug (und dessen Pflege) lohnt sich und ist unendlich viel schmeichelhafter als die neuesten Trends. Nach vier Kindern bin ich froh, wenn sämtliche Körperstellen dort bleiben, wo sie hingehören, und wenn ich mich im Badeanzug nicht wie eine Wurst fühle, sondern formschön angezogen. All meine Badeanzüge waren von Anfang an von guter Qualität (ich habe sogar noch welche von meiner Mutter), und sie tun im-

mer noch das, was sie tun sollen: mich halten, und zwar in mehrfacher Hinsicht.

Ich werde Sie nicht mit Aktivitäten und anderen Dingen belästigen – es ist Juli, gönnen Sie sich eine Pause! In den heißen Sommermonaten ist Flicken oft unangenehm (wer will schon eine Extraschicht Kleidung auf dem Schoß liegen haben?), aber vielleicht können Sie Ihre Auszeit nicht nur für die Lektüre des neuesten Bestsellers nutzen, sondern auch, um die Dinge zu vertiefen, von denen Sie hier gelesen haben, und Ihr Wissen als »Hüterin der Kleider« weiter auszubauen.

August
Vorbereitung für den Schulanfang

> *»Das Jahrhundert und die Schauplätze und Akteure mögen sich ändern, aber der Kampf bleibt derselbe: für Würde, für einen existenzsichernden Lohn, für einen sicheren Arbeitsplatz, für Brot und auch für Rosen.«*
> *Kim Kelly, Teen Vogue*

Der August ist auf der Nordhalbkugel die Zeit für den großen Einkaufsbummel, den die meisten Eltern jedes Jahr machen müssen. Je billiger unsere Sachen werden – im Preis und in der Qualität –, desto schwieriger ist es, sie von Jahr zu Jahr oder von Kind zu Kind zu erhalten. In Großbritannien werden Schuluniformen größtenteils aus billigen Kunstfasern hergestellt, und das Bestreben, sie billiger zu machen, erlaubt alle möglichen unethischen Methoden innerhalb der Lieferkette.

Im Jahr 2014 kündigte der Supermarktriese ASDA an, eine Schuluniform für weniger als 10 Pfund zu verkaufen – einschließlich der Schuhe. Die Vorbereitungen für das kommende Schuljahr können eine enorme finanzielle Belastung sein. Kein Wunder, dass wir billig einkaufen müssen. Obwohl man bei Schuluniformen – wie bei allen Kleidungsstücken – auf Zertifizierungen achten sollte (z.B. GOTS-zertifizierte Bio-Baumwolle oder recycelte Fasern), ist es am besten, zu tauschen und zu teilen, damit diese Kleidung im Umlauf bleibt. Die meisten Schulen verkaufen Secondhanduniformen, und selbst wenn nicht, dann organisieren Sie so einen Verkauf einfach selbst. Sprechen Sie alle Eltern an und bitten Sie sie, die zu klein gewordenen Uniformen ihrer Kinder (oder schultaugliche Kleidung, wenn es keine Uniform gibt) zu spenden. Sortieren Sie die Sachen nach Alter/Größe und Art, verkaufen Sie sie zu einem vernünftig günstigen Preis und spenden Sie der Schule den Gewinn.

Andernfalls sollten Sie zweimal nachdenken, bevor Sie etwas Neues kaufen, und prüfen, ob die alte Schulkleidung nicht doch noch mit einigen Änderungen oder Upcycling-Tricks länger passen könnte. Vielleicht hatte Ihr Kind einen Wachstumsschub und es reicht, den Saum rauszulassen? Aus einer zu kurzen Sporthose machen Sie geschwind Shorts; gut gesäumt, fransen sie nicht und sehen aus wie neu. Am Ellbogen oder Handgelenk abgewetzte langärmelige Hemden werden zu kurzärmeligen, und wenn Sie die durchgescheuerten Ärmel eines Sweatshirts komplett abschneiden, haben Sie einen Pullunder vor sich.

September
#SecondHandSeptember

> *»Secondhandkleidung kaufen und tragen schafft eine zauberhafte Verbindung zwischen dir und dem, was vor dir da war. Du kennst vielleicht nicht alle Geschichten, die in den Fäden und Falten eines Stücks stecken, aber du weißt, dass es eine Geschichte vor dir hat und dass das nächste Kapitel deins ist, und das ist ziemlich cool.«*
> *Emma Slade Edmondson, strategische Kreativberaterin*

Eine globale Oxfam-Initiative fordert uns dazu auf, im September Secondhandkleidung zu kaufen. Obwohl viele von uns bereits gern Secondhandkleidung kaufen und das auch das ganze Jahr über tun, ist die Kampagne die ideale Gelegenheit, um Ihre Freunde miteinzubeziehen. Ziehen Sie gemeinsam mit einer Freundin, deren Stil Sie mögen, los und probieren Sie beide je drei Teile an, die die andere ausgesucht hat. Das Ziel ist nicht unbedingt, etwas zu kaufen, sondern neue Stile auszuprobieren und all die schönen Kleidungsstücke wiederzuentdecken, die es bereits gibt.

Es ist wichtig, solche Kampagnen zu unterstützen, weil sich so Ihre Stimme – Ihre kleine, unauffällige, zufällige, vielleicht sogar etwas verlegene Stimme – zu Tausenden anderen gesellt und sie zu einem kollektiven Brüllen macht. Selbst wenn Sie nicht zu den Menschen gehören, die gern Kampagnen unterstützen – ein Secondhandteil zu tragen und ein bisschen darüber zu reden, warum Sie es gekauft haben (in den sozialen Medien, mit Ihren Freunden), ist schließlich noch kein lebenslanger Treueschwur an die Extinction Rebellion.

Oktober
Halloween

> *»Der beste Stoff ist nicht schön, wenn er Hunger und Unglück bringt.«*
> *Mahatma Gandhi, Politiker und sozialer Aktivist*

Als Mutter von vier Kindern (und Großmutter von zwei) habe ich eine Spezialität: die Verkleidungskiste. Alles, was ich nicht mehr brauche (und manches, was ich immer noch liebe, was aber zugegebenermaßen besser zum Verkleiden geeignet ist als fürs echte Leben), kommt in die Kiste. Ich bin mit äußerst kreativen Kindern gesegnet, die dazu in der Lage sind, jedes Kostüm und jede Figur (ob real oder fiktiv) aus ausrangierten Kleidungsstücken oder Pappkartons zu basteln. Ich habe aber auch erlebt, dass sich einige ihrer Freunde, die nicht so an das Kleiderchaos gewöhnt sind, deutlich weniger trauen. Deshalb stelle ich gern Kleiderstapel extra für Halloween-Verkleidungspartys zusammen: ein Stapel schwarzer Kleidung (kaputte Strumpfhosen, Schals, Socken, alte T-Shirts und Krawatten) eignet sich hervorragend für eine klassische Hexe; die zerrissenen Hemden meines Mannes (die, die ich nicht schon in Nachthemden verwandelt habe) und Jacken kommen auf den Inspector-Gadget-Stapel; glitzernde Sachen für Feen; alles, was beige, grün, rot, rosa, lila und hellblau ist für Prinzessinnen.

In Großbritannien werden an Halloween über 2000 Tonnen Plastik verbraucht und weggeworfen, nur für Spaß und Unterhaltung eines einzigen Abends. Bitte, bitte, lassen Sie uns diesen Wahnsinn wenigstens eindämmen. Warum tun wir uns nicht im Herbst mit der Grundschule zusammen, um aus den frisch ausrangierten Kleidungsstücken wiederverwendbare Halloween-Verkleidungskisten zusammenzustellen?

So stellen Sie mit der Grundschule Halloween-Verkleidungskisten zusammen

Im Fall von Ländern mit Schuluniform ist es am praktischsten, wenn Ihre Kinder in eine Schule gehen, die beim »mufti day« mitmacht, einem Tag, an dem die Kinder ihre Freizeitkleidung tragen dürfen, solange sie eine Spende für eine ausgewählte Wohltätigkeitsorganisation mitbringen. Aber auch für Studierende und sogar an Ihrem Arbeitsplatz ist es eine lustige Initiative.

- Alle Teilnehmenden befüllen eine oder zwei Kostümkisten mit Dingen, die sie bereits zu Hause haben. Die Schachteln sind deutlich mit der Figur und der Altersgruppe beschriftet, für die der Inhalt geeignet ist: z.B. »glitzernde Hexe, 4–6 Jahre« oder »Psycho-Clown, gerade aus dem Gefängnis ausgebrochen, ab 18 Jahren«.
- Die Teilnehmenden bringen ihre Schachteln mit zur Schule/Universität/Arbeit und verbringen den Vormittag damit, die Schachteln zu tauschen und sich zu verkleiden.
- Am Ende des Tages werden ungebrauchte Verkleidungskisten an die jeweiligen Spender zurückgegeben.

November
Black Friday

> *»Es ist nur deshalb Verschwendung, weil wir die Gelegenheit verpassen, es in etwas anderes zu verwandeln.«*
> *will.i.am, Rapper und Songwriter, »Let's make plastic a verb«, The Guardian, 3. Oktober* 2013

Glauben Sie nicht an den Hype. Black Friday, Singles Day, Cyber Monday ... Überhaupt auf ein System zu achten, das inmitten der Klimakrise den Überfluss propagiert und verherrlicht, ist unglaublich verantwortungslos. Dabei sind wir unterdessen schon so weit gekommen, Abfall, Verschwendung, Überschuss und Rabatte als massiven Teil des Problems aufzuzeigen. Außerdem ist es eine Lüge. Wir gehen nicht auf Schnäppchenjagd, sondern werden mit Beute überhäuft.

Ein neulich veröffentlichter Artikel im *Guardian* zeigt anhand einer Erhebung von *Which?*, dass nur eines von 20 Black-Friday-Angeboten sinnvoll ist. Das Fazit lautet, dass das jährliche Shopping-Ereignis nur ein »Hype« ist. »Wir haben wiederholt gezeigt, dass die von den Einzelhändlern am Black Friday angepriesenen ›Angebote‹ nicht so gut sind, wie sie scheinen. Zeitlich begrenzte Verkäufe können eine gute Gelegenheit sein, ein Schnäppchen zu machen, aber fallen Sie nicht auf die Drucktaktik rund um den Black Friday herein«, meint Natalie Hitchins, Abteilungsleiterin für Haushaltswaren bei *Which?*.

Wir sollten uns nach Alternativen umsehen und immer wieder neue Wege finden, um diese halb hysterischen Billigkaufräusche zu bekämpfen. Ich schlage einen »Fix Friday« statt »Black Friday« vor. Sind Sie dabei? Protestieren Sie mit

Ihren Freunden und lancieren Sie stattdessen einen Flickzirkel.

Neulich habe ich zwei solcher Veranstaltungen organisiert: eine in echt, zu der die Teilnehmenden mit ihren Flicksachen kamen und zum Nähen und Plaudern zusammensaßen, und eine über Zoom, bei der alle virtuell von zu Hause aus teilnahmen und wir trotzdem wie gewohnt nähten und plauderten.

Sie könnten auch Ihre sozialen Medien nutzen und die Marken markieren, deren Kleidungsstücke Sie flicken. Fordern Sie bessere Qualität bei den Produkten, erweiterte Garantie und Reparaturdienste, setzen Sie ein Zeichen gegen den gedankenlosen Konsum.

Der Samstag nach dem Black Friday wird als »Small Business Saturday« bezeichnet, um die Verbraucher zu ermutigen, ihre ortsansässigen Geschäfte zu unterstützen, als Alternative zu den großen Geschäften des Cyber-Wochenendes. Lokal zu kaufen lohnt sich in jeder Hinsicht, aber es geht nicht nur darum, neue Dinge bei lokalen Herstellern oder Boutiquen zu kaufen. Am Small Business Saturday können Sie auch andere unterstützen, etwa den Schuster um die Ecke, der Ihnen Ihre alten Schuhe neu besohlt, oder die Schneiderin zwei Straßen weiter, die diese eine dringende Änderung vornimmt.

Dezember
Weihnachten: geben statt nehmen

> *»Ein hässlicher Weihnachtspulli, als Gag getragen und dann weggeworfen, entscheidet nicht über die Klimakrise. Aber er steht sinnbildlich für ein weitaus größeres Problem.«*
> *Jasmin Malik Chua, Teen Vogue*

Meine Familie ist für ihre ausladenden Weihnachtsgeschenke bekannt, und viele Freunde, die zu unseren legendären Weihnachtsabenden eingeladen waren, haben gesagt, sie hätten noch nie eine solche Fülle an Geschenken gesehen. Ohne Witz, das ganze Wohnzimmer ist voller Geschenke.

Unser Geheimnis ist simpel: geben statt nehmen. Wir schenken uns gegenseitig unsere eigenen Sachen und behalten Geliebtes über Jahre hinweg im Umlauf. Meine Mutter und Tante haben diese Tradition ins Leben gerufen, als sie anfingen, ihren gekauften Geschenken einige eigene, gebrauchte Sachen hinzuzufügen (das konnte alles sein: ein alter Bilderrahmen, ein Schmuckstück, alte Kleidungsstücke, Tassen und Untertassen, Bücher ...), bis wir alle merkten, dass das immer die beliebtesten Geschenke waren. So kam es, dass die geliebten Sachen in den Mittelpunkt rückten und nun mehr Platz einnehmen als neu gekaufte Geschenke.

Und ganz ehrlich, ist es eine Überraschung? Wie viel kann man über ein im Kaufhaus gekauftes Parfüm sagen? Was ist die Geschichte dahinter? Stellen Sie sich dagegen vor, wie meine 80-jährige Mutter ihrem Enkel ihren alten Nietengürtel aus den Sechzigern schenkt – darüber kann man stundenlang reden und sich für immer daran erinnern. Ein gutes Geschenk ist etwas, das man selbst immer noch mag, an dem man hängt, über das man sich freut, wenn es von einem Herzensmenschen geliebt, getragen oder benutzt wird, auch wenn man vielleicht noch Gefühle dafür hat. Das ist der Sinn des Ganzen, und darum fühlt es sich auch so besonders an.

Natürlich geht es bei Weihnachten nicht nur um den 25. Dezember, sondern auch um das ganze gesellschaftliche Drumherum mit Betriebsfeiern, Sektempfängen und Abendessen. Es ist das gleiche Dilemma wie in der Hochzeitssaison:

Wie oft kann man es ertragen, im selben Outfit gesehen zu werden? Meine Antwort ist: So oft Sie wollen!

Sachen immer wieder zu tragen, ist tugendhaft, vorbildlich und klug. Denn wenn Sie schon ein Kleid haben, das für Ihren Körper wie eine beste Freundin ist (und davon gibt es nicht viele in Ihrem Leben), warum sollten Sie es nicht weitertragen? Warum sollten Sie sich nicht weiterhin von Ihrer besten Seite zeigen? Ein Kleid, das zu Ihrer Figur und Ihren Prinzipien passt, wird Sie zum Strahlen bringen. Ich schlage etwas Schlichtes und Schmeichelndes vor, das aussieht, als wären Sie dazu geboren, es zu tragen, und das Sie mit anderen Accessoires immer wieder neu stylen können, wie eine leere Leinwand, die sich Ihren Launen anpasst.

Und sollten Sie diesem Kleid noch nicht begegnet sein (suchen Sie weiter) … mieten oder leihen Sie einfach.

Wir stecken in einem Teufelskreis des Überflusses und der Naturverachtung statt in einem positiven und symbiotischen Kreislauf. Wir stoßen an die natürlichen Grenzen der Erde, und wir sind eindeutig zu weit gegangen. Die letzten 20 Jahre haben wir an die Leugner des Klimawandels verloren und an unsere kollektive Unfähigkeit und mangelnde Entschlossenheit, uns für Veränderungen einzusetzen, von denen wir jetzt wissen, dass sie notwendig sind. Wir haben die Augen verschlossen – es ist Zeit, endlich aufzuwachen.

Die berühmte Modejournalistin Sarah Mower hat gesagt: »Revolutionen geschehen erst langsam, dann ganz plötzlich und in aller Eile, und genau dann werden sie unvermeidlich.« Ebendas erleben wir gerade: diese Unvermeidlichkeit und Dringlichkeit zu handeln, die so beängstigend, so entmutigend ist.

Zweifellos wäre es viel besser gewesen, rechtzeitig zu handeln, den jetzigen Zustand zu verhindern, nur haben wir das leider nicht und tun es in vielerlei Hinsicht auch immer noch nicht oder jedenfalls nicht genug. Der Respekt vor der Natur und all ihren Lebewesen (und damit auch voreinander) ist der einzige Weg. Es ist Zeit zu handeln: mit dem besten Fuß voran, wie man im Englischen sagt.

Und wie sieht dieser Fuß aus? Er trägt einen Schuh, der regelmäßig neu besohlt wird und aus chromfreiem oder veganem Leder von höchster Qualität besteht. Im Inneren befindet sich eine Socke – eine fast zerrissene Baumwollsocke, an der Sie das Stopfen üben, das Sie endlich lernen wollen. Über dem Schuh liegt ein Saum, der zu einer gut gemachten und geliebten Hose gehört, die vielleicht gebraucht gekauft oder von einem örtlichen Schneider genäht wurde. In die Hose gesteckt ist das Designer-Seidenhemd Ihres besten Freundes. Sobald Sie aus dem Haus gehen, ziehen Sie Ihren schönen Mantel aus recyceltem Polyester an, eine wertvolle Investition, für die Sie letztes Jahr gespart haben und die Sie heute Morgen mit einem Dampfreiniger aufgefrischt haben.

Behalten Sie Ihre Sachen voller Stolz, minimieren Sie Neuanschaffungen und tun Sie all dies mit der Begeisterung, die ehrliche Freude und Selbstverwirklichung ausstrahlt – eine Begeisterung, die alle um Sie anstecken wird.

Denn das Einzige, wovon wir jetzt mehr brauchen, sind Bäume, Wale, Vögel und Bienen – und keine Kleidung.

Weiterführende Lektüre

Bücher

Tabara N'Diaye: *Baskets* (2019)
Andrew Brooks: *Clothing Poverty* (2015)
Elizabeth L. Cline: *The Conscious Closet* (2019)
Michael Braungart & William McDonough: *Cradle to Cradle* (2002)
Kate Fletcher: *The Craft of Use* (2016)
Dana Thomas: *Deluxe* (2007)
Christina Dean: *Dress with Sense* (2017)
Kate Fletcher & Mathilda Tham: *Earth Logic* (2019)
Jonathan Chapman: *Emotionally Durable Design* (2005)
Rebecca Burgess: *Fibershed* (2019)

Michael Lavergne: *Fixing Fashion* (2015)
Kassia St. Clair: *The Golden Thread* (2018)
Tamsin Blanchard: *Green Is the New Black* (2007)
Sarah Corbett: *How to be a Craftivist* (2017)
Assembil Books: *How To Start Sewing* (2016)
Amanda Overs: *I Can Make Shoes* (2019)
Katrina Rodabaugh: *Mending Matters* (2018)
Naomi Klein: *No Logo* (1999)
Rosie Martin: *No Patterns Needed* (2016)
Elizabeth L. Cline: *Overdressed* (2012)
Sass Brown: *Refashioned* (2013)
Clare Press: *Rise & Resist* (2018)
Kate Fletcher & Mathilda Tham: *The Routledge Handbook of Sustainability & Fashion* (2014)
Wendy Ward: *Sewing Basics For Every Body* (2020)
Safia Minney: *Slave to Fashion* (2017)
Safia Minney: *Slow Fashion* (2016)
Georgina Johnson: *The Slow Grind* (2020)
Tansy E. Hoskins: *Stitched Up* (2014)
Annie Leonard: *The Story of Stuff* (2010)
James Wallman: *Stuffocation* (2013)
Rozsika Parker: *The Subversive Stitch* (2010)
Naomi Klein: *This Changes Everything* (2014)
Clare Hunter: *Threads of Life* (2019)
Clare Press: *Wardrobe Crisis* (2016)
Francesca Kletz & Brooke Dennis: *Weave This* (2018)
Seetal Solanki: *Why Materials Matter* (2018)

Filme

Fisher Stevens: *Before the Flood* (2016)
Rubaiyat Hossain: *Made in Bangladesh* (2019)
Derek Doneen: *The Price of Free* (2018)
Roger Williams & David McIlvride: *RiverBlue* (2017)
Andrew Morgan: *The True Cost* (2015)

Artikel, Magazine, Blogs

»Action Required«, *Fashion Revolution,* fashionrevolution.org
Clean Clothes Campaign, cleanclothes.org
»Dead White Man's Clothes«, *Liz Ricketts & Branson Skinner,* deadwhitemansclothes.org
»Fashion Craft Revolution«, *Fashion Revolution,* fashionrevolution.org
»Fashion Environment Change«, *Fashion Revolution,* fashionrevolution.org
»Fashion Open Studio«, *Fashion Revolution,* fashionopenstudio.com
»Fashion and Race Database«, *Kimberly Jenkins,* fashionandrace.com
Good on You, goodonyou.eco
»The Higg Index«, *Sustainable Apparel Coalition,* apparel coalition.org/the-higg-index/
»Loved Clothes Last«, *Fashion Revolution,* fashionrevolution.org
»Melanin and Sustainable Style«, *Dominique Drakeford,* melaninass.com

»Money Fashion Power«, *Fashion Revolution*, fashionrevolution.org
Save Your Wardrobe, www.saveyourwardrobe.com

Dank

Ich hätte dieses Buch nicht ohne die tatkräftige Unterstützung meiner Tochter Elisalex de Castro Peake und Bronwyn Seier schreiben können. Sie haben mich während dieses schwierigen, aber wunderbaren Prozesses auf Schritt und Tritt mit Recherchen, Korrekturen und Anregungen begleitet – dafür bin ich unendlich dankbar.

Ich möchte auch meiner Agentin Kate Evans von Peters Fraser + Dunlop dafür danken, dass sie mich auf Instagram »entdeckt« und mir diese unglaubliche Chance gegeben hat (auf die ich insgeheim gehofft, mit der ich aber nie gerechnet hatte), und für ihre Hilfe und Unterstützung während der gesamten Zeit; und meiner Lektorin Emily Robertson für ihr Vertrauen und ihre Ermutigung.

Mein größter Dank geht an meinen Mann Filippo, für wirklich alles; und an meine Familie, die es mit mir in meinem Schreib- und Gefühlsrausch ausgehalten hat.

Danke an die Frauen, mit denen ich Kleider geteilt habe und deren Sachen in meinem Schrank liegen: meine Großmütter Nonna Stanilla und Nonna Mussi, meine Mutter, meine Tante Zia Giovanna, meine Cousinen Francesca, Aurora, Maria Novella und Bianca. Danke an meine Freundin Nena, die seit 1980 sehr viel Kleidung mit mir teilt. Und auch an Sarah und Ondine – ich werde euch für immer vermissen.

Ein großes Dankeschön an Anna Orsini, großzügige Mentorin und Freundin, die mir so viele berufliche Türen geöffnet hat – Estethica auf der London Fashion Week war ein entscheidender Moment für nachhaltige Mode, der ohne sie und dem British Fashion Council nicht möglich gewesen wäre; und an Donatella Barrigelli, die sich an unsere gemeinsamen From-Somewhere-Abenteuer und all die bahnbrechenden Kleider erinnert, die wir zusammen gemacht haben; danke, Sasha Schwerdt, die das Label mit mir gegründet hat, und Silvia Bocchese Stein und M.I.L.E.S. dafür, dass sie einen ganz neuen Abfallstrom erschlossen und meinen Appell unterstützt haben.

Vielen Dank an alle, die bei From Somewhere gearbeitet haben, und an die Facharbeiter, die unsere Kleidung hergestellt haben.

Ich danke allen bei Fashion Revolution, insbesondere Carry Somers, die ihre Idee mit mir geteilt hat, um sie zu unserer Vision zu machen; aber auch Sarah Ditty, Heather Knight, Jocelyn Whipple, Roxanne Houshmand, Lucy Shea, Martine Parry und Ian Cook, die das Fundament gelegt haben; und ich danke Tamsin Blanchard, die sich uns nach vielen Jahren beispielloser Unterstützung an allen Fronten angeschlossen hat.

Vielen Dank auch an alle Fashion Revolution Global Teams in aller Welt.

Vielen Dank an Renata Molcho, Katharine Hamnett, Sam Robinson, Suzy Menkes, Sara Maino, Dilys Willams, Christina Dean, Baroness Lola Young, Willi Walters, Maria Nishio, Leslie Johnston, Marina Spadafora, Lucy Siegle, Sarah Mower und Céline Semaan.

Ich danke meinen Brüdern Vittorio und Lorenzo und meiner Schwägerin Ottavia für meine wunderbaren Nichten Giulia, Margherita und Clementina.

Register

Zur Autorin und zu ihrer Übersetzerin

Orsola de Castro, geboren in Rom, setzt sich seit vielen Jahren als Designerin und Aktivistin für nachhaltige Mode ein. Sie betreibt seit über 20 Jahren Upcycling und war 2013 Mitbegründerin der gemeinnützigen »Fashion Revolution«, der weltweit größten Bewegung von Modeaktivisten. Sie berät Designer, Modehäuser und Politiker, zu ihren Fans zählen Liv Tyler und Nicole Kidman.

Natascha Bergmann hat große Freude an Mode und engagiert sich für Nachhaltigkeit.

Zum Buch

Der Schrank ist voll, die Hälfte kaputt und beim Gang zum überquellenden Altkleidercontainer ist das einzig Nachhaltige das schlechte Gewissen. Gar nicht so einfach, Mode und Umwelt unter einen Hut zu bringen, oder? Ganz im Gegenteil!

Die Designerin und Aktivistin Orsola de Castro zeigt, wie Mode und Nachhaltigkeit sich bestens ergänzen, und gibt praktische Tipps zu Auswahl und Pflege einer zeitlos schönen Garderobe, die viele Jahre Freude macht.

Mit gründlichen Recherchen in der Bekleidungsindustrie führt de Castro außerdem die verborgenen Kosten scheinbar günstiger Mode vor Augen und zeigt mit ihrer persönlichen Geschichte auf sympathisch undogmatische Art, wie die Welt (trotz gelegentlicher Fehltritte) jeden Tag ein bisschen besser werden kann – im eigenen Kleiderschrank.

Dieses Buch wurde klimaneutral gedruckt.

Der Dörlemann Verlag wird vom Bundesamt für Kultur für die Jahre 2021–2024 unterstützt.